一位新中国出版家的自述

记忆中的出版往事

吴道弘 口述
赵安民 整理

中国书籍出版社
China Book Press

图书在版编目（CIP）数据

一位新中国出版家的自述：记忆中的出版往事 / 吴道弘口述；赵安民整理 . -- 北京：中国书籍出版社，2021.5（口述出版史）
　　ISBN 978-7-5068-8499-0

Ⅰ . ①一… Ⅱ . ①吴… ②赵… Ⅲ . ①出版事业—文化史—中国—现代 Ⅳ . ① G239.297

中国版本图书馆 CIP 数据核字（2021）第 104305 号

一位新中国出版家的自述：记忆中的出版往事

吴道弘　口述
赵安民　整理

责任编辑	庞　元
责任印制	孙马飞　马　芝
封面设计	宁成春　胡长跃
出版发行	中国书籍出版社
地　　址	北京市丰台区三路居路 97 号（邮编：100073）
电　　话	（010）52257143（总编室）　　（010）52257140（发行部）
电子邮箱	eo@chinabp.com.cn
经　　销	全国新华书店
印　　厂	三河市顺兴印务有限公司
开　　本	787毫米×1092毫米　1/16
字　　数	240千字
印　　张	20.5
版　　次	2021 年 5 月第 1 版　2021 年 5 月第 1 次印刷
书　　号	ISBN 978-7-5068-8499-0
定　　价	88.00 元

版权所有　翻印必究

"口述出版史丛书"编委会

顾　　　问：刘　杲　石　峰　袁　亮
编委会主任：魏玉山
编委会副主任：黄晓新　张　立　董毅敏
编委会成员（按姓氏笔画为序）：
　　　　　　于秀丽　王　平　王　扬　刘成芳　刘向鸿
　　　　　　李晓晔　杨　昆　杨春兰　张羽玲　陈含章
　　　　　　武　斌　尚　烨　庞　元　庞沁文　赵　冰
　　　　　　赵安民　黄逸秋　游　翔

收集鲜活史料　知古鉴今资政

——"口述出版史丛书"总序

党的十八大以来，以习近平同志为总书记的党中央高度重视对党的历史的总结和运用。习近平总书记曾强调指出，历史是最好的教科书。学习党史、国史，是坚持和发展中国特色社会主义、把党和国家各项事业继续推向前进的必修课。这门功课不仅必修，而且必须修好。这一重要论断，为我们进一步学习和研究党史国史，继承和发扬党的优良传统和工作作风，坚定中国特色社会主义道路自信、理论自信、制度自信，推动各方面工作健康发展，指明了前进方向，提供了基本遵循。

从某种意义上说，中国共产党领导下的当代出版史是党史、国史的一个缩影。出版史与一个国家的社会发展史有着深厚的渊源，这一判断至少包含如下三层意思：作为一种实践活动，出版活动本身是人类社会活动的重要组成部分；作为一种传播载体，出版行为具有记录历史、传承文明的功能与作用；作为文化领域的重要分支，伴随着人类社会历史车轮的缓缓前行，出版业也在创造和书写着自身的行业发展史。

孔子曾称赞其弟子子贡为"告诸往而知来者"，意思是告诉你以前的事，你就能够举一反三、知道未来。这说明反思历史是未来发展的必要借鉴。没有历史的未来，亦犹无源之水、无本之木，是不可思议的。因此，我国出版业要在新的历史起点上继续繁荣发展，恐怕也需要对一个时期以来的出版史进行返观自省，梳理过往的发展轨迹，剖析发展节点上的是非曲折，总结疏导事业发展的经验教训，等等。一个行业，倘若没有深厚的历史作为积淀，是注定走不远的。

　　研究历史，就需要有丰富的相关史料。史料包括文献史料，有史书、档案文书、学术著作等文字史料，也包括当事人或亲历者提供的口述史料等。尽管我国史学有秉笔直书的理念倡导和传统，但毋庸讳言，那种"为尊者讳""为当权者隐"的流弊却也屡见不鲜。因此，历史过程的亲历者、历史事件的当事人或目击者所提供的口述史料，就有着非同寻常、非常鲜活、非常珍贵的特殊价值。

　　几年前，北京电视台推出了一档集人文、历史和军事等题材在内的揭秘性纪实栏目——《档案》，颇受观众青睐。2011年，我看了一期《档案》节目后受到启发，觉得在我们出版界把那些当代的、珍贵的资料用音像的形式收集、记录和保存下来，很有必要、很有价值。我想，我们可以像《档案》栏目那样，去采访出版界的老领导、老职工，把当时他们对一些重大问题的决策经过、重大事件的亲身经历和处理过程，用口述的形式记录下来，保存起来。按我当时的想法，采访要原汁原味，遵守保密协议，记录者不得随意外传，受访者有什么谈什么，有不同看法，甚至涉及高层领导的意见，都可以谈，要尽可能地保持历史原貌，为后人研究我们当下的出版史，保存一批珍贵的第一手史料。

　　我把上述感想写信告诉了中国新闻出版研究院的领导，这封信受到了研究院领导班子的重视。他们专门抽调科研力量成立组织机构，并进行摸底研究，制订了采访规划，于是，"口述出版史"这个项目就应运而生了。现在回过头来看，与其说"口述出版史"

的诞生，是由于我偶然间的一封信，倒不如说我的提议正好契合了研究院长期以来所关注出版基础理论的科研旨趣，更进一步讲，它也正好契合了国内各行业如火如荼的口述史理论探讨与实践探索。这大概就是唯物辩证法所讲的"偶然性事件中有必然性因子，而必然性往往通过偶然性来为自己开辟道路"吧。

我个人认为，以往中国近当代史的研究是以群体抽象为基础的"宏大叙事"模式。口述史的开展，可以在"宏大叙事"模式之外，多了一个"私人叙事"的视角，并由此收集、保存一批带有鲜活个性的、珍贵的当代史史料。这既是一种非常强烈的现实需要，同时从某种意义上说，也是一种史学研究的创新。

之所以这样说，不仅是因为口述史作为一种现代史学研究方法，对操作规程有着严格要求（它要求采访人要有跨学科的研究视角、严谨的史学素养、扎实的实务功底、严格的保密规程，等等），更是因为它所涉及的受访人大多是行业内重要政策出台的起草者、参与者、见证者，他们阅历丰富、见识高深，不少受访的老同志在退居二线前身居高位，如何与这样高层次的受访对象展开对话与交流，采访并收集到文件上所看不到的"重要事件的处理始末、重要政策的起草与出台经过"，这是一项极具挑战性的科研尝试。

然而，科学研究是不能畏首畏尾、止步不前的，而要有一种开拓创新、探寻真理的精神。我欣喜地看到，中国新闻出版研究院正在着力推动这项科研工作。随着时间的推移，它所抢救、收集到的出版业口述史料，会日益彰显其珍贵的价值。为了能早日把"口述出版史"项目所采集到的史料奉献给业界，研究院决定出版一套"口述出版史丛书"。我认为，其立意是高远的，这对于夯实当代出版史研究、弘扬出版文化、推动出版业的健康发展，都具有重要的现实意义和历史意义。因此，我欣然应允，为之作序。

日月如梭，时移世迁。当代出版史研究也需要随着时间和实践的发展而不断深化。从"三亲"（亲历、亲见、亲闻）切入，聚焦"两重"（重大事件的处理始末、重要政策的起草出台），是该丛书的基本定位。鉴于不同访谈者在不同历史事件中的参与程度不同，该丛书将以出版人物的个人访谈、出版事件的集体记忆等形式陆续推出，形式不同，但相同的是对历史真实的尊重，其学术价值颇值得期待。

常言道，众人拾柴火焰高。"口述出版史"项目的全面铺开，离不开全行业各个环节、各个方面同仁们的关注、关心甚至参与。我衷心希望借"口述出版史丛书"这样一个内容十分丰富的命题，引起业界对出版史研究的兴趣，把当代出版业放到历史的坐标系中去考察，收集更多珍贵史料，尽可能还原历史真相，最终达到抢救历史记忆、温故知新、知古鉴今的目的，为在新的历史时期继续推进我国出版业的改革发展，提供更好更多的借鉴。

石　峰

2015年7月

受访人简介

吴道弘 1929 年秋生，浙江嘉善魏塘镇人。编审。1950 年上海诚明文学院中国文学系肄业。同年 2 月考入上海三联书店。8 月调北京三联书店总管理处编审部工作。1951 年三联书店并入人民出版社后，先后在该社任编辑、副主任、主任等职，1983 年起任副总编辑至 1995 年 6 月退休，1993 年获第三届中国韬奋出版奖，是新中国成立后培养的第一代编辑出版工作者。2001 年《出版史料》季刊在北京复刊出版后，一直担任执行主编至 2012 年离任。五十多年来对图书评论理论和编辑出版理论以及中国出版史，进行研究，并发表论文近百篇，具有较高的学术造诣。1986 年主持编辑的《编辑工作二十讲》一书，曾获首届全国编辑出版理论优秀图书奖。专著《书评例话》获 1992 年第六届中国图书奖。另外出版有《寸心集》《书旅集》《编辑实践与编辑学思考》《浪花集》《书评例话新编》《星空集》等著作，有《列宁家书》（与人合编）、《中国出版史料》（8 卷 15 册，任副主编）、《中国大百科全书（新闻·出版卷）》（"出版学科"编委、"编辑学"副主编）、《出版词典》（作为编委参与撰稿）、《图书商品学》（任副主编）等编辑作品，还有《共产国际史纲》翻译作品。曾任中国编辑学会副会长，中国图书评论学会副会长，中国出版工作者协会学术工作委员会主任；现为中国编辑学会顾问，中国图书评论学会顾问。系中国书法家协会会员。

采　　访：赵安民
摄　　像：尚　烨
访谈地点：北京吴道弘家中
访谈时间：2017 年 10 月 13 日—2018 年 7 月 13 日
文稿整理：赵安民

目 录

丛书总序 …………………………………………… 石　峰 I
我的编辑出版工作回顾（代自序）………………… 吴道弘 1

一　主编《出版史料》杂志

（一）《出版史料》由上海移至北京复刊，出任执行主编 … 3
（二）《中国出版史料》（十五卷）与《近现代出版大事年表》
　　　………………………………………………………… 13
（三）总布胡同情缘深厚 ………………………………… 19
（四）"出版史料"栏目设置与组稿 ……………………… 28
（五）长期守摊与历史见证 ……………………………… 33
（六）卷首语的设置与组稿 ……………………………… 34
（七）"往事寻踪"与边春光组织《出版词典》………… 40
（八）从毛泽东到叶圣陶，群星璀璨 …………………… 43
（九）"名家书信"，名副其实 …………………………… 56
（十）为出前四史，致信毛泽东 ………………………… 61
（十一）三联文化核心，范用收信甚夥 ………………… 62
（十二）《出版史料》编辑部提供用稿录，栏目内容再梳理
　　　………………………………………………………… 63

（十三）闲情陈四益，随笔许觉民 …………………………… 75
（十四）曾彦修故事多，吴道弘书法妙 ………………………… 76
（十五）史料刊物组稿，贵在访问作家——吴道弘与叶至善
　　　一家的交往 ……………………………………………… 80
（十六）"青年文稿"来稿不少，鲁迅巴金出版探究 …… 82
（十七）刊史采撷，专谈期刊 …………………………… 84
（十八）"人物写真"专栏，出版群贤毕至 ………………… 85
（十九）出版人物谈毕，出版文献上场 …………………… 93

二　从事图书出版工作

（一）南国青年上海出道——考入三联书店 ………………… 101
（二）新中国成立伊始，新出版北京中兴 …………………… 106
（三）编辑出版与发行分开，三联书店编辑出版并入人民出版社
　　　……………………………………………………………… 109
（四）与沈从文等编《中国历史图谱》 ………………… 111
（五）"反右"与整顿 ……………………………………… 113
（六）出版马列著作，武装干部头脑 …………………… 115
（七）面对农业大国，重视农村读物——胡愈之与"农村年书"
　　　《东方红》 ……………………………………………… 116
（八）内部刊物搞宣传，书评写作由此起 …………………… 118
（九）"五七干校"加强劳动，图书出版一度中滞 ………… 120
（十）上任副总编辑，业务外事兼顾 …………………… 122
（十一）去台湾办大陆书展，参展收获颇丰 ………………… 125
（十二）王益主持调研报告，"齐清定"标准由此出台 … 128
（十三）编辑工作之余，学术研究跟进 ………………… 133
（十四）责编发现纰漏，不许篡改历史 ………………… 139

（十五）与韩国出版家的友谊……………………………………141
（十六）发挥书法特长，题写书刊标题……………………………142

三 进行研究与创作

（一）重视图书评论，为人撰写序跋………………………………149
（二）再谈图书评论，开展宣传与研究……………………………164
（三）诗可以群，写诗联谊……………………………………………171
（四）以文衡人，勤于笔耕……………………………………………175
（五）中外出版联谊，回忆出版耆宿…………………………………179
（六）创作、编辑、翻译，各有佳作奉献……………………………187
（七）诗词书法散文，涉猎文学艺术…………………………………202

四 人民出版社（1950—1995）出版物摭谈

附录

吴道弘与书评……………………………………………伍　杰 257
实践·思考·提高——我与《出版史料》杂志………吴道弘 262
道弘印象——记第三届韬奋出版奖获得者吴道弘…老　槐 274

"吴道弘口述出版史"访谈整理后记………………………赵安民 280

我的编辑出版工作回顾（代自序）

吴道弘　口述　　张巍　整理

【摘要】作为中华人民共和国的第一代编辑，口述者对自己的编辑出版生涯进行回顾，从中既可以看到一个编辑家的成长历程，也可以了解20世纪50年代三联书店和人民出版社编辑出版工作的情况，可为出版人物和中华人民共和国成立初期出版史的研究提供资料与线索。口述者对于自己期刊编辑和书评工作实践的回顾与思考，对当前的期刊编辑和书评工作仍有一定的参考价值。

【关键词】吴道弘　编辑　出版　口述　历史

一、出身和家世

1929年8月，我出生于浙江省嘉善县魏塘镇一个商人家庭。当时，祖父幼帆主持经营开了一家烟纸商店，并有制旱烟作坊，鼎盛时职工有三十多人。祖父喜欢结交当地有学问的秀才文人，如上海交通银行总行高级秘书项乃登（字琴庄）先生，是一位学者、书法家；本城的一位前清秀才沈斐卿等。祖父还笃信惜字延年。祖母是一位勤劳忠厚的家庭妇女，生育四男二女。我的伯父觉明公协助祖父经营烟纸店；七叔父震夏公在本县干窑镇上独自经营窑业，生产洋瓦，主要供应上海等地；小叔父元坤公学汽车专业，一直在外工作，抗日战争以前就在温州、昆明、重庆工作，解放后从上海市工务局调到北京市公用局，又转入北京汽车运输公司任高级工程师。我出生七个月后，父亲希明公因患肺结核病去世了。我的同父异母姊姊佩华，一直寄居在本城亲戚（祖母的妹妹）家中，1937年抗战开始后她才回家团聚，不久，却又因患肺炎不治而早殁。此后母亲和我孤儿寡母，相依为命，不免受人欺负。自幼知书识字、心地善良的母亲，出身四代中医家庭，哥哥弟弟均从事教师工作。我的五舅胡唊雪一生在嘉善初中教书，他毕业于刘海粟主持的上海美术专科学校，善画梅花；书法学习乡贤沈寐叟，颇有盛名。大舅胡斗文曾任杭州民众教育馆馆长，卸任后，转浙江省立台州中学执教。母亲每每教育我一定要读书上进，争一口气，学做有用的人，为社会作贡献。她常讲古人正直善良、好学成才的故事，给幼年的我留下深深的印象。每年学校暑期、寒假，母亲便带我到外婆家，向五舅学习古典诗文、练习书法，一度还学习国画梅花。1937年抗日战争爆发后，我们和大姨母一家随舅家避难，经杭州、诸暨、嵊县到浙东海门暂时居住时，母亲也常督促我跟表兄们念《古文观止》、读《唐诗三百首》，不致荒废。印象较深的是，我们议论过"夕阳返照桃花岸，柳絮飞来片片红"诗句的意境和想象。

抗日战争胜利后，我考取了当时嘉兴唯一的一所教会学校——

吴道弘自述手书

秀州中学。高一时的语文老师宋清如先生是《莎士比亚全集》中译者朱生豪的夫人,她教学十分认真,很受同学们的爱戴。中学时代对我的成长有着重要的影响。嘉善初中教语文的吴伯伟老师是无锡国学专修学校唐文治先生的学生。他讲授唐宋古文、明清散文,将《岳阳楼记》《病梅馆记》琅琅地吟,要求我们全部会背诵。他对写作文的要求也很严格,要求我们一字一句用毛笔恭正地抄写在作文簿上,而他对学生的每篇作文都有评语,或长或短,使大家的学习兴趣、写作水平自然提高了。初三时有位教语文的孙老师是写新诗的,他当时在上海〔当时上海出版的《正言报》副刊上经常有路易士(后到台湾即纪弦)的新诗作品〕、杭州的报刊上常有诗作发表。出于新奇新鲜,我便学着写诗;当时甚至也有误解,以为新诗便是用白话分行写。开始时,我学写的诗在级刊《雪花》(八开大小的单面手抄小报)、校刊《朝霞》(文章用300字的稿纸抄写后,在学校走廊上公开陈列)上发表,后来竟然往嘉兴、上海的大报投稿了。

吴老母校嘉兴秀州中学校友联谊会

初中三年，同学之间十分融洽，全班四十多人，很有几个爱书的。渐渐地我不满足学校图书馆里的《中华百科丛书》和《万有文库》了。家里几乎没有藏书，不知哪里来的《三国演义》《封神演义》以至《玉梨魂》之类，早已偷偷读过；叔叔留下的《中学生》《东方杂志》，都曾使我迷恋过。于是我向家有藏书的亲戚、邻居或同学去借书读。最早读的是鲁迅著作《秋夜》和《阿Q正传》，此后茅盾、叶圣陶、巴金、郁达夫的小说，徐志摩的诗歌，还有王尔德等的翻译小说，以及《断鸿零雁记》（记得是一本毛边书）那样的文言小说等，也都借到并读过。

二、爱书使我考进三联书店

我说不清楚是从什么时候起，对书籍产生了一种特殊的喜爱；可是还清楚地记得，正是书籍让我对编辑、出版工作产生了向往和崇敬，终于自己也选择了这一职业。

抗日战争胜利后我在上海念书时，一直住在江西中路309号的亲戚家中。解放后，这里距三联书店上海分店的南京路门市部只有一箭之遥。我经常到这里的门市部，站在书架前看书，记得看过的书有艾思奇的《大众哲学》、周扬的《论马克思主义文艺》、刘少奇的《论党》，以及梅林著、罗稷南译的《马克思传》，还有高尔基的小说等。除了三联版新书，还有一些外版书，我都如饥似渴地翻读过。这段曾为三联书店读者的关系，也许是我报考三联的一种前因后缘了。

我的亲戚邱再春先生，宁波人，大革命时代是进步青年，从事地下革命工作。他后来到上海与一位张姓的工程师合作经营华泰电机厂，上海解放后曾是上海市黄浦区政协委员。早在上海解放前夕，邱家就已成为中共地下党的一个联络点。我从这里听到生活书店和邹韬奋的名字，还听到过沙文汉、徐雪寒、陈其襄（那时是上海同庆钱庄的经理）等名字。

1950年1月，一个偶然的机会，我在《学习》杂志第一卷第五期上看到"三联书店征聘工作人员"的启事：

本店拟征聘工作人员若干名，欢迎愿为革命的出版事业服务、自问具备下列条件并确能胜任的读者应征。

一、条件：1. 对出版工作及书店业务工作有浓厚兴趣。愿忠诚为劳动人民服务，并能不辞艰苦，长期坚持工作者。2. 高中以上学校毕业或曾在书店出版社工作一年以上者。3. 身体健全，思想纯正，年龄在18岁至25岁者。

二、应征办法（略）

三、待遇：1. 录取后工作地点及职务由本店分配。2. 录取后先行试用三个月至六个月。除供给膳食外，另支16至30个人民银行折实单位①之薪金。试用期满后视工作能力另行调整。

我那时还在上海诚明文学院中国文学系读书，但由于祖父年迈，家里的经济条件变得不好，所以在读到这则三联征聘启事以后，我决定报考上海三联。

1950年2月初，一个晴朗星期天的上午，我匆匆赶到沪西的南屏女中，三联的招聘考试就在那里举行。我记得笔试是写一篇作文，题目大概是问为什么要报考三联。我讲到自己喜欢文学，

---

① 折实单位：解放初的工资计算方法。以实物为基础，联系一定时间平均价格，面粉、布、玉米面）发工资。

在学校里编过壁报和学校的校刊，也讲到上海解放后自己思想的一些变化，在学校建团时，加入新民主主义青年团等。接下去是口试，主持者是一位头戴棉帽身着灰色列宁装的中年男子。后来我才知道，他就是朱南铣，清华大学的高材生，中英文极佳，是位很有成就的《红楼梦》研究家，著有《红楼梦书谱》一书，当时是三联的编辑。他问话时间很短，带无锡乡音的普通话和我蹩脚的普通话之间多少有点不自然。事后我怀疑过这次口试的效果，心存忐忑，然而没过多久，我接到了三联的录取通知。

到"静安别墅"三联书店上海编审室报到上班那天，就像是昨天的事。静安别墅是沪西一个住宅小区，走进小区，确有远离市廛、顿生宁静的感觉。记不起门牌号，只记得是一座旧式洋楼，走上红漆楼梯到三层便是一间二十多平方米的房间，向阳南面是一排透明的窗户。一进门左侧，我见到正在工作的编审室负责人陈原先生。我向这位文秀清雅的中年人报到，他很自然、热情地跟我谈话，还问我这几天国内国际的重要时事，如中苏领导人在莫斯科会谈、签订友好同盟互助条约等。我意识到是在"口试"，幸好都回答出来了。编审室另一位负责人是郑效洵先生，他一口熟练的普通话给我很深的印象。当时还有好几位同志正在安静地埋头工作，我注意到那天在南屏女中操场上的"口试官"朱南铣，还有劳季方、陈志光、吴慧津、张梁木。这次报考录取后和我先后分到编审室的还有糜于道和沈芝盈。

编审室在"静安别墅"办公的时间并不长，3月间已迁到"哈同大楼"了。"哈同大楼"坐落在南京东路的汉口路东侧，是英籍犹太富商哈同的房产，专门出租给商业公司等用作办公写字间。在这里，三联拥有两大间房，编审室与出版部比邻办公。出版部有华昌泗、贡洗文和戴鸿声。戴鸿声是与我同时进入三联的，后来到北京后去人民文学出版社编辑部做古典文学编辑工作了。以后的几个月里,我做校对、看原稿、学版式设计、作者通联、为门市部审读外版书等,开始了编辑出版工作的学习阶段。革命前辈吴黎平先生翻译的恩格斯名著《反杜林论》解放后在上海重排时,是由朱南铣和我经手发稿的。记得当时我并没有和吴老联系过,直到几年后我在人民出版社工作,吴老拜访曾彦修时,是先由我先接待的,才算认识他。前辈平易近人,使我印象深刻。我还经手发稿了一本新诗集《桥》,内容反映革命战争年代苏北人民的艰苦斗争。

2009年1月2日,吴老在方庄芳群园曾彦修(左)寓所与曾老谈编书往事

1950年5月,陈原、郑效洵两位先生从北京三联总管理处参加会议回来,陈原在编辑室跟我们几个年轻人大讲北京风光见闻,特别有意思的是大讲"冰糖葫芦"的美妙,我们几个年轻人那时连"冰糖葫芦"是何物都不知道,听了陈原极有鼓动性的形容,使我们向往北京的念头更添情趣。后来我才醒悟到,陈原是为我

们调往北京预先做思想上的动员。7月下旬，我们编辑室由郑效洵带队，朱南铣、张梁木、糜于道和我先期调北京三联书店总管理处编审部了。我进上海三联书店的半年时间结束了。

三、从北京三联书店总管理处到人民出版社

北京三联书店总管理处办公的地点是西总布胡同29号后进的四合院，北房有三间，东头一间是总经理室，其余两间（一大一小）是编审部用。方白、郑易里在大间，分别负责一个编辑组；我在郑效洵负责的编辑组，在西侧小间。每次上班都要经过大间才能进入小间。方白是负责文艺的，平时我跟他很少交谈。倒是郑易里跟青年人接触较多。我在上海时，郑易里、曹成修主编的《英华大辞典》就是由上海三联出版科贡洗文经手，在上海发稿排字的。我到北京三联总处后，见到郑易里先生，当时他年事已高，但有年轻人的活泼性格。我们一起到北海滑冰，一起聊南方的天气、饮食，可惜他对主编《英华大辞典》的经过聊得太少。他与曹成修主编的《英华大辞典》于1958年改由商务印书馆出版修订第二版，我至今还经常翻阅查考。总之，我对郑老的平易近人、和气亲切，以及云南口音，记忆深刻。

在中华人民共和国成立初年，三联书店出版和重印了一大

批知识性、学术性、理论性的著作，以及小说、诗歌等文学作品。这些图书，除了主要是翻译的《苏联文学丛书》和《苏联文艺丛书》外，大部分分别纳入《新中国百科小丛书》《新中国青年文库》和《新中国文学丛书》等三套丛书。显然，其中不少是原来生活书店、读书出版社、新知书店分别出版过的，有的则是新的选题。我没有机会向三联总管理处编审部负责人史枚同志了解当时策划这几套丛书的前后经过，我只是零星地在重印时经手过几本书，如冯定的《平凡的真理》、许涤新的《广义政治经济学》等。在学习毛泽东著作辅导读物中，我经手发稿的有李达的《〈实践论〉解说》，时间大约是1951年上半年。后来李达的《〈矛盾论〉解说》一书也是由我经手发稿的。李达的这两本书，对我学习《实践论》和《矛盾论》有很大帮助，特别是使我对马克思主义哲学思想的理解提高一步。我经手的第一本学术著作，是出版于1950年12月的《太平天国前后广西的反清运动》。我印象较深的是，这本书封面设计征求编辑部意见时，大家对麻布褐色底纹的构思感到满意。那时图书美术设计机构即使不属于编辑部门，但美术编辑与文字编辑的联系还是较密切的，编辑也都尊重美术设计，编辑部门、出版部门相互协调配合。记得在1951年，三联书店还出版过一本北京人民医院医师黄大有著的医学著作《物理诊断学》，这本书是由糜于道同志经手发稿的。由于图片较多，排版复杂，他同时还做了不少技术编辑的工作，其实他就是责任编辑，不过当时还没有责任编辑制度——这是在1954年前后学习苏联出版工作经验后实行的。20世纪50年代初，编辑专业分工不可能那么细，编辑往往是有什么书稿就看什么。

1951年8月底，三联书店原有编辑部并入前一年（1950年）12月1日在北京成立的人民出版社。这是中华人民共和国初期出版事业实行出版和发行分工、出版专业化等重大决策的一个具体步骤。三联编审部大部分同志归入人民出版社。我是在同年8月到东总布胡同10号的人民出版社向该社秘书长兼总编室主任梁涛然报到。梁涛然告诉我，总编室目前人手不够，需要充实。他本人目前主要精力在《毛泽东选集》编辑出版工作上，要我先留下来负责秘书科一摊，因为当时有许多信件要处理。可是我到秘书科工作不久，正好出版总署编审局金灿然同志负责主持的《中国历史图谱》一书的编写工作已经上马。参加《图谱》编写的有近代史所的余绳武、北京师范学院历史系的谢承仁教授、中央高级党校苏联专家尼基甫洛夫、历史博物馆的沈从文先生。人民出版社只有中国历史组编辑江平一人参加。她身体不好，住得又远，需要增加一个人，于是派我参加《图谱》的编辑工作。编辑室设在人民出版社大院内，是独立的大间办公室。就这样，我以人民出版社中国历史编辑室编辑的身份参加到《中国历史图谱》编辑组的工作了。记得编辑组开过几次碰头讨论会，进展并不很快。当时金灿然主持出版局的领导工作，不可能集中精力来参加编写工作。因此，《中国历史图谱》的编写工作，因种种原因于中途搁置，更遗憾的是连原来编写的原稿和有关档案（几次讨论的记录）都不知是否保存下来。

《中国历史图谱》编辑组成员中只有沈从文先生每天按时步行上班。他住在东堂子胡同历史博物馆宿舍，距东总布胡同不远。有一段时间，除了开会，每天只有沈从文和我两个人在班上。沈先生温文尔雅，亲切待人，令人十分敬仰。一次，我们聊到《人民日报》副刊上发表的一篇有关天安门题材的散文，内容写骆驼队走过天安门前的驼铃声，其景其情有多么优美。沈先生十分兴奋地讲了不少写作题材和表述文字的意见，我听了如同上了一堂散文写作课。记得此后，我有几次到东堂子胡同沈府去看望他，都受到沈老和他夫人张兆和女士的热情接待。

四、从爱书到学写书评

我做编辑工作以后写的第一篇书评，至今仍有很深的印象。记得1950年的春天，我刚刚踏进三联书店的大门，分配在编审室工作。编审室除了审稿发稿，还有为门市部审读若干外版书的任务。作为旧中国出版中心的上海，其时解放还不到一年，上海的私营出版社还有不少。这些私营出版社的出版物内容驳杂，质量良莠不齐，还有相当一部分粗制滥造的读物。我曾经读到一本青年政治读物（此刻连书名都记不起来了）有严重的思想错误，因此向门市部直接反馈。有同志鼓励我还应该向读者指出，于是我便很有信心地写了一篇简要的书评，后来在报上发表。现在看来，我的书评不免稚嫩，但指出那本书里存在的错误，则是完全正确和必要的。

在20世纪50年代，北京出版的《光明日报》有图书评论专栏，出版领导机关还出版《读书月报》，由王城负责。我在负责人民出版社总编室宣传科时，先是做过几年图书宣传工作，这要求切实了解图书内容，正确进行评价、宣传和介绍图书。当时科内的任务之一是自行编辑铅印小报《书刊介绍》，由韩仲民负责；同时组织社内编辑和社外学术理论界人士以及有关专家撰写书评。我自己也在报刊上发表书评，记得写过《向苏联学习》和介绍《恩格斯传》等文章，在《光明日报·图书评论》专刊发表。后来收入我的《书评例话》《书评续话》二书出版。因此，我对于书评的关心、阅读兴趣始终没有减低，可以说一直保持着关心和阅读书评的习惯。

进入20世纪80年代，图书评论有了令人高兴的发展。一方面，出版物品种的迅速增加，特别是全国和地方书评刊物（包括报刊上的书评专栏）的相继创刊，为书评事业的发展准备了客观条件；另一方面，在群众性读书活动的推动下，书评工作跟读书活动的结合，已经取得成功的经验。

曾经有一种意见认为，编辑写的书评缺乏权威性，持有这种意见的人们认为，编辑只能是编辑家、出版家，似乎书评写作只是专家学者们的事。这种把编辑书稿与评论图书完全割裂的观点，我以为是偏见。编辑不仅是书稿的第一个读者，而且义不容辞也是书稿的第一个评论者。因此编辑提高自己的学识水平和专业修养是十分必要的。我那时还在编辑岗位上，自认为编辑有责任向读者介绍新书、推荐好书，这是责无旁贷的。

自然，书评工作的确有令人不满意的地方。作为重要的社会评论力量，书评也是党的宣传教育的工具，同样起着舆论导向的作用。然而书评的价值和作用，以及跟社会主义出版工作的关系，还不能说已经完全为书评作者所正确理解。因而需要大力阐发正确的书评观，进一步提高书评的思想、文字质量，使书评继续得到健康的发展，增强书评的权威性和影响力；并且建立起一支有威信的高水平的书评作者队伍。这些问题的解决，归根结底，有赖于书评的理论建设。

关于书评理论研究，我以为，在社会主义制度下，书评事业是社会主义宣传文化事业的一部分。书评的历史发展属于文化史的组成部分，并且总是跟编辑出版史密切联系着的。书评首先是以出版工作（出版物）为基础和条件的，书刊出版对书评写作起着基本的、主导的作用，而书评写作是监督和影响书刊出版工作的重要因素之一。从这个意义上讲，书评的历史研究是包括在编辑出版史的研究范围之内的。尽管书评的内容往往直接涉及专业学科的范围，甚至会影响到专业的发展，然而，书评史的研究，仍然应该充分地重视编辑出版史发展，并且把两者的研究联系起来进行。

同时，书评作为一种评论形式，它的理论和方法，需要借助于文化批评的理论和方法，把马克思主义的批评原则和方法应用到书评写作中去，使其有理论上的依据和阐释。并且要研究书评的写作方法和写作经验，从大量的书评现象中、从书评的实践发展中，归纳、总结出规律性的东西。

总之，我的一些书评论述，最初结集成《书评例话》由中国书籍出版社于1991年7月出版。承伍杰先生关注，他写了《书比月光更美丽——吴道弘与书评》一文（收入《名家走书城》一书，人民出版社2005年12月初版），2010年首都师范大学出版社出版了我的《书评例话新编》一书，该书的代跋是资深编辑家老槐写的《道弘印象——记第三届中国韬奋出版奖获奖者吴道弘》。此外，《中国编辑研究（2012）》还刊载书评家毛鹏《"书评文化"大有可为——吴道弘新著《书评例话新编》评介》一文。

五、担任在北京出版的《出版史料》执行主编

1995年6月，我在编辑岗位上退休，本来可以轻松自由地读些书，写点小文章，可是从2001年起忽然参加了在北京出版的《出版史料》杂志的编辑工作，正式学做期刊编辑了。

此事还得从头说起。在"文化大革命"十年的动乱和破坏中，出版行业是个重灾区。进入思想解放、改革开放的新时期以后，

出版业的复苏、发展是比较快的。1983年6月，中共中央、国务院发出《关于加强出版工作的决定》，成为新时期指导出版工作的纲领性文件。它不仅促进了出版的复苏与发展，同时催生了出版科学研究所的成立；还有高等学校编辑出版教育的兴起，也把出版理论研究和出版学科建设的重要使命提上了工作日程。1983年在上海首先创刊的《出版史料》杂志，可以说是得风气之先。在宋原放、赵家璧等同志亲自主编下，作为季刊连续出版了10年，到1993年停刊，共出版了32期，团结和发掘了一批出版史研究作者，发掘和积累了大量有价值的史料，从重要文献资料到抢救性的回忆文字等，折射出20世纪八九十年代图书期刊、编辑出版人物，以及机构组织等重要史料的整理研究情况，为编辑出版史研究提供了丰富的资料。

1986年10月，访问延安，前座王子野、王益

上海《出版史料》的停刊，始终是宋原放挥之不去的心病。他在离休后一直研究中国出版史，在上海、北京的同业和朋友中，一有机会就为《出版史料》复刊奔走呼号，由于前辈王益、王仿

子的支持，特别是得到中国版协老委会的支持，终于在停刊 8 年后，《出版史料》新刊在北京出版，也可说复刊愿望得以实现。我就是在这样的背景下参与了《出版史料》在北京的筹备和编辑工作。

　　事情的发展总是有前因后果的。在宋原放主编《出版史料》时，我只是一个热心的读者。当他得知人民出版社在编辑"大事记"的消息后，写信要我提供稿件，我除了选择人民出版社部分大事记外，还写了《编史工作第一步》（《出版史料》第 9 期刊出的文章）。当时我个人的兴趣，正在从总结经验入手研究编辑学，逐步转移到编辑出版史的研究上来。也许是在参与边春光、宋原放等主编的《出版词典》的编辑和写作条目时，或是在中国版协、中国编辑学会举办的多次出版研讨会上，我跟宋原放接触、交谈机会多了，交谈工作、讨论学术，增进了彼此的了解，他在上海有时会写信让我替他买些有关出版史的新书。

　　我和方厚枢、陈江、汪家熔等还协助他编辑十卷本中国《出版史料》（十卷出齐后，又继续编五卷补编）。与此同时，我还同意对宋原放的《近现代中国出版大事年表》（收入宋原放著《出版纵横》一书，1998 年上海人民出版社出版）做若干增补后争取重新发表。由于上述这些交往，在物色《出版史料》在北京重新出版时的主编人选时，宋原放想到了我。但说实话，最初我很犹豫，由于《出版史料》在上海创刊后，在宋原放、赵家璧的亲自主持下办得很有影响，一旦改在北京出版，我怕不能很好完成工作，有损于《出版史料》的声誉。后来在宋原放和王仿子的要求下，我接受了这个任务。我特别约请有编辑期刊经验的人民出版社老编审陈子伶同志共同分担主编的工作。

1995年6月，中国版协第六届出版研究年会在杭州举行，吴道弘与参会代表方厚枢（中）、于乐（右）在绍兴大禹陵

接手《出版史料》在北京出版的编辑工作后，我考虑最多的是，刊物首先要有正确的定位、办刊宗旨和明确的读者对象。对新刊《出版史料》来说，它应有历史的继承性、连续性；应坚持资料性与研究性的统一，坚持党的实事求是、解放思想的思路；积极、公正地反映我国出版历史的丰富实践和优良传统。刊物明确提出要为积累出版史料、传播出版史知识，以及为出版史研究服务。我时常想起韬奋先生对刊物要有个性、有特色的亲切告诫："没有个性或没有特色的期刊，生存既成问题，发展就更没有希望了。"尽管如此，毕竟《出版史料》是在新时期、新形势下重新在北京出版的。因此，我们在栏目设置、作者队伍和选稿原则等方面，也有若干新的思路，比较重视知识的普及性、信息性和可读性、栏目设置有"往事寻踪""名家书信""文化自述""人物写真""书之史""旧文重刊""国外出版网络"等。其中"文化自述"栏目的目的是提倡编辑家、

出版家写自述性回忆文章，每期只选登一篇，以期引起读者的重视。为了适应青年一代出版史研究者发表他们在出版史方面的探索、整理和研究成果，从2005年第2期起又增设了"青年文稿"栏目。我们每期的"卷首语"除了作为传达、交流编者声音的平台，还发表有关知识性的文章。同样，"百家书话""随笔"栏目，以及彩色中心插页和"补白文字"方面，也有增强刊物知识性的目的。而"走进序跋"栏目的选稿比较慎重，既要使读者了解出版情况，又能达到提倡并重视图书序跋的作用。

在上海出版的《出版史料》已经拥有一批有影响的作者，上世纪90年代以来，出版界、出版史研究领域和出版史教学领域中涌现出不少新人。我们提出"不忘老作者，发现新作者"的目标，努力建立一支高素质的作者队伍，营造编辑与作者的和谐关系，达到彼此尊重、互相信任的程度。编辑部多次到上海、南京、杭州、嘉兴等地召开小型的作者座谈会，征求意见，介绍和交流情况。为《出版史料》撰稿的作者分布在北京、上海、天津、哈尔滨、南京、合肥、武汉、成都、西安、济南、重庆、扬州以及香港等地。"为有源头活水来"，有了稳定的老作者队伍，又不断有新作者的加盟，刊物的改进和提高得到了有力的保证。

六、关于期刊编辑工作的思考

我是长期做图书编辑的，一旦要挑起编辑期刊的担子，不免要从头学起，无异于自讨苦吃。我也确实思考过从哪儿来的勇气和热情。首先是有经验丰富的期刊编辑家陈子伶同志与我良好的合作，增加了我的信心。其次是我的编辑经历使我对编辑工作规律的普遍性和适用性有一定的理解。图书编辑与期刊编辑的工作存在某些共性。近代以来的中外出版社都将图书出版与期刊出版同时并举,这是近代出版的优良传统。最后是我有学习了解编辑出版史的兴趣爱好,这也让我对参加编辑出版史期刊的工作有亲近感。以上这些个人因素都是促使我"匆忙上马"编刊的原因。我在实践中清醒地认识到,任何一个专业性期刊,编辑的文化追求和专业(学术)素养都是十分必要的基本条件。

选题与组稿是刊物主编应该时刻牢记的工作,有时还必须亲自去做。这就要求敏感与勤奋。《出版史料》的编审委员会主任宋原放曾在上海一次座谈会上提到"上海福州路文化街"地图,还提到要发表钱君匋的装帧设计作品。这两个选题我一直放在心上,分别亲自与上海书店俞子林和有关部门多次联系组稿,算是实现了宋原放的遗愿。我曾经读过叶至善的《一个编辑读〈红楼梦〉》一文,十分精彩,对编辑看稿读书很有启发。有次在叶先生家中提到此事,他很高兴地把原来的文章作了修改,又增加未发表的部分交给《出版史料》分批发表。

范敬宜为宋木文《亲历出版三十年》一书写了贺诗,我们将贺诗的毛笔行书手迹在封三上发表,很受读者欢迎。

期刊编辑改动作者原稿,往往是必不可少的,但又难得讨人欢喜。我自己写文章发表后,总会检查一下有没有编辑改动过,又是怎样改的?改得好,自然心存感激;如果认为编辑改得不好,甚至改错了,就会埋怨编辑水平低,做了不该做的事。

在改稿问题上,其实是对编辑学识水平、文字功底以及理解能力的考验。我的体会是要把握住两条:一是谨慎,不要"为改稿而改稿",要改正原稿中的不妥和错误,千万不能把原稿改错了。其实有不少作者的原稿是不需要改动的(特别是大的改动)。如有位老作家写叶至善在干校放牛的故事,文字流畅、叙述清晰,编辑只是把原来的标题《至善放牛》改成《至善干校放牛》，全稿只增加了两个字。二是编辑要尊重作者的思路、文风和表达方法，力求做到帮助作者表达清楚、有逻辑性；切记随意删改，或是按照某种模式（或风格）去改造作者的原稿；避免在机构、人地名和其他专有名词上犯错误，比如，在不同的历史时期里，有"出版总署""文化部出版局"之称。作为刊物执行主编，我时刻记住要学习"大处着眼，小处着手"的工作方法："大处着眼"就是在每期安排选题时，从整体出发，综合考虑，安排次序；"从小处着手"就是对每篇稿件认真通读，从观点到材料，从文句到标点，都要认真，十分用心，尽可能避免出错。

刊物的"图文并茂"是普遍的要求，更是史料性刊物的编辑准则。图片、实物（手迹、原稿、书影、社址等）也是历史的形象资料。《出版史料》规定一条：在审稿的同时就考虑配图工作，包括审读作者提供的图片稿或从稿件文字中发现适合的配图，及时跟作者联系等。同时重视配图的大小、摆放位置和清晰度，还要写好文字说明，特别是人物照片的文字说明。

我很看重《出版史料》杂志的稳定性，甚至包括封面设计、排版格式方面。稳定性也是刊物整体风格的表现，对于史料性、研究性的学术刊物来说，保持严肃、朴素、庄重、大方的特性，应该是适宜的。

结束的话

回顾我半个多世纪编辑出版工作实践与思考的时候，稍可安慰的是，承中国编辑学会、东北师范大学出版社关心，于2004年出版我的《编辑实践与编辑学思考》一书，书中对我的编辑工作实践有若干回顾，并有若干理论思考。总之，我认为无论是图书编辑或是期刊编辑，也不论是编辑工作的选题、组稿，或是审稿、加工整理工作，它们彼此是互有联系而又统一的完整过程。换言之，编辑工作是一项系统工程，它作为一门学问，需要建立起自己的科学体系——编辑学。这就需要当代编辑工作者的共同努力了。可喜的是，我的案头就有江苏科技出版社一位青年学者蔡克难著的《编辑学论》一书，由江苏人民出版社2017年初版。这本近30万字的论著，对编辑学研究的基本问题及其现状、编辑学研究的基本方法、学科组成以及基础理论等问题，都作了清晰的阐述，提出不少精辟的见解。一叶知秋，相信我国编辑学理论研究的前景是大有希望的。

（整理者张巍，中华书局编辑）

主编《出版史料》杂志

（一）《出版史料》由上海移至北京复刊，出任执行主编

赵安民： 吴老您好，我们中国新闻出版研究院这次做的《口述出版史》项目，很感谢您的大力支持。这个项目我们已搞了好几年，最近不但申请到了国家社科基金项目的资助，也申请到了国家出版基金项目的资助，可以说是受到了各方面的重视。今天是我们第一次访谈吴老，我们就按计划，先从您主编的《出版史料》杂志谈起，聊聊这方面的事。

吴道弘： 你们几位做了充分的准备，我看了提纲，我就按照提纲作一些回应。这个事情最主要的一个契机是什么呢？1983年6月中共中央和国务院发布《关于加强出版工作的决定》，这个文件十分重要。由于1983年中央的这个决定，出版界开了几次会，其中最重要的一次是在南方开的，专门讨论这个决定。《出版史料》在发布《关于加强出版工作的决定》以前已经在上海出版了。其实在上海出版《出版史料》的时候，我和宋原放已经认识了，因为他原来是上海人民出版社的社长兼总编辑，后来又是上海出版局的局长，所以很早就跟人民出版社有联系。何况，1952年11月上海人民出版社负责人叶籁士调京时，先任人民出版社副社长

（1954年2月离任，调国家文改会）。我们人民出版社在上海有什么事情的话，也请上海人民出版社帮助我们，协助沟通一下什么的。

宋原放（坐者）获第八届中国韬奋出版奖后在会场与吴道弘（左）、邱守铨（右）合影，其夫人沈沁汶陪同。2002年2月24日于国谊宾馆

  宋原放作为上海人民出版社的社长到北京来，或者是开会，或者是别的事情，也会到人民出版社来走走，大家关系一直都很好。有了1983年6月中央《关于加强出版工作的决定》以后，我们跟宋原放的联系就更多了。他也是中国出版工作者协会的副主席，版协有什么会，宋原放也要到北京来找我，所以我跟宋原放是很熟悉的。我们人民出版社跟上海人民出版社还有一个关系是什么呢，原来的上海人民出版社的社长调到北京来以后，也是人民出版社的第一副社长，叫叶籁士，他后来是文字改革委员会的负责人。他调北京来以后，第一个工作是在人民出版社当副社

长。我们人民出版社的人当时觉得很奇怪，社长可一直是中宣部的胡绳。

赵安民：胡绳兼的社长？

2017年10月13日首次访谈时合影。从右至左尚烨、吴道弘、赵安民、曾卓

吴道弘：但是他不来社里上班，我这几十年只见过两次，都是在开会做报告时，他当时可能也会到办公室来看看，只是我没碰到。宋原放到了上海人民出版社，应该是解放以后一直在上海人民出版社，后来当上海市出版局局长，但是到出版局以后也还是兼任上海人民出版社社长。我刚才讲的有个叶籁士，叶籁士是先从上海人民出版社调到北京人民出版社，也是主持工作的一把手，但是是副社长、副总编辑。

赵安民：相当于常务副社长。

吴道弘：长期以来社长一直是胡绳，后来到曾彦修任社长的时候胡绳就不管了。应该说宋原放跟我们非常熟悉，这里面有几

一、主编《出版史料》杂志

种原因。原来是上海人民出版社的叶籁士，也到了人民出版社，虽说是副社长，但是他在实际负责。后来由于《关于加强出版工作的决定》，开会专门讨论这个《决定》。在这个会上我们跟宋原放也有联系，当时在1983年在上海怎么商谈的，我不是很清楚，但是只知道《出版史料》杂志在上海创刊时，主编是宋原放、赵家璧，两位都名望很高，老的出版家，很有成就。实际负责的还是宋原放。编辑部有一个女编辑，女编辑叫什么一下忘了，后来就出国了。这位女编辑是个人原因出国的。

赵安民：出国去了？

吴道弘：最主要的一个原因是什么呢？宋原放退了，他退了以后在编《出版史料》杂志又同时负责编《上海出版志》，相当多的时间投入出版史研究和写作上。

赵安民：一直坚持了十年？

吴道弘：是的。宋原放是从上海出来的，他个人对出版史很有感情的。宋原放怎么想着把《出版史料》拿到北京来出版呢？我看到提纲现在回想，这可能跟我重视出版史料保存也有一些关系。我在人民出版社内部刊物上写过一篇短的文章，在那篇文章上讲"出版社要重视编本社《出版大事记》，这将是出版史研究的第一步"。这篇短文章发表以后，宋原放看到了，还跟我说，他很赞同。他就想到了，如果上海不搞《出版史料》的话，转到北京来就行了。后来见面他就提到了这篇文章，他也很同意我的建议。他也觉得出版社将来的前途可以走这个路，出版社编自己的社史。他最终决定把《出版史料》转到北京的原因，还有一点是原来上海人民出版社的第一把手是叶籁士，他后来到文字改革委员会去了。

吴道弘与赵安民在访谈间隙探讨问题

赵安民：这个名字见过。

吴道弘：叶籁士是文改会的主任，他是搞文字改革的。原来跟宋原放一起在上海人民出版社，后来他被调到了北京主持人民出版社工作，不是社长，社长还是胡绳，而是处理日常事务，作为第一副社长在实际负责。由于这些关系，宋原放跟人民出版社有着千丝万缕的联系，每次到北京开会他总是与人民出版社联系。他跟其他出版社，比如跟江苏人民社、跟浙江人民社联系自然也是有的。

赵安民：宋原放后来是主编了十年的《出版史料》。

吴道弘：是的。根据我了解的原因，他年纪也大了，赵家璧年纪也大了，原来编辑部的女助手也走了。停刊是舍不得的，挺可惜的，他就想改到北京来出版。

赵安民：1993年停刊，2001年在北京复刊，中间过了八年。

吴道弘：中国版协的副主席原来是文物出版社的社长王仿子，他当时是在中国版协主持版协的工作，他跟宋原放也是比较熟悉的。谈起怎么样改到北京来，以宋原放来看，我在内部刊物上写了一篇文章——《大事记——编史工作的第一步》，讲出版社要搞大事记，这让宋原放印象很深。

赵安民：您是从出版史的建设角度来考虑的？

吴道弘：对。我那篇文章提到出版社要编写自己的大事记，是出版社重要的工作。

赵安民：出版社要是有大事记的话，要做出版史研究就方便了。

吴道弘：对，可以促进出版史的研究。王仿子当时在中国版协是第一副主席。他们之间可能也会交换意见，我就不清楚了。另外王仿子作为版协领导，当时版协有一个学术工作委员会的机构，我是主任，从这方面也会有考虑吧。

赵安民：对，学术委员会的主任。那个时候他是版协副主席的时候，您是版协学术委员会的主任。

吴道弘：《出版史料》怎么能到我头上来呢？我后来才想，王仿子、宋原放两位为此可能交换过意见，宋原放觉得也很合适，所以这件事情就这么转下来了。由当时版协副主席兼老委会主任王仿子出面，要求我担任在北京出版的《出版史料》主编工作，由开明出版社出版。当时焦向英是开明社长，该社先后指定黄炯相、卓玥、张巍参加编辑工作。发行工作由开明出版社负责。《出版史料》落实到北京为什么是到开明出版社呢？这里面王仿子是起了主要作用的。王仿子是共产党员，又是民主促进会在中央的一个领导，而开明出版社正好是民主促进会中央领导

的一个出版社。我设想，王仿子跟宋原放或许这样交换意见：你要到北京来出，你要让人家出版社接受，有这个变化是另外一回事儿。当时上海的赵家璧年事已高，编辑部的一位女编辑也因事出国了，在上海是很难调动别人了。

赵安民：您刚刚提到您在内部刊物上写文章，这个内部刊物是什么刊物？

吴道弘：叫《出版情况》，人民出版社的内部刊物。

赵安民：就"出版情况"四个字？

吴道弘：对，出版社内部也需要沟通。人民出版社几十年办了好多刊物，都因为不是铅印的留不下来，这个教训很惨痛。

赵安民：当时是什么印刷，不是铅印？是油印吗？

吴道弘：油印，比如说有一个刊物叫《走廊》，办了好几期了，用的人不重视，我们单位的档案部门也不注意保存。

赵安民：没有保存？

吴道弘：如果是铅印的话就不一样了。我后来当副总编的时候我主持了《走廊》，我把《走廊》铅印，铅印的现在留下来了。现在回想，这些东西很好的。

赵安民：印刷的效果、印刷的水平不一样。

吴道弘：另外，总编室存档案的人不重视油印，铅印的话就保留下来了。

赵安民：吴老您在北京工作，王仿子、宋原放希望您来组织这个《出版史料》编辑工作。

吴道弘：对。

赵安民：新中国成立后，1950年您就参加工作了？

吴道弘：我当时看到《学习》杂志有三联书店招聘启事（见本书"代自序"），那时候家里情况也有变化了，我父亲死得很早，我们经济主要是靠祖父，祖父年纪也大了，经济就发生变化了。

赵安民：考上了三联书店，从事编辑工作了。一直到后来，好几十年就一直从三联书店合并到人民出版社，在人民出版社工作到退休。

吴道弘：对。那时编辑出版跟发行要分开，三联原来的编辑、出版部门就合并到人民社了。

赵安民：几十年来可以说一直从事编辑出版工作，您是新中国培养的第一代编辑家、出版家。

吴道弘：这个称呼太大了，反正参加工作早一点。

赵安民：您对新中国出版的事肯定都特别熟，也比较了解。

吴道弘：但是那个时候先做书刊宣传，后来做编辑工作，也不大了解什么事。

赵安民：比如说1983年中央发布的《关于加强出版工作的决定》，出版界讨论《决定》的讨论会，您就参加了。应该来说，您对出版界、对新中国的出版肯定是比较熟悉的，所以他们特别邀请您出面来组织《出版史料》。《出版史料》交给开明出版社，编辑工作都要由出版社来承担吗？

吴道弘与赵安民在访谈间隙看资料

吴道弘：开明出版社正好是民主促进会的一个单位，这个事情完全是由王仿子促进的，所有经济上的事情都是由开明出版社来负担。主编是开明出版社的社长，但是他不怎么具体管。上海停刊我想最主要的就是人员变化，宋原放那时也当局长了，长远来看，有一个地方的领导长期担任主编，很自然地转过来了。王仿子是当时中国版协的第一副主席，而且又是驻会。我的作用是什么呢？在这本书里，我的一篇文章有写到。（吴老取出《出版六十年：编辑的故事》，翻看其中吴老写的《我与〈出版史料〉杂志》一文。）

赵安民：中国书籍出版社出版的《编辑的故事》，书中有您写的《我与〈出版史料〉杂志》。这篇文章我好像在几个地方都看到过。

吴道弘：那我就不清楚了。

赵安民：在您的书里我看到过。您谈一谈在北京复刊以后您主编《出版史料》的情况，怎么开始工作，您从这里谈起吧。

吴道弘：我在人民出版社工作时间很久，但没有接触过期刊，这方面经验不够，我就拉了原来《新华文摘》的主编陈子伶，他当时也退下了，我说你来帮我一起编。他原来搞《新华文摘》，很有经验和水平。宋原放一开始想要我来办这个事情，我没办刊物的经验，所以就拉陈子伶一起来搞，他也写过一篇文章《怎么编〈出版史料〉》。《出版史料》的来龙去脉大概是这个样子。

赵安民：就这篇文章里面写到关于《出版词典》的事，您当时也是作者。

吴道弘：是的。当时中国出版科研所专门成立《出版词典》编辑部，编辑部的编辑也写了一些题目。主要是边春光到你们院里来主持工作以后的功劳。

一、主编《出版史料》杂志

赵安民：《出版词典》是一个不小的工程。

吴道弘：《出版词典》由边春光主持编辑，上海辞书出版社主持出版的。编写十分认真。出版社也出了不少力量。

赵安民：这个词典我原来都有，我自己买的，都是二十多年前了。

吴道弘：这些人虽然都是搞了不少年的出版，但是词典怎么编法不是很清楚。

赵安民：您要写的条目是哪方面的？

吴道弘：我分工写了关于编辑出版的若干条目，文字很短，不可能每一个人都署名的。这本书是上海辞书出版社出版的。我向出版社的编辑学到不少东西。

赵安民：在北京复刊以后《出版史料》还是季刊，一年出四期？

吴道弘：对，但是后来几年因为经济问题，把原来的刊号改为书号出版，出版界很多人不同意，南京译林出版社老社长李景端态度就极其鲜明。他站出来表态：出版界只有一个《出版史料》杂志，怎么把刊号弄到别的刊物上去了？

赵安民：在北京复刊以后，2001年就见刊了，现在2017年，也有十六年了，十六年里至少前十年都是作为季刊出版的。近三年才变成一年两期，前面十三年都是一年四本。

吴道弘：对，我对出版界比较熟，呆的时间比较长，重要图书的情况也多多少少知道一点。但是我一开始接受这个事情没有编刊物的经验，我在出版社一直搞图书出版的，先是搞翻译的图书，后来搞著作的图书，甚至"三结合"的时候拉着南开大学的杨生茂搞《美国史》的编辑。

赵安民：编辑都是杂家。

吴道弘：是这样。讲编辑杂家，大家是公认的。有的专业编辑本身是学者专家。

（二）《中国出版史料》（十五卷）与《近现代出版大事年表》

赵安民：我看您在此前参与主编的《中国出版史料》，也是宋原放主编的，就这个（拾起桌上的《中国出版史料》）。我看先是出了十卷，后来又出了五卷补编。

吴道弘：这个我跟你说，实际上都是在宋原放的领导和推动下，才可以在两家出版社出版。

赵安民：您是第一副主编？

吴道弘：没有这样分工。但是有些人不知道这个情况，以为是宋原放，因为名义是他的名义。

赵安民：那您做了不少年吧？

吴道弘：也做了不少年。光一家出版社负担不了，后来还是王仿子找了山东的一家教育出版社，湖北也有一家，两家来共同分担。

赵安民：这个出版史料是按年代分的？

吴道弘：对，分古代、近代、现代几个部分。当时出版很困难，要由一家出版社来做怕赔不起，所以找了两家教育出版社，教育出版社有钱。我们将内容分古代、近代、现代，我们做的主要是

一、主编《出版史料》杂志　13

选定篇目和撰写注释。近代是汪家熔，现代是我，古代是上海宋原放。这套书操作实际上是这么操作的，王仿子负责联系出版社，他是版协的副主席。上海古籍社负责编辑是王有鹏，从报刊已发表的文章选编的，但是重要的是防止有重要文章的遗漏。

赵安民：分了任务自己查的，自己编的，编了十五卷，工作量真不小。

吴道弘：是的。

赵安民：编了《中国出版史料》以后，弄《出版史料》基础就比较雄厚了。

吴道弘：摸了底了，所以有胆子。后来又搞了一个《近现代出版大事年表》，这个是宋原放编的。宋原放原来出过一本叫《出版纵横》的个人文集，《大事年表》附在宋老的《出版纵横》一书发表。出书后若干年，又受作者委托在此基础上由我进行若干增补。我看了，基础很好，我说这个还不够。我为什么答应宋老增补呢？大史料增补没什么顾虑的。我详细增补了一下，每一页都有。可惜来不及由宋老审定，他就逝世了。但这个将来还需要找个出路，即单独出版，还是考虑另行发表。

赵安民：我记得后来您在北京主编《出版史料》，开明出版社也有编辑参与。

吴道弘：对，两个年轻编辑，有一个叫卓玥。

赵安民：最先是张巍？

吴道弘：张巍现在在中华书局工作。我建议，现在中华书局出版《中国出版史研究》要设"大事记"专栏，现在不详细记录的话，将来再要补很难很难，我总觉得"大事记"是基础，不妨字数稍稍多些。因为"大事记"有很好的基础史料。

赵安民：您是说现在中华书局编的《中国出版史研究》每一期里面都应有"大事记"？

吴道弘：是的。现在如果把"大事记"编下去的话比较容易，将来弄的话很难的。

赵安民：我记得我原来在中国书店的时候，就听您主张出版社要编本社自己的"出版大事记"。

吴道弘：对。宋原放看到我的这个意见，十分赞同。

赵安民：《出版史料》在北京复刊以后基本上沿用原来的模式，内容也差不多吧？

吴道弘：我们扩大了一点，一个是知识面，一个是组稿的范围，不要太局限了，出版社的书稿作者这方面也可以。

赵安民：不限于出版界？

吴道弘：这样的话专业太少了。在出版界组稿，一个是他们要有时间，另外一个是要有兴趣，没有兴趣的话也很难弄的。

赵安民：后来内容更加扩大了。

吴道弘：扩大了一点。

赵安民：原来是注重史料性、学术性，后来等于是扩大了，还兼顾知识性、可读性其他方面？

吴道弘：对。

赵安民：在栏目设置上有一些变化吧？

吴道弘：栏目有变化，还是扩大一点，文化刊物，在文化里面突出出版。一开始我也胆怯，后来请了《新华文摘》原来的副主编陈子伶同志，我胆子就大一些了。

赵安民：您编了十多年，也编得很好了。

吴道弘：对了，还应该感谢你的支持和惠稿。

赵安民：我也是作者，在您的邀请下写了几篇文章，客串了一下。里面有一个"文化自述"栏目。

吴道弘：对。

赵安民："文化自述"都是出版界的作者，有别的人吗？

吴道弘：很可惜，出版界的人不太重视，目前"文化自述"还嫌薄弱。我们想将来应该出一本书。

赵安民：一般的人不知道有此刊物，要主动去组稿就好一点。

吴道弘：对。后来因为开明出版社的社长也变了，新来的社长对《出版史料》前因后果可能缺乏了解，好像也不是很重视。

赵安民：原来开明社的领导呢？

吴道弘：主要是王仿子，王仿老是共产党员，又是中国民主促进会领导。

赵安民：后来开明换了社长？

吴道弘：换了社长。现在王仿子前辈一百多岁高龄，关心少了。

赵安民：王仿子身体够好的，像您的身体也好。

吴道弘：我到他那个年纪肯定糊涂了，我没有他精明能干。

赵安民：您过谦了！我看您在做《出版史料》的时候还每年都去江浙沪搞作者座谈会。

吴道弘：对。以嘉兴为中心，兼顾上海、杭州的作者和读者，开过两次座谈会。

赵安民：您的老家那边？

吴道弘：就在我老家嘉善的旁边，有什么好处呢？《嘉兴日报》的副总编和我比较熟悉，很支持出版工作，在那里开会，杭州的出版界可以来，上海的出版界也可以来，因为嘉兴是沪杭铁路的中间，北京再去一部分人，范围就大一点，有这个关系。曾在嘉兴开过两次会。接待工作也比较好，顺便游览南湖。

赵安民：作为《出版史料》的组稿座谈会？

吴道弘：对。本来我想得比较远一点，嘉兴没有出版社，后来他们出音像，经济效益也不是很好。

赵安民：组稿、选题、安排栏目，一年四期，任务也不轻。

吴道弘：我做得还很高兴，联系的那些老同志都很支持，你的支持也很大。

赵安民：我们感到很高兴，我们感觉是老一辈在提携我们。

吴道弘：这样说，就不敢当了，大家都是有成就的热心作者。

赵安民：那个时候主要是向作者组稿，来稿也有一些吧？

吴道弘：来稿率很低，主要还是不了解。

赵安民：办期刊跟出版图书还不完全一样，情况有区别。

吴道弘：我在编《出版史料》的时候，我是从文化的角度着眼，不要仅仅限于这个编辑出版界。

赵安民：不要限于出版谈出版，把视野放在大文化角度里面。

吴道弘：事情就是这样，一定不要就事论事。"文化自述"这个栏目组稿不是很理想。我们也是想把这个栏目搞得更好一点。还是编辑部内部把编辑力度加强，该做好的做好。

赵安民：内容涉及图书，甚至涉及报刊、书店等各方面？

吴道弘：是的。

赵安民：像《出版史料》的内容，就我了解的，从已经出版的《出版史料》的刊物来看，内容还是以近现代和当代的出版史为主，古代的还是少一些。

吴道弘：对，我的原则最好是重点在近现代出版。但是我想既然是一个出版史刊物，几部分应该都要。

赵安民：《出版史料》应该说它的宗旨还是为保存史料，且是主要以保存当代史料为主。

吴道弘： 关键是没有合适的作者。这个选题确定的话，难以找到合适的作者来写的。有的是印刷学院的，跨得稍远了。那个时候边春光同志在你们所里当所长。他从行政转到科研。

赵安民： 主管科研所。

吴道弘： 是的。边春光主编《出版词典》，出版是上海辞书出版社，他们懂得怎么搞辞典条目，这个《出版词典》将来如果上海不搞的话你们来出吧。

赵安民： 我们已经出了，已经再版了，就在我们出版社出的，出了两年了。

吴道弘： 当时上海辞书出版社出版《出版词典》，两个编辑非常敬业。

赵安民： 编辑前辈是我们学习的榜样。我看您这本书里面写到赵家璧，在上海《出版史料》第一期里面谈到，上海1961年成立了一个出版史料编辑所。

吴道弘： 对。

赵安民： 我看您那篇文章也用了赵家璧这篇文章里的一段文字。

吴道弘： 宋原放在上海亲自下工夫做出版史的研究，并重视赵家璧前辈的作用。

赵安民： 赵家璧当时是什么工作？

吴道弘： 好像是上海人民出版的编辑，日常工作超脱一些。好像还有助手。

赵安民： 没有行政职务？

吴道弘： 没有，年纪大了没有让他担任行政职务。

赵安民： 对出版史有研究？

吴道弘：有研究，都是他自己经历的，他好像在陕西人民出版社出版过书。

赵安民：我看他们文章里面说的，《出版史料》在上海创刊是有历史渊源的。

吴道弘：对。

赵安民：后来在北京复刊也是有渊源……

吴道弘：在北京复刊王仿子功劳很大，王仿子是文物出版社的社长，是中国版协的第一副主席，他跟宋原放关系也很好。在当时的条件下宋原放很难在上海搭起班子来，人也老的老小的小，所以他们就到北京来了。原来上海辞书出版社有一个年轻的王有鹏，好久没和他一起写文章了。现在汪家熔也好久不写文章了。

赵安民：汪老商务印书馆退休了，年龄也有八十多了，搞出版史的，主要是搞近现代出版史。

吴道弘：汪出版过多种图书，在人民社还出版过，主要搞商务史。

（三）总布胡同情缘深厚

赵安民：下一步关于杂志的编辑工作还请您谈谈？

吴道弘：这个是手工业，还是凭经验和人际关系，而且主编心思一定要活跃些，他要参考好多有关杂志，要留心。工作中要时时记着有这个任务。有时候也很高兴得到意外收获。我举个例子，当时出版总署刚解放的时候，后来的红漆大门拆掉了，在社科院后面盖了14楼，很可惜的。现在，原来大门的照片很难见到，有一位上海作者写文章的时候附了一张照片，讲当时10号出版总署的大门，我想这张历史图片很难得，作为插图太可惜了，后来就改排在封二的地位。这是难得的史料，作为一篇文章的插图太可惜了。

赵安民：是。

吴道弘：原来美术出版社宿舍的旁边。我从上海三联到北京三联，都是在总布胡同，由西总布胡同到东总布胡同。

赵安民：《出版史料》杂志一直在开明出版社？

吴道弘：《出版史料》杂志移到北京出版后一直由开明出版社承担编辑出版工作。

赵安民：开明出版社也出了不少力。

吴道弘：自然，开明在经济上、人力上的支持很大。主要是王仿子推动的作用，王仿子是民进中央的。

赵安民：编辑除了编《出版史料》以外，开明出版社还有图书编辑任务？

吴道弘：那是在后来。在我主持《出版史料》杂志的时候并没有搞其他东西。

赵安民：我听他们说，任务还不轻，除编《出版史料》杂志，同时要编好多书。充分利用人力资源吧。后来虽然您没有挂顾问的名字，但是《出版史料》的编辑事务还经常找您。

吴道弘：那是编辑部的年轻编辑张巍、卓玥、支颖，他们成长很快，我与他们合作得很好，个人关系比较好。

赵安民：《出版史料》您觉得还是要继续办下去？

吴道弘：如果在你们出版科研所办的话，相信还会活泼些。

赵安民：现在是出版研究院了。我们研究院郝院长、魏院长组织编纂的《中国出版通史》已经出版。

吴道弘：这个就是一部学术性的出版通史著作了。

赵安民：对，也是关于出版史的。

吴道弘：我觉得你们可以跟他们合搞。

赵安民：您认为这样比较好是吧？

吴道弘：因为他们现在的条件，放到他们那里，再发展就很吃力。

《中国出版通史》出版座谈会结束后留影

赵安民：能够继续做也还不错。

吴道弘：研究院应该有这样的杂志。

赵安民：是，《出版发行研究》里面偶尔涉及出版史方面的文章。

吴道弘：《出版发行研究》在我的心目中性质已经固定了。

赵安民：出版研究院里有几个杂志。

吴道弘：怎么样再权威一点？

赵安民：《出版发行研究》杂志在出版界很权威的，核心期刊，转载率很高，出版业界评价还是不错的，这个杂志挺好的。《出版史料》涉及出版政策、出版管理，书报刊的出版都涉及了。

吴道弘：还是以图书为主。

赵安民：后来的数字网络出版，数字出版涉及了吗？

吴道弘：好像没有力量了，中间偶尔是有，慢慢也会加强。

赵安民：在我的印象中，《出版史料》主要是出版界的老同志来回忆原来从事过出版工作的情况。

吴道弘：是。你们杂志也有不少"出版史料"的内容。

赵安民：《出版史料》您刚刚也谈到了，它的出版价值，《出版史料》的编辑出版价值应该还是很重要的。

吴道弘：是，我是觉得很重要的。

赵安民：请您谈谈它的价值作用主要在哪些方面？

吴道弘：它是承前启后的事情，而且也有抢救的意识。如果现在要组稿一篇关于旧书店的很难。这个杂志将来你们承担一部分或者你们的研究成果也可以放到这里去。

赵安民：由中国新闻出版研究院来主办其中一个栏目也许可行。《出版史料》的编辑出版，您觉得它这些年来比较满意？达到了预期的效果？

吴道弘：这些年他们做这个，也不容易。好在编辑部的几位年轻人成长很快。

赵安民：比如说您对《出版史料》的编辑方面有些什么建议？

吴道弘：我们自己有丰富的稿源、固定的题目，这样的话慢慢地作者稿源不会散。不是季刊了，是半年刊，但还应该自己想一点办法来拓展一下。

赵安民：您是说稿源不足是吗？

吴道弘：是稿源问题，需要经常关心作者和有关写作题目。

赵安民：比如说杂志的发行情况呢？开明出版社自己搞发行吗？

吴道弘：对，他们自己发行。

赵安民：因为这个是出版界行业方面的东西，在书店销售的话大众的选购比较少，相对来说大众读者少一点。

吴道弘：我也认为是这个情况。

赵安民：印刷、排版、装帧这方面呢？

吴道弘：他们自己联系，也是杂志编辑部内部运转，但是结算都是编辑。

赵安民：比如说封面，刚刚您谈到了插页，还有封二、封三的图片，这个都是您自己的安排？

吴道弘：我在做的时候，刊物上这些内容，都是编辑内部自己来安排的。

赵安民：开明出版社的《出版史料》，后来中华书局创刊的《中国出版史研究》跟这个是什么关系？

吴道弘：从刊名来讲，那个是更高层次一点，文章的内容、文章的篇幅、文章研究的题目更加深入一点，而且编辑力量也很充实。

赵安民：我看您退休前后在出版史研究方面自己也做了不少工作，写了不少文章。

吴道弘：现在写得少了。

赵安民：您原来的出版史研究也是以近现代、当代为主？

吴道弘：对。做《中国出版史料》，按分工我原来编现代史，古代的是上海辞书出版社，近代的是汪家熔。这套书主要是我在推动。

赵安民：好像您撰有一本《出版史研究札记》。

吴道弘：你指的是《星空集》吧。

赵安民：是。那本 2016 年出版的《星空集》，内容主要是出版史方面的吧？

吴道弘：对。我没有什么专门的东西，杂七杂八的，还有一些零零星星的文章。

左起张志强、刘光裕、戴文葆、刘杲、宋原放、吴道弘、徐学林、张为法、修咏乐、汪家熔，1999年3月23日南京

中国编辑学会于2000年6月15—16日在浙江温州市的瓯易饭店内召开"编辑史、出版史研讨会"（左起邵益文、蔡学俭、宋原放、吴道弘）

赵安民：您提到了几个概念，一个编辑史、一个读者史、一个出版史。

吴道弘：读者史是必要的。一般普通的人可以来看看，作为文化来看一看。

赵安民：读者史是不是相当于阅读史呢？

吴道弘：读者史应该是包括在阅读史里面的一部分。至于文化史、出版史、编辑史等学科之间的关系，涉及学科之间的框架问题，不是简单说得清的。

赵安民：是的。

吴道弘：实际上你们可以研究读者史，读者史里面有专家层次的，不同的书，不同的读者，怎么来研究一下这个问题。

赵安民：现在您的意思，现在讲读者也有一个图书市场，市场还有细分分类。

吴道弘：不是，我想一本书出来销掉十本，这十本里面有哪些读者购买了，选购了。

赵安民：卖书的书店里应该有一个信息储存。

吴道弘：原来有一种做法很好，比如新华书店的门口或者里面有一个意见簿，现在书店还是很重视读者工作的。书店业务也是《出版史料》发掘的内容。

赵安民：《出版史料》发表有关书店经营方面文章的，我看上海有一个俞子林写了不少。北京的书店有人写？

吴道弘：北京有郑士德写。郑士德原来是东北新华书店来的，东北解放得早。

赵安民：对。

吴道弘：原来的总经理叫什么？

赵安民：也是书店的，是汪轶千吧？

吴道弘：对，汪轶千是留苏的。

赵安民：汪轶千是哪个书店的领导？

吴道弘：派他到苏联书店学习前是新华书店领导，回来也是在新华书店，在新华书店退休的。

赵安民：新华书店总店。

吴道弘：对。新华书店除了总店，各地有分店。

赵安民：是一个大系统，有总店，有省店，有市店。好像原来供销社有图书发行，到每个乡镇，书刊发行到了乡下。

吴道弘：供销社代销图书是有的，但规模不大。

赵安民：这跟读者史有关。

吴道弘：上世纪 50 年代，人民出版社一个女编辑去苏联留学时先是在大学学书籍发行的，后来曾彦修到苏联访问知道了这个事情，提出出版发行到苏联来学什么？还是改学哲学吧。

赵安民：真的改了？

吴道弘：对。结果很可惜，这位女编辑在苏联学哲学，回到北京，结婚以后离开人民出版社。

赵安民：您原来在人民出版社的工作经历还是很有意义，对主编《出版史料》应该大有帮助。

吴道弘：应该是有联系的。

赵安民：好多著名作者，都是宝贵资源。

吴道弘：其实不仅仅在具体的书稿上作家可以交流，作为朋友，除了责任编辑跟他的关系以外，做学问应该扩大一点内容，但是现在一个编辑要管好多本书，真正业务上、专业上思考写作就精力有限了。

赵安民：是。不过有的出版社可能情况也比较多样化，有的出版社专业性比较强，比如人民文学出版社专门搞小说的。人民出版社应该也有按专业分的编辑室，有哲学的、经济的、历史的，等等。

吴道弘：原则上是这样的。你们研究院应该搞自己院里的院史，先要做好大事记。

赵安民：新闻出版研究院每年的大事应该坚持记录一下，为研究新闻出版研究方面的历史留下史料。

吴道弘：严格地讲，你们机构的发展推动了出版机构研究的发展。那个时候范围也小。

赵安民：好，回去也可以建议，跟领导汇报。

吴道弘：你可以呼吁。聂震宁跟你们没关系吧？

赵安民：他是韬奋基金会的，做阅读推广做得比较多，经常在外面演讲，关于全民阅读方面的。

吴道弘：其实北京印刷学院，名叫印刷，实际上涵盖编辑出版，你们之间的关系怎么样我不知道，联系应该紧密一点。

赵安民：我们有印刷研究，新闻出版研究院下面设有一个印刷研究所，它们之间关系应该很紧密。《出版史料》对印刷方面也涉及一些吗？

吴道弘：太少了，我也不熟悉，关系也没有，没有想到在这方面发展。

赵安民：中华书局《中国出版史研究》杂志王惠彬和您联系多吧？

吴道弘：我们之间已经有多次沟通。我觉得大事记太简单了。我以为杂志上发表的大事记要适当宽一点，有时宁可在最后发稿时再作若干删减。

赵安民：《中国出版史研究》也是一年四本吗？

吴道弘：是。

赵安民：做《出版史料》这十多年您是挺忙的，您是正儿八经的执行主编。

吴道弘：年轻编辑学历高，又很敬业，发展和成长很快，这

一、主编《出版史料》杂志

是很可喜的现象。

赵安民：我们今天暂时谈这么多，谢谢吴老！

（四）"出版史料"栏目设置与组稿

赵安民：吴老您好！

吴道弘：你好。

赵安民：很高兴继续我们的访谈。上一次就《出版史料》杂志谈了一下大体的情况。今天我们按照您的意见，我们继续谈《出版史料》杂志的话题。您主编这十多年，对栏目方面的安排、作者的情况再谈一谈。我想先就栏目方面的安排谈一谈。

吴道弘：好的。《出版史料》原来是在上海创刊的，由宋原放、赵家璧主编，后来情况变化了。宋原放原来是上海人民出版社的副社长，没有出《出版史料》以前，他到北京来，已经是中国版协的副主席了，所以没有搞这个杂志以前，他跟北京的人民出版社也很熟悉。上次好像讲了一下。当时上海的班子比较好，赵家璧老出版人，很有权威了。

赵安民：对。

吴道弘：宋原放在的时候，当时还有一个女编辑，叫什么名字我一下子想不起来了，条件很好。稿件来源、材料都很好。本来是宋原放在中国版协也兼职务的，而且跟王仿子也很熟悉，王仿子是驻会的副主席，所以他们两个也经常沟通的。在这样的情况下，当时我也兼版协学术工作委员会主任，我想他们两个一商量以后，包括宋原放对我的了解，就很自然地想到，情况变化了，决定转到北京来出《出版史料》。这个任务中国版协完全可以承担，因此这个任务落到我头上了。刚转到北京出版时，最初几辑即 2001 年第一至四辑，宋原放还担任《出版史料》的编审委员会主任委员。

《出版史料》杂志上海座谈会（2009 年于出版博物馆）

赵安民：那个时候您是中国出版协会学术工作委员会的主任。

吴道弘：对。他们的理由很充足，好像和这个工作不冲突。宋原放担任编审委员会主任委员。在交替期间，虽然上海不编了，北京来编，由开明出版社出版，但还要交接一下。

赵安民：宋原放是编审委员会主任委员，充当上海、北京之间架桥人。

吴道弘：对，于是就很自然地过渡过来了。

赵安民：焦向英是开明出版社的社长，他是作为《出版史料》的主编？

吴道弘：对，因为什么呢？他们要出钱的。否则的话他社长也对不起社里面的人。

赵安民：实际上就是您这个执行主编正儿八经在执行工作。

吴道弘：实际上是我一个人在弄，还聘请一位资深编审陈子伶，他有编刊的经验。陈子伶原来是《新华文摘》的主编。当时他还在人民出版社，是我请他的，我说我编刊物没有经验，我在出版社没有编过刊物。

赵安民：那个时候陈子伶还在人民出版社工作吗？

吴道弘：那个时候，他退了，是我邀请他帮忙的。

2006年，吴道弘在上海作协礼堂研讨会上发言

赵安民：曾任《新华文摘》的副主编？

吴道弘：是的。

赵安民：他已经不参加《新华文摘》编辑工作了。

吴道弘：那时他已经退了。没有影响他在职的工作。

赵安民：我看《出版史料》编辑有三个人，张巍、支颖、卓玥。

吴道弘：卓玥是后来来的。现在还是卓玥在管。

赵安民：从90年代组织这个工作，到2001年的时候出版了几期？两期还是四期？我看开始不是一年四期。

吴道弘：开始好像就是一年四期。

赵安民：作为季刊来办的？

吴道弘：对，季刊。不过用"辑"而不用"期"。我们一开始的时候，宋原放挂了一个编审委员会的主任，后来几期他又说不要挂了,就这样过渡过来了。一开始的时候,主编是开明的社长,后来他调走了,黄炯相是开明编辑部的编审,实际上干事是我跟陈子伶两个人在干。

赵安民： 一开始栏目上面的安排是怎么考虑的?

吴道弘： 栏目安排最难的是什么呢?缺乏经验,作者队伍也不太熟悉,一开始在同类刊物方面左顾右盼,从已出版的出版史著作、出版人物传记等方面去找。

赵安民： 内容安排实际上最难。

吴道弘： 内容还可以参考一些,我们很注意。

赵安民： 参考上海原来出的情况?

吴道弘： 对。另外,我们当时比较注意的是什么呢?卷首语怎么弄,刊物前面的卷首语。卷首语篇幅有限,就这么一块儿,你还写了几期。

赵安民： 您邀请我 2012 年写了 4 期卷首语。

吴道弘： 作者要能够拿得出去,写的题目又是比较重要的,但是又不能字数太长。当时一开始就是一面。你在写的时候可能也感到困难。感到什么困难呢?题目很大,很重要,而且还要配个图什么的,但是文字很少。一开始卷首语比较乱,后来就比较固定一点了。一个是重大的选题,找一个比较合适的作者,字数又有限,一般人感到困难,不是我们出版社的圈子,不是做编辑工作的人,真正的专家觉得不够严谨,这么大的题目要我写那么少的字,还要配个图,这个组稿困难。一开始也是摸索一些道路,怎么个弄法。最好是找编辑出版圈里的人做,他能够知道要求。后来就摸索了一个路子,找文物出版社退下来的总编辑俞筱尧,这个是他的笔名。

赵安民： 俞筱尧,苏嘉是他的笔名。

吴道弘：俞筱尧是我在三联的老同事，人很热情，又有学问。我一联系提出要求，他很愿意，他也编过文物书刊，有经验。

赵安民：这个苏嘉是文物出版社的。

吴道弘：叫俞筱尧，你可能听说过这个名字

赵安民：听说过名字。苏嘉的名字还是从这个《出版史料》上面才看到。我看他写了不少篇卷首语。

吴道弘：写了不少。他是老三联的人，后来到北京以后调到文物出版社去了。他因为是老三联的，我到北京的时候他还在北京三联，后来因为生病调到上海去养病，后来又调回来了，调到了文物出版社。卷首语这个问题原来是很难找人的，曾经找俞筱尧写了好几期。一个栏目是"往事寻踪"，最好是写自己经历的工作。王仿子写了 2005 年第 1 期"往事寻踪"，后来有一位在香港工作的刘冰先生也写了。

赵安民：是不是在美国的刘冰？

吴道弘：对，美国待了几年。

赵安民：在旧金山还是洛杉矶？ 2000 年总署组织了一个国际出版业务研修班，那年我去美国见到他了。

吴道弘：他也是个老同志了。

赵安民：那个时候就蛮有名了，正好跟您的年龄差不多。

吴道弘：对。

赵安民：刘冰当时写了香港还是美国的情况？

吴道弘：刘冰写的《李石曾跟杨家骆》这个专题。

赵安民：像这个作者刘冰，是别人推荐的还是您自己认识他？

吴道弘：我本来就认得。起先有点闻名，但是我没有见过。后来有一次他到北京来开会认识的。那个时候在职，与人来往多，信息还有的。

赵安民：您的资源很丰富。

吴道弘："往事寻踪"里面让潘国彦也写过。反正当时都还在位，与人的来往，和人的接触比较多。

赵安民：这些作者都是出版界的老同志了，回忆自己在位时出版工作的情况？

吴道弘：自己工作的情况，另外他知道的情况也可写。

（五）长期守摊与历史见证

吴道弘：给你介绍一个重要作者方厚枢，他是我的第一个作者。为什么呢？他在出版界时间很长。方厚枢有一个很大的特点，"文革"期间他一直没有离开工作，他当时一直在出版界，他的信息是不断的，他最后自己出了一本很厚的回忆录。

赵安民：意思是"文革"期间一直在工作岗位上，没有到干校去。

吴道弘：他就是守着这个出版摊子。

赵安民：方厚枢著《新编中国出版史话》，武汉大学出版社出版的。

吴道弘：对，他倒没有去干校，一直守着出版界的摊子。

赵安民：这一篇是方厚枢写的《出版工作七十年》。

吴道弘：对。这本书就是老方赠我的。（顺手从书柜里取出方厚枢的这本书）

赵安民：商务印书馆出版的。方厚枢是不是给《出版史料》写过不少文章，他是主要作者。

吴道弘：对，主要作者。很可惜，他好像比我大一两岁，去世得太早了。

赵安民：他如果要写肯定有东西写，他本身也研究出版史。

吴道弘：他没有去过干校，他就守着出版这个摊子。

一、主编《出版史料》杂志　33

赵安民：他一直在这边工作。那个时候叫出版局？

吴道弘：国家出版局，后来叫文化部出版局。

（六）卷首语的设置与组稿

赵安民：《出版史料》卷首语组稿比较困难一些。

吴道弘：最困难的就是卷首语，选题不定。

赵安民：我看第1期里面没有卷首语，北京2001年的第1卷没有卷首语，后来慢慢安排起来的。

吴道弘：对。后来因为版式的关系，应该有个卷首语，一开始没有。

赵安民：第2期前面有一篇文章。

吴道弘：对，第2期有了。

赵安民：只是有一篇短文，当时还没有叫卷首语，是吧？

吴道弘：对。因为这个好像不固定，版面不固定。

赵安民：几百字，千字文。后来就作为卷首语固定下来了。

吴道弘：对，这个地方不叫卷首语怎么个弄法？后来慢慢摸索，版式变了一下。

赵安民：北京的第2期有一篇文章，《扬州吴氏测海楼》，这是徐方写的。

吴道弘：徐方是南京的。后来慢慢地觉得用卷首语好一点。每期都要用，第一篇文章都要转行跨页，好像不大妥当。

赵安民：我看2001年就出了第1辑，2002年有第2辑、第3辑直到第4辑，到2002年底一共出了4辑。第3辑上面的卷首语是徐雁写的。

吴道弘：徐雁是南京的。

赵安民：徐雁写的《常熟瞿氏铁琴铜剑楼》。徐雁，我也跟他是好朋友，挺熟的。2000年前后，我们就认识了。

吴道弘：开会认识的吧。

赵安民：他原来写《古旧书业史》，他到中国书店来，到我编辑部，我带他找中国书店副总经理吴凤祥搜集文献。第4辑上面的卷首语是不是也是他写的？"雁文"是不是徐雁的笔名？这个是不是也是徐雁写的？

吴道弘：徐雁，就是徐雁。

赵安民：我看署的名字叫"雁文"，写的是《南京焦氏五车楼》，写的明代藏书家。

吴道弘：一开始也是摸索着弄，因为每季度找卷首语很难找。人是有的，怎么给他出题目，重要的题目，重要的事件，字数太少，大家也不太愿意弄，短文章不好写，你写过几期应该知道的。我觉得主要一点，主编一个杂志一定要了解情况，中外有关的情况，有些什么好的题目，出现什么新的人，这样就好一些。一个是多看，一有机会就抓住。王元化先生我原来不认识。

赵安民：上海的那个王元化？一个著名学者。

吴道弘：做过上海市委宣传部长。

赵安民：挺有名的。

吴道弘：我原来不认识，没有机会和他接触。2004年10月我到上海组稿，我住的那个楼房，了解到三楼有一个著名学者就是王文化。

赵安民：您在上海开会吗？

吴道弘：为《出版史料》组稿，同时出席复旦大学召开的有关纪念张元济的会议。

赵安民：住在上海。

吴道弘：对，我便带着《出版史料》去访问王元化同志了，后来他开始给我写了这一篇，"青园"就是王元化。

赵安民：这是他写的字？（载《出版史料》2005年第1期封二）

2007年9月27日于海盐宾馆，吴道弘参加张元济先生纪念活动留影

吴道弘：他给《出版史料》写的字。我始终老想着这个事情，发现有关的作者就及时组稿。

赵安民：你还专门找他给《出版史料》题词？王元化很有名。

吴道弘：很有才气，非常热情。

赵安民：这是2005年的第1期。

吴道弘：你看原来的卷首语从题目到内容都比较杂，后来就慢慢有序起来了，找合适的人来写，或者要有名，或者是专家，有的时候让专家写一个卷首语好像说不出口。

赵安民：我看最前面有写古代藏书楼的，有写图书馆的，后来有写古籍的，如《司马光和〈资治通鉴〉》等。

吴道弘：后来慢慢地从这个思路生发了。人跟事，人跟书，人跟什么，这个思路形成了，这样的卷首语就好办一点了。这思路大概从苏嘉开始，苏嘉写卷首语写得比较多。

赵安民：我看大部分都是介绍古代的典籍，介绍作者和书的情况。

吴道弘：对，写重要典籍或者藏书楼、图书馆。如 2000 年白化文写两篇介绍北大图书馆。白化文是北京大学的教授。

赵安民：现在我们出版社正在编辑出版《白化文文集》，国家出版基金资助出版的。

吴道弘：可能是多卷集吧？

赵安民：好多本，好像是 10 卷本。

吴道弘：那很多。白化文跟启功交往很多，老北京，很能说。

赵安民：对，他写的东西不少是关于老北京的。

吴老师：是。所以卷首语思路原来是有变化的，不固定的，后来找到俞筱尧以后他摸到这个路子了，他就写得比较多了。

赵安民：徐雁、宋原放、丁景唐、傅璇琮、许觉民等也写了卷首语。

吴道弘：许觉民原来是人民文学出版社的副社长，后来调到社科院文学研究所当所长。也是我在参加三联工作时的领导。

赵安民：丁景唐呢？

吴道弘：丁景唐是上海 30 年代参加革命的一个老同志，现在九十多岁了。

赵安民：他也是出版界的吧？

吴道弘：丁景唐是老党员、老出版家，曾任上海市出版局局长。

赵安民：傅璇琮大家知道多一些，中华书局的总编辑。

吴道弘：是。后来卷首语就固定给苏嘉了，他摸到路子了，既熟悉出版，又懂文物界的一些情况。

赵安民：苏嘉写了这么多：司马光和《资治通鉴》、毕昇和活字印刷术、章学诚和《校雠通义》、纪昀和《四库全书总目》、仰韶文化和半坡遗址、河姆渡文化、大汶口文化、从"禅让"到"家天下",还有《艺文类聚》《册府元龟》《永乐大典》《古今图书集成》《尔雅》《说文解字》《康熙字典》,以及司马迁和《史记》、李时珍和《本草纲目》、徐霞客及其游记、徐光启和《农政全书》、玄奘和《大唐西域记》、沈括和《梦溪笔谈》、宋应星和《天工开物》,这些都是俞筱尧写的。

吴道弘：他那个时候慢慢摸索出路子了,所选题目,人也很重要,书也很重要。其中插了一篇别的。

赵安民：《深切哀悼四川大地震遇难同胞》。

吴道弘：对。后来我们想,咱们写的这些书都是老掉牙的,也得关心人民的疾苦。

赵安民：一下从古代拉到现实里面来了。

吴道弘：现在生活的这个时代,这么重大的事情也反映一下,跟他商量了一下,他也觉得对,否则大家一看离现实太远了。

赵安民：也是这个苏嘉写的。

吴道弘：我跟他熟了,我到北京来的时候,他已经在北京三联书店了,老同志了,年龄跟我同岁。安民,你也比较早就给我们写稿了。

赵安民：您跟我约稿,您是策划组稿,我当了一回作者。那一年正好我去新疆,我记得4月26日离开北京去新疆人民出版社挂职援疆,我是在离开前交了4篇文章。这是2012年的事情,这是吴老您给我组稿的。第一篇《李文藻和〈琉璃厂书肆记〉》,第二篇是《缪荃孙和〈琉璃厂书肆后记〉》,第三篇是《孙殿起和〈琉璃厂书肆三记〉》,第四篇是《雷梦水和〈琉璃厂书肆四记〉》。吴老您对琉璃厂的情况也很了解,才能够策划组稿,正好我在琉璃厂上班。

吴道弘：正好你在琉璃厂，就给你出题目了。选题很重要。这四篇找你组稿推都推不掉，你正好长期在琉璃厂工作。有一篇很重要，方厚枢的《"文革"时期古籍及研究专著出版纪事》，"文革"期间他没有下放，他守着出版的摊子，他是保存史料的。

赵安民："文革"时期还出版了一些古籍？

吴道弘：有，有的还是毛主席指定要出的。

赵安民：毛主席要出的？

吴道弘：这都是中华书局出的。这其间有一篇《北京东总布胡同十号大院忆旧》，这篇文章是上海的投稿，他配了个图，其实人民出版社和出版总署都在东总布胡同十号，现在已经拆掉了，当时的面貌没有了，社科院后来当宿舍用了，后来大门口这个地方整个拆掉了，盖了宿舍了。上海的这个作者附了一张照片，这张照片很可贵，是旧的人民出版社跟出版总署都保留下来的单位，所以我们把这个做了一期插页图片。

赵安民：这个人叫丁令威，也是笔名吗？

吴道弘：我不认得这位作者。

赵安民：他是投稿投过来的：《北京东总布胡同十号大院忆旧》。

吴道弘：他写的这篇文章，他附了一张照片，十号大门的照片。我觉得这个很可贵，十号大院的大门已经拆掉了。

赵安民：当时您对大门的环境很熟。

吴道弘：我在那儿上班。后来当社科院的宿舍了，后来都改造了。

赵安民：原来上班的时候还没有拍一张照片？

吴道弘：有，我们出版社的人零零落落也有人拍照，没有像这位作者那么一张很完整的。其实那篇很重要，就是方厚枢的那篇，从保存史料来看，《"文革"时期古籍及研究专著出版纪事》，这个是很重要的。

赵安民：是的。您看2004年第3辑，"往事寻踪"栏目里面《"孤岛"时期新知书店在上海的出版工作和海上运输线记闻》作者俞筱尧。

吴道弘：俞筱尧原来是在三联的新知书店，是位老同志了。

赵安民：也是属于三联的新知书店。

吴道弘：后来叫生活新知，他知道这个事情。"往事寻踪"中的李景端，写萧乾翻译《尤利西斯》，李景端是南京译林出版社的社长，《尤利西斯》出版是他经手的，这个也比较重要。下面的史晓风是叶圣陶的秘书。从叶至善那里知道史晓风的这篇文章《人民教育出版社成立的政治背景——记叶圣陶先生的一次重要讲话》，我们把它要来了。

（七）"往事寻踪"与边春光组织《出版词典》

赵安民："往事寻踪"里面我看都是很经典的篇章。

吴道弘：对。"往事寻踪"栏目中袁继蓉写的《编纂〈出版词典〉的回忆》，这个很权威的，当时袁可能是出版研究所的，是不是在你们那里待过还是出版局待过？他是在出版社参与编辑《出版词典》，在边春光时代做编辑。

赵安民：《编纂〈出版词典〉的回忆》。

吴道弘：这个还是很权威的，当时很不容易的，边春光组织上海的人来编《出版词典》，到现在为止好像还是比较重要的。

赵安民：我都买了，我二十多年前买的。现在我们中国书籍出版社出了修订版。

吴道弘：怎么没有宣传？应当在你们研究院自己杂志上登一个广告。

赵安民：有宣传，《出版参考》等，应该还是有广告的。

吴道弘：袁继荨现在在哪里不知道了，现在不在你们那里了。

赵安民：袁继荨是《出版词典》编辑部成员。

吴道弘：上海辞书出版社出版的。

赵安民：责任编辑为张诚濂、陆嘉琪。

吴道弘：陆嘉琪是你们研究院的？

赵安民：应是上海辞书出版社的编辑。

吴道弘：这个书是全靠边春光同志组织。

赵安民：要组织蛮多人参加才能编得好。

吴道弘：是。

赵安民：编委会名单上主要撰稿人有110多人。

吴道弘：没有边春光当时的号召是组织不起来的，上海辞书出版社就有十多位编辑参加。主编是边春光，副主编是宋原放、朱语今。编委有19人，我也名列其中。主要撰稿人约115人，还有未列名的其他撰稿人。参加撰稿的学者、编辑家有刘叶秋、周振甫、周有光、林穗芳、高斯、阙道隆等，也有不少人是第一

上海辞书出版社1992年12月出版32开精装《出版词典》

中国书籍出版社2014年9月出版16开精装《出版词典(修订本)》

一、主编《出版史料》杂志　41

次参加编写词典，为此编委会组织撰稿人学习词典编写要求，请上海辞书出版社的编辑讲课，下了很大功夫。

赵安民：边春光当时是什么职务？

吴道弘：后来是出版科研所的所长。最早是国家出版局局长。

赵安民：这个出版得比较早，是1992年出版的。

吴道弘：对。

赵安民：《前言》落款时间为1989年，1992年12月第一版第一次印刷，当时印了5000册。

吴道弘：这个重版了？

赵安民：对，好像有两年了，增订版。是中国书籍出版社出版的。

吴道弘：对。倪墨炎没有在你们那里出过书吧？

赵安民：好像出过，这个名字很熟。他是？

吴道弘：上海的。上海辞书还是上海什么，我不记得了。后来还有一本许力以组织的，《中国大百科全书·出版卷》，后来版权不知道去哪里了。

赵安民：那是大百科的吗？

吴道弘：是的。版权归哪里？

赵安民：《中国大百科全书·新闻出版卷》。

吴道弘：那个书很好，后来条目拆了。当时是按主题来出书的，后来都按字头排了，一下就找不到了。这个东西也不能完全学西方的。

赵安民：大百科是按照西方的体系来编排的？

吴道弘：是的。那就很糟糕了。

赵安民：按照26个字母的顺序？

吴道弘：要想找一个专业内容没有了，分散了。我看也不能完全学西方。如果都全了还好办，现在看来这个办法还是挺好的。一个学科就好办了。

赵安民：对，应该按专题排，新闻出版专卷。

吴道弘：对。

（八）从毛泽东到叶圣陶，群星璀璨

赵安民：我看"往事寻踪"里面有好几篇关于毛泽东诗词的，还有关于《毛泽东选集》的。

吴道弘：《毛泽东诗词》有吗？

赵安民：有。

吴道弘：是谁写的？

赵安民：《〈毛泽东诗词〉英文版出版风云》，吴瘦松。吴瘦松原来我见过，外文出版社一个搞装帧设计的专家。

吴道弘：对。

赵安民：《毛泽东选集》是人民出版社出的吗？

吴道弘：《毛泽东选集》是我们出的。

赵安民：这里有《关于〈毛泽东选集〉供需的调查》——李俊杰，还有《回忆参加〈毛泽东选集〉校对工作》——张慎趋。

吴道弘：张慎趋是我们出版社的。

赵安民：搞校对的？

吴道弘：专门抽去搞校对的。

赵安民：专门抽去搞《毛泽东选集》校对。

吴道弘：还没有公开发行。李频现在跟你们有联系吗？

赵安民：在开会的时候见过两次，后来没联系了。他原来是在印刷学院，是吧？

吴道弘：对。

赵安民：他也搞出版史研究？

吴道弘：对。

赵安民：您这边也给他组稿，在《出版史料》也写过文章吧？

吴道弘：有。他写的是《中国编辑研究资料中心成立纪略》。

赵安民：有这么一个编辑资料研究中心？

吴道弘：有编辑研究资料中心。

赵安民：这个中心在北京还是上海？

吴道弘：在北京。后来没有听说什么活动。现在大百科出书题目好像比较广泛了。

赵安民：袁亮也写过不少篇。

吴道弘：对。

赵安民："往事寻踪"里面写了《建国后中央宣传部出版机构四十年演变考》。

吴道弘：这个是很权威的，他自己经历的。他一直跟许力以在一起，许力以是中宣部出版局局长，他是副局长。

赵安民：另外一篇也是袁亮的，《包之静与反对简单化、庸俗化》。

吴道弘：对。包之静也是老出版家，后来死得早。

赵安民：包之静什么年代在什么部门做出版？

吴道弘：中宣部出版局。袁亮写《包之静与反对简单化、庸俗化》，当时包之静在中宣部出版局。原来我们跟文学社都在朝内大街166号，都在一个楼里边。后来两家分开了，不在朝内大街一个楼里，就联系得少了。

赵安民：原来人民文学出版社是不是也有一些编辑，您联系给《出版史料》组稿的？

吴道弘：有，一下我忘了，何启治写过，第5页。

赵安民：《我所知道的〈狂欢的季节〉和〈英雄时代〉》。

吴道弘：后来到哪里去了，退了以后写一些文章什么的，写出版的不多。郑士德原来写得很多，现在情况怎么样也不知道，现在也不联系了。

赵安民：《此生近百年，拓荒无尽时——记出版发行家李文的艰苦创业历程》。

吴道弘：郑士德也是一个老同志了，从东北新华书店开始。

赵安民：新华书店的领导？

吴道弘：是。后来到新华书店总店来了。

赵安民：《出版史料》"往事寻踪"栏目，方方面面内容都有。有《回忆叶圣陶和周总理二三事》。

吴道弘：这是叶圣陶的秘书写的吧。

赵安民：史晓风？

吴道弘：对，后来在人民教育出版社工作。

赵安民：他是叶圣陶的秘书吗？

吴道弘：叶圣陶的秘书。

赵安民：还有史晓风写的《追忆与思念——纪念叶圣陶先生逝世二十周年》。有回忆周恩来的，张惠卿写的《周总理来到我们身边——记1971年全国出版工作座谈会》。

吴道弘：对。

赵安民：这个出版工作座谈会周总理参加了？

吴道弘：接见参会代表了。正好是"文革"刚结束。

赵安民：1971年，还在"文革"中间。

吴道弘：那时我们都在干校，原来多次填表，干校要结束了，原单位是回不去了，你们填表吧，愿意上哪里去。

赵安民：那是哪一年？

吴道弘：1972年，还要早一点，开出版座谈会以前。填过好多次了。还有一个笑话，我们都在干校，第二年比较积极的、劳

一、主编《出版史料》杂志　45

动也好的一些年轻人，挑了一批到湖北省了，我们不是在咸宁吗，调到省里面去了，这些人很高兴。

赵安民：离开干校分配工作去了。

吴道弘：在干校的这些人填表，原单位回不去了，那时候要分配填志愿，自己填我要到哪里去。反正我是不能再填人民出版社了，人民出版社不要填了，原单位回不去了，多次填表。

赵安民：干校结束以后会到哪里工作，要填一下，意思就是回不去原单位了，得重新找单位。

吴道弘：我的原单位回不去了，我的老家没有出版社，嘉兴也没有出版社，只能在杭州，我说我填杭州吧。其实后来都没有按照这个进行分配的。

赵安民：其实后来都没有按照填表的志愿来实行，后来还是回原单位了。干校一共干了三年。

吴道弘：三年。

赵安民：三年就完全结束了。

吴道弘：这个变动是很大的。

吴道弘（右二）与许力以（中）、桂晓风（左二）、方厚枢（右一）

吴道弘：这是很权威的。作者一直是中宣部出版局的副局长，局长是许力以。

赵安民："往事寻踪"这个栏目文章有关于综合性的回忆的，有关于出版机构的。刚刚说的袁亮写的《建国后的中央宣传部的出版机构四十年演变考》，我觉得这个是带研究性的。

赵安民：有《关于中国新闻出版印刷工作筹委会的回忆》，曹国辉写的。

吴道弘：曹国辉是盲文出版社的社长。

赵安民：有关于机构的回忆，有关于人的回忆。王仿子写的《我所知道的钱君匋先生》。这是为纪念钱君匋先生百年诞辰而作。有关于杂志的，《世界图书》是一个杂志吧？

吴道弘：《世界图书》是杂志。

赵安民：《〈世界图书〉的兴盛及其创举》，作者是吴仁勇。

吴道弘：中国图书进出口公司办的杂志。

赵安民：中图公司办的。有叶小沫写的《三十年和一千万份——记爷爷参加〈中国少年报〉创刊三十周年庆祝活动》。叶至善的女儿。

吴道弘：叶圣陶的孙女。

赵安民：叶圣陶的孙女，叶至善的女儿，而且她就在《中国少年报》。

赵安民：孟伟哉写的《白先勇〈永远的尹雪艳〉刊出始末——关于〈当代〉答博士生颜敏问》。关于《当代》杂志文章的刊出始末。叶小沫写的《最好的礼物——父亲〈我是编辑〉一书诞生记》。这是关于一本书的，编辑专业方面的图书。

吴道弘：对。你刚才讲的是？

赵安民：孟伟哉。

吴道弘：孟伟哉在第几页呢？

赵安民：2007年第4辑。

吴道弘：这个是怎么回事儿呢，孟伟哉原来是文学社的，《当代》杂志创刊的时候他是主编。我怎么认得他的呢？我不是在北京认识他，也不是在文学社认识他。那个时候我们两家分开了，他们留在朝内大街166号，我们到隆福寺大街新址那里去了。他下放到青海，我也到青海去了，我们是去玩的。

赵安民：去旅游？

吴道弘：知道孟伟哉在那里，很亲切，我去看看他。虽然在文学社的时候来往不多，但都知道，我们去了两个同志看他，他很热情的，后来就约来了这个稿子。

赵安民：后来就找他组稿来了。

吴道弘：对。

赵安民：曹健飞2008年第1辑写的《国外书展两题》。

吴道弘：他是国际书店的总经理。我们中国图书到国外去销他们要经手的。我在三联的时候，曹健飞也是三联的，他是在三联北京分店，后来出版跟发行分开了，出版是出版，发行是发行。我就到了出版，就到人民出版社了。

赵安民：回忆1956年法兰克福书展与1983年的莫斯科书展。

吴道弘：当时书展是国际书店参加得比较多。

赵安民：回忆年度跨得够大的，一个是1956年的法兰克福书展，另外一个是1983年的莫斯科书展。他肯定是老同志，回忆应该是自己经历的事。

吴道弘：对。他很早就去搞图书外贸了。

赵安民：2008年第1辑有喻建章写的《抗战艰苦时期赣版土纸本〈辞海〉印制经过》。

吴道弘：他是江西的，他自己经手的，抗战时期的一个老同志。

赵安民：2008年第2期里面"往事寻踪"有胡德培写的《当代人的〈当代〉》。

吴道弘：他是《当代》杂志的编辑。

赵安民：这里有李景端写的《〈尤利西斯〉出版"名利双收"的启示》。

吴道弘：对，李景端是南京译林出版社的。

赵安民：译林出版社社长吧。还有2008年第2期张希玉写的《中国第一家科幻小说报夭折始末》。

吴道弘：这个作者是外地的，曾供职于黑龙江教育出版社，总编辑，也从事科幻作品创作。

赵安民：2008年第3期有詹前写的《中国编辑学会筹建活动记事（1988—1992年）》。

吴道弘：这是一个笔名，不知道是谁。

赵安民：中国编辑学会是1992年才成立的？

吴道弘：对。

赵安民：标题上还写了一个年份，1988年到1992年筹建，估计是1992年或者1993年成立。

吴道弘：对。

赵安民：郑一奇写的《温故知新 感念培训——忆中国版协1982年举办的业务基本知识讲座》。

吴道弘：谈了好几个讲座，好像就是他讲到了这个，别的人都没有写。郑一奇说起过，他保存了这次培训的笔记、讲稿等材料。他写的这篇文章也收入了《中国版协成立三十周年纪念文集》。

赵安民：我跟您认识也是参加培训班。

吴道弘：对。

赵安民：那是1995年，也是版协主办的，还有人民出版社和谁一块儿办的，叫做"编辑干部培训班"。

吴道弘：对，真快。

赵安民：二十多年了。我们刚刚谈到"往事寻踪"这个栏目。

吴道弘："往事寻踪"第2页中间，2003年第2辑，孟伟哉写了《〈当代〉——一个美好的记忆》。我有一次出差到青海去，那时候孟伟哉已经离开人民文学出版社了，下放到青海，青海出版社还是什么地方。不知道怎么一个机会，是我去看他还是怎么样，反正是见了面了，我给他组稿写了这个东西，这也是个组稿的机会。

赵安民：这一篇是胡德培写的《赤子真情——巴金及其〈随想录〉》。

吴道弘：他2004年1月还写过一个《与茅盾先生的几部长篇小说》。

赵安民：胡德培是人民文学出版社的资深编审。

吴道弘：对，人民文学的老编辑。你讲的这个是在后面。我刚才讲的这个是。

赵安民：他是《随想录》的责任编辑？

吴道弘：对。

赵安民：写了一个巴金，又写茅盾，胡德培编了不少名家书稿。

吴道弘：文学社的老编辑，挺好的，十分敬业，年纪不大，复旦毕业的。

赵安民：2006年第1期许力以写的《两岸出版交流初期纪事》，这是他自己的回忆吧？

吴道弘：对。他当时就在中宣部出版局局长任上，两岸交流的情况他是知道的。

赵安民：2006年第1期，张延华写的《北京图书博览会史话》。

吴道弘：他是在我们人民出版社朝内大街旧址的对面，中国图书发行公司的。

赵安民：国际图书博览会是他们办的。2006年第3期刘大民写的《翻译、出版和发明——记郑易里同志》，专门写郑易里的。

吴道弘：三联出的《自然辩证法》是他翻译的，恩格斯《自然辩证法》是他翻译的。解放以后出版的《英华大辞典》是郑易里编的，还有另外一个人是曹成修，两个人编的。他们合编的《英华大辞典》。后来这本书给商务出了，后来修改之后给了商务出了，后来加了修订人。原来三联出的是郑易里、曹成修两个人合编的。

赵安民：原编者郑易里、曹成修，修订者是郑易里、徐式谷、胡学元、刘邦琛、沈凤威。

吴道弘：沈凤威是商务的。刚修订第二版，刚出的时候是三年一期。

赵安民：这个修订版是由商务印书馆名义出版的。

吴道弘：对。

赵安民：刘大民是？

吴道弘：是老三联的人，一直在解放区工作，后来改行了，解放以前是老三联。由于有三联老同志联谊会的活动，因此我也认识他，十分热情，平易近人。

赵安民：这个是您认识作者组稿的？

吴道弘：这个可能是我组稿的。

赵安民：我看这个里面，您自己也写过一些稿子。

吴道弘：我都是短文小稿子。

赵安民：2007年写的《润物细无声——记与至善先生的几次谈话》。

吴道弘：对。

赵安民：您跟叶至善的关系挺熟的。

吴道弘：与叶至善的关系很有意思，原来是想了解叶圣陶的一些事情，叶至善写的叶圣陶的事情，叶圣陶本身也有很多书。这是南京江苏教育出版社给他出的。（吴老出示图书）

赵安民：《叶圣陶集》。

吴道弘：后来谈着谈着主要谈叶至善他自己了。

赵安民：这是25卷本《叶圣陶集》，江苏教育出版社出版的。曾有一次参加某精品战略研讨会议的时候听这个出版社的领导介绍过。您跟叶至善开始也是因搞《出版史料》，想了解一下有关叶圣陶的事，想组组稿。

吴道弘：对，因为那时有不少机会开会在一起，叶至善年纪比我大，会前会后聊一聊什么的，后来我采访了至善先生好几次。我那个时候住在西总布胡同，协和医院对面，他住在东四八条。相距不远，有段时间，我常去拜访至善先生，总受到亲切接待，获益良多。叶至善也是将门之子，这就不一样了。

赵安民：2009年的第3期谈德颜写的《科学出版社发展点滴回顾》。

吴道弘：他是科学出版社的总编辑。我们原来在朝内大街的时候就在对门，后来有一次开会比较熟了。他本身是清华的，学工艺的。

赵安民：2009年第4期里，还是"往事寻踪"栏目，有胡永秀写的《回忆新中国珂罗版印刷的前前后后》。

吴道弘：这个机会很难得的，有一次开会知道了这个人是干什么的，一个女同志。

赵安民：她对珂罗版印刷比较熟悉。一般美术出版社，尤其是文物出版社有专门搞珂罗版印刷的印刷厂。

吴道弘：她好像是科班出身，我记不太清楚了。

赵安民：她也是搞珂罗版印刷的？

吴道弘：我一看这个我很生疏，她也懂，就找她组稿。

赵安民：她是什么单位的？

吴道弘：朝内大街166号转弯坐北朝南的科学出版社。

赵安民：科学出版社也有珂罗版印刷？2010年的"往事寻踪"栏目里有一个王久安写的《献身书业的文化人——记六十年前开明书店的一张老照片》。

吴道弘：他是个老开明，解放以前就在开明书店工作，抗战时候在南昌，他从南昌进入开明书店的，后来在中国青年出版社退休的，所以他对开明很了解。

赵安民：这个老照片照的是开明的老出版人。

吴道弘：对。

赵安民：里面是开明出版社的。

吴道弘：我看第几期？

赵安民：2010年第1期，王久安写的《老照片中的三联书店》。

吴道弘：那张老照片没有了。

赵安民：他写的《1942年在上海拍摄长幅照片：关于开明书店股份有限公司朋友合影》。合影照，人都在里面，所有的人合影。

吴道弘：没有了，太长了。

赵安民：等于是看着这个照片回忆这些人，回忆录。

吴道弘：现在看来，再长也应该把它印出来。既然提到这个事情了还是应该印出来。

赵安民：对，顺便保存了一张照片。

吴道弘：对，现在这个人还在。

一、主编《出版史料》杂志　53

赵安民：哪个出版社的？

吴道弘：中国青年出版社的，他从开明书店出去的。王久安与我同年，浙江绍兴人。他1946至1952年在开明书店从业，1953年至1989年在中青社工作，主管发行。他担任中国版协经营管理委员会副主任十余年，是全国书市、订货会的发起人之一。他是健在的老开明人。这是一个问题，这要总结。

赵安民：总结教训。我估计当时是什么原因没有放照片。

吴道弘：照片很长。一缩小，人就小了，看不清了。

赵安民：是的。也是2010年的，就这个栏目里面有魏龙泉写的《对中国出版外贸公司初创时期的工作回忆》。

吴道弘：2010年第几期？

赵安民：第4期。回忆出版外贸公司的，是吧？

吴道弘：对。

赵安民：魏龙泉是出版外贸公司的老人？

吴道弘：对，出版外贸公司的。

赵安民：2011年第1辑"往事寻踪"方厚枢写了一篇《老出版家倪子明：我的出版史研究领路人》。

吴道弘：也是2011年？

赵安民：2011年的第1辑。这么多栏目的作者、文章太多了，不可能篇篇都记得。2011年第1期。您这个杂志里面有不少图片。

吴道弘：史料杂志的图片还没有十分地注意，以致失去配图，这是一个值得记取的教训。

赵安民：方厚枢对出版史的研究成绩不小。

吴道弘：他原来就是出版局的，"文革"期间他没有下放，他没有到干校，一直守着摊子，结果"文革"期间的材料也有，前后的他都有，而且他很有心，所以他最后出了那么多书。

赵安民：《新编中国出版史话》。

吴道弘：对，除了这个还有一本很厚的。

赵安民：《我的出版七十年》。

吴道弘：对。

赵安民：刚刚看过《我的出版七十年》这本书了。这个倪子明是个什么人？

吴道弘：倪子明是老三联的，出版家、诗人。解放以前就是三联书店的人，解放后在出版总署出版局，后来到文化部了，文化部出版局的时候他还在出版局。

赵安民：相当于是方厚枢的老领导？

吴道弘：对，老领导。解放以前到过香港，还是老三联的人，好像没有到过解放区。倪子明的爱人是搞财务的，在人民出版社。还配有一张小照片，你看。

赵安民：黑白照片，还是做得不错。2011年第2期还是"往事寻踪"里面有一个周陈登写的《新华地图社的始末》，还有这样的机构？

吴道弘：新华地图社，有这么一个机构。

赵安民：2011年的第2期，就是这一本。

吴道弘：我都记不起这个周陈登。新华地图社从1950年5月1日起到1957年12月底，前后存在了七年多时间。周陈登这个人记不起来了。

赵安民：2011年的第3期伍杰写了一篇《〈中华大典〉的试点漫记》。

吴道弘：你说《中华大典》？

赵安民：《中华大典》好像是二十来年前开始搞的。

吴道弘：对。伍杰提供给我两张照片。

赵安民： 这是伍杰提供的。伍杰是书评家。

吴道弘： 对。伍杰是中国图书评论学会会长

赵安民： 蛮有名的写书评的大家。

吴道弘：《中华大典》的工程挺大的。是，具体工作情况，我也记不清楚了。

赵安民： 当时我记得，我开始曾还参与其中的《卫生典》，《中华大典》有很多分典，当时发了什么材料准备听课准备参与写，后来因为什么事就没参与了，后来离开了。

吴道弘： 后来你跟诗词书法创作越来越近了，作品就越来越多。

赵安民： 您过奖了！我看《出版史料》"往事寻踪"这个栏目好像文章写得特别多。

吴道弘： 是这样的，这就是历史类刊物的一个特点吧。

（九）"名家书信"，名副其实

赵安民： 还有另外一个栏目"名家书信"，"名家书信"的文章也不少，我看有不少重要的内容。您谈谈"名家书信"的情况。

吴道弘： "名家书信"栏目，特别受到几位老出版家的青睐。天津人民出版社的徐柏容、上海人民出版社的宋原放等。宋原放写给我的信，但是我发表的时候就用他夫人的名义提供，这样的话我省得把稿费从我那里再转给她了。宋原放的几封信实际上是我提供的，但是署名的时候是署宋原放的爱人。

赵安民： 署名他爱人提供的。

吴道弘： 因为宋原放故世了，我发表的时候宋原放故世了。署名还是用他夫人的名义提供的。

赵安民：我看《出版史料》的第 1 期就有名家书信栏目，其中有傅璇琮写的《〈万历十五年〉的出版始末》，也是关于通信，通信应该是给黄仁宇的信。

吴道弘：对。

赵安民：傅璇琮与黄仁宇之间的通信。这里还有提供自中华书局傅璇琮的信两封，这是柴建虹提供的《启功先生推荐我到中华书局当编辑》。这里还有一个周妙中。

吴道弘：周妙中好像是中华书局的，后来是谁重视她，胡乔木重视她还是谁重视她。周妙中在第几期？

赵安民：第 2 期，《周妙中致邓小平副总理的信》。这个日期是她写信的日期吧，1975 年 9 月 3 日，给邓小平副总理的。不是信的图片，是排出来的文字。

吴道弘：1975 年好早了。

赵安民：这个杂志是 2002 年 6 月出版的，《出版史料》第 2 辑，在北京复刊以后出的第 2 本，这封信够长的。方厚枢写了一篇文章，配合她的书信一块儿发的，就是邓小平关于出版工作的一件事。关于中华书局，关于古籍出版方面的。

吴道弘：对。周妙中给出版工作提意见，是给邓小平写信的，然后邓小平关心了这件事情，方厚枢就写了来龙去脉。

赵安民：这里还有胡愈之致宋云彬的信。

吴道弘：那应该是后边的。是第几期？

赵安民：第 4 期。

吴道弘：这怎么来的，这个忘了。

赵安民：胡愈之致宋云彬的信。

吴道弘：地方的一个人，虞坤林是我在出版社工作时认识的一个作者。

赵安民：他曾整理宋云彬日记。

吴道弘：整理日记时发现的，发现了以后，原信没有年月，后来发现的这个人考察出来是1947年，发现信的人写的，投了稿，我还给他加了个注释。

赵安民：这是很重要的信件，名家书信。这里还有《沈从文致陈有昇的信（两封）》。

吴道弘：对，那是外文局陈有昇。

赵安民：第4辑上。这个信还配了陈有昇的一篇文章《留得残荷听雨声——忆念和沈从文先生书信往来那岁月》。

吴道弘：这个字可能就是陈有昇的字。

赵安民：这篇文章的标题是陈有昇写的？

吴道弘：对。

赵安民：您编辑的《出版史料》标题有时候也用手写。

吴道弘：对，那是为了活泼版面的考虑。

赵安民："名家书信"，名副其实。还有唐弢致秦人路的信。

吴道弘：那是秦人路同志提供的，秦人路是人民出版社的一个编辑，后来调到三联去了，没有留在人民出版社。但跟我们还常有联系。

赵安民：叶君健致李景端的信。

吴道弘：可能是李景端同志提供的。

赵安民：配了李景端的文章《叶君健与〈安徒生童话〉的中译本》。这里还有一篇写钱锺书、杨绛的六封书信。

吴道弘：这个是谁给提供的？

赵安民：应该是陈有昇，也配了他的文章。

吴道弘：对。

赵安民：两位性情中的平易老人。这里还有一个人写的《钦鸿，向范泉学习做编辑》。范泉关于出版工作的书信（五封）。

吴道弘：范泉的遭遇很曲折不幸，一直下放到青海，范泉解放以前就是一个有名的作家，又是搞出版的，后来不知道什么原因一直在青海。后来到改革开放以后才回到上海来，已经很老了，但是他还做了不少事情。宋原放都写过文章纪念他。

赵安民：怀念范泉先生，颂扬范泉的。这是哪一期？2002年第1期，这里还有叶圣陶致刘延陵的信。

吴道弘：这个可能是他们家属提供的，就是刘延陵提供的他在干校期间与叶圣陶的通信。

赵安民：还有关于孙毓修的两封信。作者写的谢国桢、赵景深。

吴道弘：赵景深是上海有名的教授。

赵安民：谢国桢也很闻名。

吴道弘：对。谢国桢是著名的历史学家。

赵安民：赵景深呢？

吴道弘：赵景深也是搞古典史学的，上海复旦的教授。

赵安民：对，谢国桢是河南安阳人。

吴道弘：谢国桢是老一辈史学家，曾在南开大学、中国社科院历史所从事明清史研究。

赵安民：杨绛致李景端的信。

吴道弘：那是李景端同志提供的。

赵安民：这一段都是名家书信，等于是作者和编辑往来的，一般都是这种方式。

吴道弘：对。

赵安民：还有唐弢、钟敬文、叶圣陶等致王仰晨的信（九封）。

吴道弘：这个可能是王仰晨的夫人提供的。我在三联的时候和他是一起的，我从上海到北京来在三联跟王仰晨是一起的，王仰晨的夫人也是在三联秘书室工作。

赵安民：这一篇关于海伦·斯诺的两封信。

吴道弘：这个记不清是谁提供的，可能是人民社一位编辑提供的。

赵安民：应该是魏龙泉吧，他配了一篇文章《关于海伦·福斯特·斯诺》，收入2005年的第3辑里面。

吴道弘：对。

赵安民：2006年第1辑黄洛峰致刘大明的信。

吴道弘：那是刘大明提供的。黄洛峰是1927年入党的老党员、老出版家。《出版史料》也有介绍他的文章。

赵安民：刘大明配了一篇文章《家书解读》。

吴道弘：可惜，刘大明现在住在医院，祝他早日康复。

赵安民：多大年纪？

吴道弘：比我大七八岁。

赵安民：九十多岁了。他原来是哪个出版社的？

吴道弘：刘大明同志原来是老三联的，他早在解放前到解放区去了，离开了，换来换去的我也不知道，我也弄不清楚了，离开出版了。

赵安民：2006年第1辑"名家书信"栏目有一个赵修慧写的一篇文章是《读王仰晨给赵家璧的信》。

吴道弘：赵修慧是赵家璧的女儿，现在在上海。王仰晨是人民文学出版社的副总编，可能是组稿的关系，所以王仰晨给赵家璧写了这个信。

（十）为出前四史，致信毛泽东

赵安民：还有给毛泽东的信，范文澜、吴晗关于点校"二十四史"中的前四史给毛泽东的信。

吴道弘：是傅璇琮提供的还是谁提供的？肯定是中华书局的人提供的。

赵安民：2006年第2辑"名家书信"有胡乔木有关编辑出版工作的三封信，这些都是在一辑上面，应该是两回事。

吴道弘：两回事。

赵安民：郑一奇提供的《胡乔木和中国青年出版社——从一封原信的保存经过说起》。

吴道弘：对。

赵安民：2007年"名家书信"有张元济和刘龙光的信。

吴道弘：可能是出版专家刘龙光家属提供的。刘龙光原来在上海搞出版很有名的，中外专家，北京成立人民出版社的时候，在上海请了一批出版的专家，刘龙光是其中一个，后来他故世以后，因为家庭的关系，他女儿现在还在人民出版社工作。当时搞出版北京的专家还少，上海多，从上海请了一批人到人民出版社。

赵安民：这个作者是刘光裕，《陈原先生关于评价张元济的信》。

吴道弘：刘光裕是山东大学的教授，早年曾主持编辑《文史哲》杂志，现在也退了。他对中国出版史有研究，著有《先秦两汉出版史论》一书，2016年齐鲁书社出版。

赵安民：张人凤。

吴道弘：是张元济的孙子。

赵安民：这里写的是史久芸致张元济的信札。

吴道弘： 他把他家里的信提供出来了。

（十一）三联文化核心，范用收信甚夥

赵安民： 茅盾、胡愈之等给范用的信（12 封），还不少。

吴道弘： 可能是出版家范用先生提供的，晚年范用出版《存牍辑览》一书，内容就是与作者通信。

赵安民： 这是 2009 年的第 1 辑。范用给赵家璧的十四封信。当时您跟范用好像交往不少。

吴道弘： 他是我的领导，在人民出版社。后来我当副总编的时候，名义上他到三联去了，但是他跟人民社还有千丝万缕的联系，还兼人民出版社副社长。

赵安民： 后来在三联是社长吧？

吴道弘： 总经理。他病重的时候在协和医院我还去探视过他，他还特别关心我主编的《出版史料》杂志。

赵安民： 您还整理了范用的书话吧。

吴道弘： 因为他还有事情就出国了，我后来跟编辑讲，他说不好弄，这些书话都是他出国以前集中起来的，人家都已经出书了，人家三本书里有，你把三本书里挑出来就好弄了。

赵安民： 挑出来有什么标准？

吴道弘： 谈人民有关的，谈三联有关的事情。他的信很多。

赵安民： 我购阅过范用编的《买书琐记》。

吴道弘： 他的信很多，有一个名单可以选一点，但是人家出了你再选，好像不大好了。这是范用的原稿。

赵安民： 这是他的稿件。

吴道弘： 他很有心，别人写给他的信都存起来。

赵安民："游书是人生的安慰"。意思就是书信。黄苗子题的书名，都是老朋友。

吴道弘：好朋友。范用老人的字都写得那么工整。

赵安民："漫画使人开心一刻，可以延年益寿，祝鸡年大吉，诸事顺遂，范用拜贺。1922年岁杪。"（读范用给吴道弘贺卡）

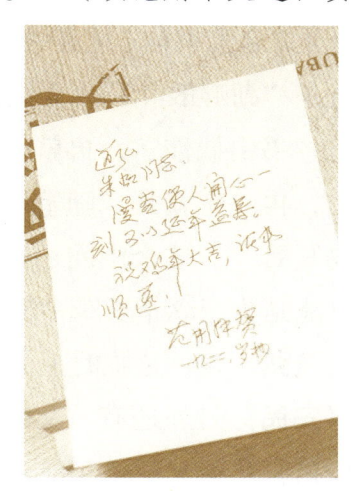

吴道弘：不对，1952年。

赵安民：怎么写的1922年？

吴道弘：他写错了。

张云：有季羡林给写的信，那个已经印在书上了吧。

吴道弘：季羡林的印在书上了，印在杂志上了。

赵安民：吴老，今天我们就暂时谈到这儿。时间太长，您太累了！休息一会儿。

吴道弘：好，谢谢你的关心。

（十二）《出版史料》编辑部提供用稿录，栏目内容再梳理

赵安民：吴老，我们还接着上次的访谈，把《出版史料》的

一、主编《出版史料》杂志

有关情况继续谈一下。上次我们谈到栏目问题，这次我又去把这个整理一下。这个《出版史料》副主编卓玥提供的《出版史料》用稿登记表里面一共分了 25 个栏目，其中我们上一次谈了几个栏目。我想这 25 个栏目我们先给捋一下，您看有"卷首"，上一次我们谈到"往事寻踪"，还有第三个是"海上书业闻见录"，第四个是"名家书信"这是一个大的栏目，下面就是"百家书话"，后面就是"湖畔散叶""文化自述"，另外还有"善满居文录"，后面有"书山偶涉"，再就是"走进序跋"，另外还有"闲情斋思录"，再一个就是"随笔""青年文稿"，还有"刊史采撷""人物写真"。这个中间还有一个小的栏目叫"辛亥文谈"，那一年可能是为纪念辛亥革命而新辟的一个栏目。

吴道弘： 对，是临时上的栏目。

赵安民： 另外还有"文献新读""指迷录"，"指迷录"里面好像只有几篇文章。

吴道弘： "指迷录"栏目限于稿件性质，好像也就是一两期吧。

赵安民： 对，第 2 辑和 2003 年的第 4 辑里面有"指迷录"，下面还有一个栏目"我与藏书""走向世界"，这个栏目比较大一点就是"书之史"，就是谈书的历史。这个是"国外出版网络"，还有一个"旧文重刊"。再就是"其他"了，"其他"我看容纳的范围够广的，东西也不少，另外一个就是"补白"，算起来一共有 25 个栏目，有常设栏目，其中有几个临时栏目。

吴道弘： 其中有两个是个人的专栏：一个是叶至善先生个人的，两个栏目是个人外，其他都是公共栏目了。

赵安民： 对，就是常规、常设的栏目。

吴道弘： 对。

赵安民： 每一期基本上都交叉的，可能有的每一期都有？

吴道弘：有的就是每一期都有，你看这个"善满居文录"就是叶至善的，这是陈四益的"闲情斋思录"，这两个是个人专栏，杭州的后来有没有？

赵安民：还有"湖畔散页"？

吴道弘：就是那个杭州的，原来的出版局长钟桂松，好像就他们三个人。

赵安民：这个就是2011年的1期和2012年的1、2期，这两年有他的，这两年给他个人开的一个专栏"湖畔散页"。

吴道弘：他是专门研究鲁迅的，他在当浙江出版局长前是桐乡的宣传部长。

赵安民：还有茅盾。

吴道弘：他对茅盾也有研究。

赵安民：专门研究茅盾小说。

吴道弘：我是在他当桐乡宣传部长的时候认识他的，一直有交往，后来他调到省里面去了。现在是浙江省的政协的常委，后来就给他开了一个专栏，还有一个专栏就是叶至善先生的"善满居文录"，这是个人的。还有一个陈四益，就这两三个人。

赵安民：还有一个吴泰昌"书山偶涉"。

吴道弘：有一段时期。

赵安民：对，这是比较早了，2004年。2004、2005、2008年、2010年都有"书山偶涉"，但是文章比较少。"走进序跋"这个内容不少，是一个大栏目。

吴道弘："走进序跋"那是选用名家。

赵安民：就是个人文集的序言选得比较多？

吴道弘：对。"走进序跋"里面也有吴泰昌、叶至善、吴道弘，还有许觉民、金冲及等。

赵安民：专门收的图书的序言和后记？

吴道弘：一般都是序。

赵安民：序言比较多。

吴道弘：如果一本书上既有序言又有后记，有两种就选一种。

赵安民：这同一本书有序言又有后记的时候。

吴道弘：那么我就选序言了。

赵安民：还有一个"名家书信"，上一次我记得我们已经谈了一些，里面确实有不少名家，季羡林、启功他们，还有更早一些的。

吴道弘：有一个原来上海的市委宣传部长，我原来不认识这位先生的，后来因为到上海开会，我住的地方，他也是在这个地方住。

赵安民：您上次谈到的王元化先生？

吴道弘：王元化先生，我原来不认得他的，也没有机会认识，因为我到这个地方住是上海市里介绍的，王元化是在退休以后，一半养病一半在这里住。我知道后，他在三楼，我住二楼，有这一机会，那我就特别去拜访他了。

赵安民：像您搞这个《出版史料》以后，等于是一门心思都想着这个，随时都找机会去组稿了？

吴道弘：对，但是我在上海组稿比较多的就是丁景唐，这位是老革命了，原来在上海市做过宣传部长，后来又做过出版局长，目前好像长期住医院了。

赵安民：年龄不小了吧？

吴道弘：不小了。

赵安民：比您还大不少吧？

吴道弘：现在90多岁，那个时候头脑很清楚，现在跟他来往的人告诉我，丁老年纪大了，记忆不行了。这几个栏目实际上就是根据自己的认识，认为是一本《出版史料》杂志应该有的，考虑得不是很周到，有一些这样子的。特别是"卷首语"很难写，原来没有想好怎么弄，就是这个东西。这个是独立的，写什么内容，反正我是没有经验，后来经过一段时间的探索，从版式上就是这么一篇"编者的话"似的文章。

赵安民： 等于是在目录页的前面？

吴道弘： 目录前有那么一面，好像一开始有几期有点乱，没有想好这块怎么利用，后来慢慢摸索搞成了固定的"卷首语"专栏。

赵安民： 您谈谈这个"百家书话"栏目。

吴道弘： "百家书话"都是好书，这个时期我所接触到的，能够跟出版史料有点关系，这样子的。一开始这里面有几篇比较好的，许觉民是我的老领导，我刚到三联书店总管理处编审部的时候，他是三联的领导，后来我从三联到人民出版社了，他到了人民文学出版社当副社长，他是搞文学的，后来当社科院的文学所的所长，现在故世了，十分可惜，这个人正派有才能，年纪不大，比我大不了几岁。

赵安民： 许觉民，你看这个第一辑，就是在北京出的第一本《出版史料》，"百家书话"栏目就有一篇《新中国文学出版事业从哪里开始》，这署着许觉民和吴道弘两个人。

吴道弘： 是的，同一题目，他写前半篇《建国初的文学书》，我写后半篇《20世纪50年代初三联版文艺图书》。我印象很深的，我是1950年2月在上海参加三联编审室工作，所以这时上海还有门市部，我住的地方跟三联门市部很近，所以经常去看书，我对三联版文艺书了解较多。

赵安民： 都是谈新中国初期的文学出版。

一、主编《出版史料》杂志

吴道弘： 对。总第四辑"往事寻踪"栏目，有一个叫丁令威的写了《北京东总布胡同十号大院忆旧》这篇文章，原来我是没有找到当时北京东总布十号的照片，又是人民出版社的大门，又是出版总署的大门，没有找到合适的照片，这都是丁令威投稿时提供的，我当时很高兴，因为现在这个十号大门早就拆了，变成大楼了。没想到后来从作者投稿中又发现这个大门照片，我就把作者提供照片用上并保存起来。孟伟哉的《〈当代〉，一个美好的回忆》是 2003 年第二期，他原来是在人民文学出版社的，我们还没搬家，我们跟人民文学社一个大楼里面的时候，我就认识他。但是后来他开始创办《当代》杂志，不久到青海去当宣传部长了。有一次我正好在青海出差，知道他也是住在我们附近，我就去找他了，当时他就是离开了文学到青海到宣传部长了，就是说《当代》是他创办的，《〈当代〉，一个美好的记忆》，他就提供了这篇文章。

赵安民： 我看这里 2007 年第 4 期有孟伟哉写的《白先勇〈永远的尹雪艳〉刊出始末》，还有《关于〈当代〉答博士生颜敏问》。

吴道弘： 零几年？

赵安民： 2007 年第 4 辑，孟伟哉。

吴道弘： 那个时候怎么又给他出稿了，又回来北京的还是怎么样，记不清了。

赵安民： 吴老，我们上一次谈到了范用的情况，他支持《出版史料》的情况，好像您上一次已经谈到这个地方，能不能再简单地谈一下范用的情况。

吴道弘： 范用关于出版史的东西不多，但是他是我在人民社的直接领导，对我有不少的帮助。我那个时候还不是人民社的副总编，他先要我搞宣传工作，实际上就是书籍宣传，就是搞书评，自己出过一个《书刊介绍》。范用一直是我的领导。

赵安民：三联书店有过前店后厂的经营模式？

吴道弘：有书店，后来分开了，分开的时候我已经在北京了，三联当时就在王府井。后来因为出版和发行要分开，三联搞编辑的人都归到人民社来了。

赵安民：三联的出版这一摊子都合并到人民出版社去了。

吴道弘：对，我是这么到人民社来的。

赵安民：我看您在早两年出的《星空集》里面，有一篇专门谈的《范用与〈出版史料〉杂志》。

吴道弘：这里面只讲了一点点，主要是写范用临终以前，我去医院看他的时候，我和他谈话的情况，对他当时的印象很深。

赵安民：您把过去的刊物带过去给他看？

吴道弘：对，我从三联到人民社以后，范用一直是我的领导，我原来做总编室主任，是搞图书宣传，后来任副总编。我到总编室时他就是副总编，一直领导着我。

曾　卓：陈原是三联书店的领导？

吴道弘：陈原还要早了，我在上海1950年2月参加三联书店以后，陈原是上海三联书店的编审室的主任，所以就在他手下。陈原这个人非常博学多才，中文很好，英语也很好，懂得英语很多，他们夫妇两个英语都很好的。

曾　卓：他之前也是您的领导吗？

吴道弘：是我在上海三联时的领导，当时他还没有到北京来，在上海有一个叫三联书店上海编审室，就是上海的编辑部这样的。大概七八个人，我是考进了上海三联，就在陈原下面工作的。那是1950年2月份，我们在上海的一个女中考试，后来通知我到静安别墅去报到，那时候陈原考口试，但是他很轻松地跟我谈话。

那时候正好是《中苏友好同盟互助条约》的签订,我考三联面试时,他跟我谈过不到半个小时,他没有说时事怎么样,发生了什么。实际上是要了解我对时事的关心程度。

赵安民:就聊天,聊当时的时事?

吴道弘:对。

赵安民:我看范用给《出版史料》也写过不少东西。

吴道弘:范用一直是我在人民社的领导。他一直很关心我。这个人我不拉他,他不会写的,当时他的主要精力是在三联书店。范用对我的帮助也很大,他这个人的特点就是动作快、敏于行,他很关心你,他也很爱护你,但是不大跟你多谈,他就只搞自己的工作。我是在他手下提到人民社副总编的,提拔这个事情应该是组织做出决定,但是没有他的同意,没有他的赞成是很难的。这个他没跟我讲过,但是我自己感觉到是这样。

赵安民:等于当时您提上副总编的岗位是通过范用的?

吴道弘:至少范用没有阻止,而且他是点头同意的。

赵安民:那个时候他是社里什么职务?

吴道弘:他是副总编,我是从总编室主任提拔的,他是副总编领导总编室的。

赵安民:我看范用在《出版史料》上发表过《读书生活出版社的创办》,写的都是关于三联的事?

吴道弘:对。

赵安民:还有《记筹办〈生活〉半月刊》《在孤岛上海出版的三部名著》《新中国第一批期刊》《竭诚为读者服务》,这些都是范用写的?

吴道弘:对。

赵安民:《竭诚为读者服务》好像是邹韬奋提出的三联的宗旨。

吴道弘：是。范用为人是非常好，他晚年出了一本书《存牍辑览》，是三联给他出的，厚厚的，他保留着的信札的汇编，表明他与文化界的广泛联系。

赵安民：上一次您拿过来看了，我看他还在《出版史料》发过《记编印〈生活读书新知三联书店成立三十周年纪念集〉》。

吴道弘：没有他这个书出不来，因为三联其实到香港还有一部分人，他的联系面很广。

曾　卓：吴老，您在范用的领导下工作了多少年？

吴道弘：其实，在人民社，我一直是在范用同志领导下工作的。

曾　卓：你们之间有没有发生一些事情，让您印象比较深刻？

吴道弘：举例来说，人民出版社的内部刊物《求精》，从1779年8月1日创刊到1988年12月20日止，历时十年共66期，就是范用亲自设计了刊头、规定每期为八开两面印刷。他是这样子，他不轻易让你做什么事情，他愿意自己来做，但是我感觉他觉得你很合适做这个事情，他才让你做，我感觉接了任务以后就要干好，不敢轻易出错。

曾　卓：我记得沈昌文书里谈到，那时陈原和他是两种管理方式？

吴道弘：对，陈原领导我时间很短，我进出版界的头一个领导是陈原，我在三联上海编审室的时候，陈原是室领导，但是后来调了北京以后，三联的编辑出版这一部分并到人民了。三联的发行书店跟新华书店一起去了，那个时候范用才领导我，其实范用跟你很好，你到他家里去什么的，他跟你讲最近有什么书，有时候很愿意拿出来给我看看，他自己很喜欢书的。但是平日没有陈原那样的，就是说给你谈谈生活，其实他对我印象也很好。我这个人比较听话，交待的事情能够领会怎么去做。

一、主编《出版史料》杂志　　71

曾　卓：吴老，您是不是和沈昌文同一批从上海到北京的？

吴道弘：不是，沈昌文是人民出版社去上海招考招来的，就跟董秀玉一样，他比董秀玉早。董秀玉是人民社到上海去招校对时进人民社的，进步得很快了。

曾　卓：吴老，沈昌文书上称董秀玉为三联书店的金花。

吴道弘：沈昌文的特点就是说话生动很俏皮，讲得也很恰当的。董秀玉很有才能，很能干，但是和领导培养还是有很大的关系，范用培养董秀玉很了不得，后来让她到香港去。

赵安民：您上一次还提到天津有一个徐柏容，跟《出版史料》的接触也比较多一些。

吴道弘：我们两个人就议论过要编一套书评的书，徐柏容是天津百花文艺出版社的领导，好像是副社长兼总编。但是后来没有谈成。一起策划这套书，所以比较熟。

赵安民：我看去年的《出版史料》上，您跟他应该在《名家书信》还是哪个栏目，关于信里面谈这套书的策划。

吴道弘：对，主要现在没有合适的人来支持出版，因为这套书不一定赚钱，后来编了十几部书。

赵安民：这套书名称是什么？在哪里出版的？

吴道弘：就是这套"书林守望"丛书，这几本书。（吴老取书翻看）

赵安民："书林守望"丛书，其中这一本是邓中和的《编辑与装帧》，首都师范大学出版社出版的？

吴道弘：对，作者邓中和是中国青年出版社一位优秀的美术编辑。

赵安民：这一套有不少本，一辑10本，两辑一共20本，都出版了？

吴道弘：都出版了。第一辑作者有王维玲、叶至善、陈芳烈、林君雄、周奇、郑一奇、聂震宁、徐柏容、熊国祯、潘国彦等。第二辑作者有王仰晨、方厚枢、邓中和、叶小沫、何启治、宋应离、邵益文、胡德培、赵洛和我。我是这套书的编委会主任。这套书记述老编辑的职业生涯、从业经验、编辑技艺等。

赵安民：这个规模不小，这是2010年7月第一次印刷。

吴道弘：我有一本书也在这套书里。

赵安民：您的是《书评例话新编》。

吴道弘：对，我原先有一本小书叫《书评例话》，也收在里面了。

赵安民：甲编，这个甲编是原来的那本书的内容？

吴道弘：对，原来是《书评例话》，现在又加了一些续话，就是书评赏析部分。

赵安民：丙编书评赏析，丁编书评写作，有甲乙丙丁四个部分。这个挺好，等于把您关于书评研究的内容汇集起来了。吴老，刚刚咱们说您原来是在总编室专门搞图书宣传？

吴道弘：上世纪50年代，人民社出了一种本社书刊的宣传品叫《书刊介绍》，实际上把出版社的目录增加评介文字后变成

一、主编《出版史料》杂志　73

一个小的宣传品，是这么来的。

赵安民：您原来就在总编室负责做这个？

吴道弘：总编室它有一个部门叫宣传科，就是宣传本社图书和刊物的，编《书刊介绍》的是韩仲民同志，文字能力极好，我是宣传科的副科长。

赵安民：所以在那个时候您就开始写书评？

吴道弘：对，有时就应报刊编辑的要求，为本社的图书写点书评。当时《光明日报》就有《图书评论》专版，编辑和我约稿。

赵安民：这就是您写书评的缘起。还有这个徐柏容是在天津百花文艺出版社？

吴道弘：好像是副社长吧。

赵安民：他当时给《出版史料》也应该写过不少文章吧？

吴道弘：对，原来我跟他要准备编一套书的，后来主要就是没有人出版来。

赵安民：我看您曾和我提过要编一套书话方面的丛书是吧？

吴道弘：是，主要是跟徐柏容一起来做。

赵安民：您这个"百家书话"，现在还用这个栏目的名称。

吴道弘：这个"百家"名称就是指不同职业的人，比如教授、编辑、学者、搞发行的等，是这样子的。

赵安民："百家书话"栏目文章不少，要是汇集起来其实也可以出书。

吴道弘：实际上主要内容已在这套书里了。

赵安民：我是说出版史料的"百家书话"，这些文章都是关于书话的？

吴道弘：可以这样理解，但是这套书里面有不少这个的，这套书的原目录来看有不少议评这个的。但是我记得我较早出版的

《书评例话》应该是感谢你们出版社。

赵安民：最早是在中国书籍出版社出的，那大概是 1990 年代初。

吴道弘：记得是 1991 年。这二辑出了不少内容。

赵安民：那出版社刚刚成立不久！这一套《书林守望丛书》两辑出了不少内容，您的朋友郑一奇是这套书的编委会副主任，还有陈芳烈也是副主任。

吴道弘：你看看这套书第一辑里有他的书。

赵安民：有，他有一本，书名叫《编辑的悟性》。

吴道弘：边春光在出版科研所当领导的时候，中国书籍出版社就是他搞起来的，后来《出版辞典》也是他主持、提倡的，他默默做了不少工作。

赵安民：我看徐柏容在第一辑里有这一本书，名叫《期刊"长流的江河"》，他是专门研究期刊的？

吴道弘：他在百花文艺出版社主持编期刊的。

（十三）闲情陈四益，随笔许觉民

赵安民：您刚刚谈到这个陈四益的"闲情斋思录"。

吴道弘：他是新华社还是《人民日报》的，我记不起来了。

赵安民：我在很多地方看到，丁聪写的漫画，陈四益就配的文字。

吴道弘：对。

赵安民：跟他约稿编的"闲情斋思录"？

吴道弘：对。

赵安民："闲情斋思录"是在 2003 年、2004、2005 年、2006 年、2007 年一直到 2009 年，2009 年的第一期是最后一篇，一共写了二十来篇。等于是他个人的一个专栏了。

吴道弘：对。

赵安民：感觉内容好像有点杂，不单是谈书的了吧？

吴道弘：内容比较广泛一点。

赵安民：您看看咱们目录表的第21页，这个栏目文章不少，这个"随笔"栏目，请您谈谈。

吴道弘：当时为什么要搞"随笔"？与书话不完全相同，而是文章要活泼一点，又是跟书有关系的，就搞了个"随笔"，好像主要是这样想的。这个第二期的范用下面的这个"洁泯"就是许觉民，他当时是社科院文学研究所的所长。

赵安民：就是许觉民，他的笔名叫洁泯？

吴道弘：对。

赵安民：他写的《郑振铎的"书癖"》，范用写的这一篇就是《记筹办〈生活〉半月刊》。

（十四）曾彦修故事多，吴道弘书法妙

吴道弘：半月刊主要是曾彦修先搞，但是后来不知道为什么上面还是出了一集试刊。这个《生活》主要是曾彦修先搞，他写杂文的，他写文稿，他是看了气候不大好。特别一看是曾彦修要搞杂文，还想到57年的时候曾彦

修写的杂文。1957年的时候曾彦修依旧是人民出版社第一副社长，社长是胡绳，当时在中宣部，曾彦修讲"我们党'在山泉水清'"。

赵安民： 在山泉水清，出山？

吴道弘： 泉水浊，掌握了政权以后出山了。

赵安民： 这是曾彦修说的？

吴道弘： 不知道是谁就汇报了，汇报到中宣部了，后来就在《人民日报》第一版的头条的地方，刊文批判他是党内"右派"。主要是大字报写的这个东西，就是讲共产党在山的时候泉水是清的，出山泉水就浊了，注意这个俏皮话，写的不好。

赵安民： 对，带一点讽刺的意思。

吴道弘： 对，讽刺。

赵安民： 所谓的刺玫瑰，写杂文。

吴道弘： 写杂文不好写就是不好掌握这个分寸。

赵安民： 对，杂文这方面的讽刺内容比较多一点。

吴道弘： 所以中宣部他们一看，《人民日报》头条的地方刊文批判，党内有"右派"是曾彦修。后来就把他调到上海搞《辞海》去了，调离人民出版社了。后来又请他回来了，后来是大百科出版社成立了，要把他调到大百科来，他就来了。人民出版社说你既然还能回北京来，那我们那里要他，又把他从大百科调回人民社。

赵安民： 在大百科是做什么职务？

吴道弘： 好像领导小组成员之一。

赵安民： 在大百科待了多长时间？

吴道弘： 不到半年吧，我们人民出版社另外一个老干部，是姓陈的，他说曾彦修还是回人民出版社，结果中宣部就说你回去吧。

赵安民： 在人民出版社做什么职务？

吴道弘： 第一副社长，后来回来以后还是任副社长，社长是胡绳，我这几十年听过胡绳两次报告，他不来上班的。所以曾彦修说实际上我不到北京来，在上海也是好好的。

赵安民： 那他后来在人民出版社又干了多少年？

吴道弘： 一直干到故世了。

赵安民： 从上海回北京是哪一年的事？

吴道弘： 八几年。

赵安民： 等于是"文革"刚刚结束以后。

吴道弘： 对。

赵安民： 曾彦修一直是人民社的老领导了？

吴道弘： 老领导，他对我的字很偏爱，但是写一幅字不知道要花多少力气，他的要求很严格。为他出版的几种书，为《京沪竹枝词》等写过书名。

赵安民： 您给他写字？

吴道弘： 我给他写书名写了不少呢，这些都是我给他写的。

（取书来看）

赵安民： 这是曾彦修出版的图书，是您给他题的书名？

吴道弘： 对，你看这是三联给他出的《平生六记》，他对这个满意。

赵安民： 对，这个写得好，这个书名"平生六记"确实写得好。

吴道弘： 其他的他没有说满意，他说这个你写得好。

赵安民： 对，这个写得最好。

《平生六记》曾彦修著,这个是曾彦修著《论睁眼看世界》,这一本书名两个字《杂忆》,这都是吴老给题的书名。

吴道弘：他此后要我写写字,我不敢多写,多写了就要把它替换掉,好像也不用写了。

赵安民：对,这个是曾彦修著的《京沪竹枝词》,书后面您还给他的诗稿用毛笔写出来?

吴道弘：仍是应曾老要求,但他也没有要求写多少篇,写了几篇。

赵安民：他让您写一点,用书法表现他的竹枝词。

吴道弘：我也怕多写了,他这篇是我自己给他选的,他没有要求,他说你写个几首吧,纪念纪念吧,就这样的。

赵安民：挺好。

吴道弘：还是《平生六记》那个字满意些。

赵安民：对,那四个字写得精彩。

吴道弘：他们三联比较满意的,我不敢怠慢。

赵安民：吴老还是书法家,您是由沈鹏介绍加入书法家协会的?

吴道弘：对,沈鹏那个时候在人民美术出版社当副总编,有

一、主编《出版史料》杂志　　**79**

时候开会也在一起。

赵安民：沈鹏好像比您小几岁？

吴道弘：他比我小的。

赵安民：小个三两岁？

吴道弘：不止，五岁以上吧，好像比我小，我知道比我小，他当时是人民美术出版社的副社长。

赵安民：这个《出版史料》里面好像没有沈鹏的文章？

吴道弘：我知道他忙，没有请他写什么。

赵安民：没有向他组稿。我们谈"随笔"这个栏目，这个"随笔"是不是也跟图书、出版有关？

吴道弘：等于是书话，但是这个"随笔"基本上是跟书有关的内容。

（十五）史料刊物组稿，贵在访问作家——吴道弘与叶至善一家的交往

吴道弘用印

赵安民："随笔"是不是大部分是出版界的人写的？

吴道弘：还是出版界的多，这个地方叶至善还写过好几篇。

赵安民：叶至善写了好几篇，2003年第2期写的《陪父亲喝酒》，陪叶圣陶，他们父子两喝酒。

吴道弘：现在我看编这个史料刊物，一定还要访问作家。

赵安民：访问作家？

吴道弘：一定要访问，光一般组稿还不行，一定要当面见，去访问他们，面对面次数多了，才能增进了解。后来主要是我跟叶至善先生见面多了，所以他写了好几篇这样子的，他回忆父亲的文章。

赵安民：对，我看2003年的第2期里面是《陪父亲喝酒》，第3期又有一篇《记未厌居（外一篇）》。龚明德也写了"随笔"。

吴道弘：龚明德好像是四川的一个作者。

赵安民：他是2005年第2期写的《小议〈新华字典〉》。

吴道弘：那个下面王维澄先生是卢玉忆同志的爱人，也曾是出版界的领导。再下面是海客甲，2005年的第3期，讲的"爸爸是扇门"，海客甲是王仰晨儿子。

赵安民：这个海客甲是他笔名？

吴道弘：对，王先生后来一直在人民文学出版社，编鲁迅著作的专家。

赵安民：吴老您刚刚谈到去访问作家，您自己是不是也去访问？

吴道弘：我后来访问最多的是叶至善，其实编刊物一定要访问作家，一个是有不同的信息，另外一个从作家的口里面也可以扩大信息、获得教益，看他对你这个杂志有什么意见和要求。

赵安民：互相取得进一步了解？

吴道弘：编杂志一定要访问作家，才有收获。

赵安民：那您跟叶至善来往不少？

吴道弘：来往不少，不少事情通过他的女儿叶小沫来联系的，他女儿一家后来住在深圳。

赵安民：叶小沫是叶至善女儿。2014年是叶圣陶120周年的

诞辰，您不是还推荐她《干校家书》里面摘出来的专门谈这个诗词创作的内容，您推荐给我社，出版后还是反映不错。

吴道弘：是吧？

赵安民：对，等于后来是我们出版社出版，当时是我经手的。您把这个稿件交给我，因为我此前对叶圣陶的诗词有所了解，但是我一直没找到这本慕名已久的书，开明出的《叶圣陶诗词选注》。后来我说正好两个内容放到一块出版吧，后来确定书名叫作《叶圣陶诗词作品选注　父子笔谈》。

吴道弘：对，你看第22页的2005年的第3期，海客甲题目叫《爸爸是扇门》，文学出版社有一个老编审叫王仰晨，听说过没有？

赵安民：听说过。

吴道弘：这是王仰晨的儿子海客甲，很低调。王仰晨本身就很低调，我跟王仰晨熟悉有一段历史，我从上海三联到北京三联以后，我们在一个院子里面的，都是一个四合院的北边，他在东边，我在西头，所以还是比较熟悉的。王仰晨是非常低调的，他跟巴金的关系非常好，但是人很低调，不太多说话。

（十六）"青年文稿"来稿不少，鲁迅巴金出版探究

赵安民："青年文稿"栏目，刘运峰写的《鲁迅与〈北平笺谱〉

〈十竹斋笺谱〉的出版》。

吴道弘：这个年轻人很勤奋的，是天津南开大学教授。

赵安民：2007年的第1期，还是"青年文稿"栏目，刘颖写的也是鲁迅——《鲁迅的书籍装帧艺术及其思想》。

吴道弘：这个刘颖我记不清楚了。

赵安民："青年文稿"这个栏目就是稍微年轻一点的作者。

吴道弘：年轻一点的，搞研究的，在大学里教书的，看看他们的课题、研究方向，然后联系组稿。

赵安民：还有不少是搞书籍或者是出版历史这方面的研究，跟读书相关的，有关报刊图书的研究者。

吴道弘：对，22页的中间，2012年的第2期，有一个叫胡学彦，这个先生年纪不小了，他写得不多，但是很有水平的，人在杭州。

赵安民：《清代的文字狱和禁书运动》这篇是他写的？

吴道弘：对，学者的议论。2006年的第3期一篇随笔《邂逅张中行先生》，作者潘国彦是版协的秘书长，文笔精彩，也很喜欢书，原来是新华书店的，后来调到中国版协当秘书长了。

赵安民：潘国彦的《邂逅张中行先生》一文。

吴道弘：对，文字很好、很生动，你听说他的名字吗？

赵安民：听说过。

吴道弘：不幸故世了，很可惜。

赵安民：就早几年吧？

吴道弘：哎，他年纪都比我们小。

赵安民：这个"青年文稿"栏目，我看这个栏目的文章有30来篇，大致是研究性质的比较多，2008年的第2期，张宏图写的《巴金在桂林出版工作考》，这个题目就是一个学术性考证的。2009年的第4期王鸿鹏写的《20世纪40年代后期我国原子科普图书出版调查》，这些都是考证、调查，学术研究性强。

吴道弘：这个可能还会有写稿的。

赵安民：这个 2009 年第 4 期的刘峰是不是故宫出版社的那个刘峰？

吴道弘：不是。

赵安民：写的《民国社会思潮对〈禹贡〉半月刊的渗透》。

（十七）刊史采撷，专谈期刊

赵安民：吴老，这个栏目"刊史采撷"专门谈期刊的历史，专门开辟了一个这样的栏目，2002 年第 1 期开始的。您看看 23 页"刊史采撷"栏目，这里谈到一些刊物，如《史地学报》。

吴道弘：这个在五四时期的刊物，我原来都不知道。

赵安民：《五四时期史学代表性刊物之一：〈史地学报〉》。

吴道弘：这是自动投稿来的，我至今不知道这两位作者的情况。

赵安民：这里还有《陈瀌一主办〈青鹤〉杂志》，这是韦泱写的。

吴道弘：韦泱先生就是上海的。

赵安民：一位藏书家。

吴道弘：既是藏书家，又是研究家，他本职工作是搞金融的，但是他喜欢书。

赵安民：没错，我看很多报刊上都有他的藏书报道。

吴道弘：我原来不认识他的，他跟丁景唐前辈关系很好，他每一个礼拜都要到丁景唐那里去拜访，所以我们过去到上海出差的时候到丁老那里自然就认识了，他现在还在不断地写文章，藏书、写书结合在一起。

赵安民：下面这一篇《跨越时空的〈小说〉刊物》，这个小说就是指《小说》半月刊的？

吴道弘：对。

赵安民：这个"刊史采撷"栏目也是开的时间很短的，就2012年才有几篇文章。下面这个"辛亥文谈"呢？

吴道弘："辛亥文谈"主要是因为吴泰昌，给它开的栏目，其他就没有了。

赵安民：2011年正好是辛亥革命的100周年，所以您特别搞了辛亥专栏，每一期上面的都是吴泰昌写的"辛亥文谈"。"人物写真"这个栏目比较大。

吴道弘：实际上人物的话都放到这个栏目去了。

（十八）"人物写真"专栏，出版群贤毕至

赵安民：您看看这个"人物写真"栏目有可以谈谈的？

吴道弘：丁景唐前辈这篇很重要的，就是2003年的第2期。

赵安民：2003年的第2期丁景唐写的《怀念范泉》。

吴道弘：范泉好像是世界书局的。他的人生还是很坎坷，解放以前的时候很有名，解放以后到青海，实际上去劳改去了，到老年才回来。回到上海后重新出了范泉的集子四本。

赵安民：回到上海？

吴道弘：又回到上海。

赵安民：范泉从青海回来做什么？还是在哪个单位？

吴道弘：好像没有单位，上海书店出版社给他出了四卷本《范泉文集》，这个人很有才能的，很可惜，是历史政治问题还是什

么其他原因，到青海去了好多年。

赵安民：这个丁景唐跟范泉相识？

吴道弘：丁景唐前辈的历史很不简单，年轻的时候在共青团就是很活跃的，后来做过上海出版局的局长。

赵安民：上海出版局的局长？

吴道弘：最近我听上海的人说身体已经很不好了，90多了，快100岁了。

赵安民：韦泱跟您联系比较多？

吴道弘：这个人很奇怪的，他喜欢书，他自己是搞金融的，但是他喜欢藏书，喜欢交友。

赵安民：韦泱先生有多大年纪？

吴道弘：也就你这样的年纪，年龄不大。

赵安民：他现在还在工作？

吴道弘：在，礼拜天有空一早出门就去淘书。

赵安民：我就知道他的藏书，《藏书报》等报纸上面常见他写的关于他藏书方面的文章，写过很多。

吴道弘：我是没有看到过。

赵安民：这个"人物写真"，俞筱尧写了好几篇。第一集的"人物写真"是俞筱尧写的《黄洛峰纪念》，第二集又写了一篇《甘为后人做便桥，长留正气在人间——纪念杜国庠》，这篇《记老出版家毕青》还是俞筱尧写的。

吴道弘：毕青是上海老三联的，解放以前好像是生活书店的。为人热情，是出版界的前辈。

赵安民：下面还是这位俞筱尧，他以笔名写的这篇《张静庐的身世和青少年时代》，这位张静庐也是一个搞出版史料的前辈，搜集整理出版史料工作的？

吴道弘：张静庐刚解放的时候，就在北京的出版总署，他有一套《中国近现代出版史料》很有名的，是他一手辑注的。

赵安民：他在出版史研究方面很有成就。

吴道弘：对。第二页的 2003 年的第 1 期的《"文革"时期古籍及研究专著出版纪事》，这一篇很好，"文革"期间方厚枢等于是在出版局守摊的，很多事情他都知道。

赵安民："人物写真"这个栏目，2003 年第 2 期丁景唐写《怀念范泉》，还有刘竞程写过《深情怀念范泉兄》，也是 2003 年同一期上面。

吴道弘：范泉这个人在解放以前，在上海出版界是很有名的，大概是政治问题一解放以后就到青海，几十年在那里，后来老了以后才回来，才有人写他的文章。

赵安民：袁亮写的"人物写真"，2004 年的第 3 期，《怀念包之静同志》。

吴道弘：包之静原来是中宣部出版局的，袁亮一直也是中宣部出版局的，他们可能共事。

赵安民：2005 年的第 3 期"人物写真"专栏，徐柏容写的《黄心勉：三十年代女编辑出版家》。

吴道弘：这个好像别人没有研究，他研究，他写了。这个女编辑是天津的，我不知道，我记不住了。

赵安民：这里有北京出版社的赵洛。

吴道弘：赵洛搞古典文学的。

赵安民：他在 2007 第 3 期写的《赵其昌——艰苦的编书人》。

吴道弘：2007 年。

赵安民：2007 年第 3 期，就 25 页这个"人物写真"。

吴道弘：赵洛是跟赵朴初他们好像是一家人。

赵安民： 赵洛和赵朴初是什么关系？赵洛是晚辈？

吴道弘： 不是晚辈，好像是兄弟。

赵安民： 比赵朴初稍微小一点？

吴道弘： 对，稍微年轻一点。

赵安民： 他写的赵其昌。

吴道弘： 赵其昌是谁，我都没有记得。

赵安民：《赵其昌——艰苦的编书人》。

吴道弘： 可能是搞北京史的。

赵安民： 这里2008年第1期"人物写真"专栏，黄焖相写的《宋原放和他的〈出版史料〉情怀》这一篇。

吴道弘： 这一篇作者是开明出版社的编审，原来在一起编《出版史料》的。

赵安民： 黄焖相是开明出版社的？

吴道弘： 开明出版社的编审，他工作认真，我们一起编辑《出版史料》，以后他跟我的关系一直挺好。

赵安民： 他在《出版史料》做编辑工作？

吴道弘：《出版史料》副主编。

赵安民： 这里还是这个俞筱尧，2008年的第2期，"人物写真"专栏，俞筱尧写的《金灿然和古籍整理出版》。

吴道弘： 俞筱尧跟我在三联书店编辑部是同事，后来他到中华书局去了，实际上他对金灿然的一些事情很熟悉，后来到文物出版社任副总编辑。

赵家璧著《编辑忆旧》

赵安民：2008年的第3期赵修慧写的《赵家璧——喜欢摄影艺术的编辑》。这个作者是赵修慧，好像前面谈到过。

吴道弘：她是赵家璧的女儿，在上海，我到上海去组稿请她一起开会，这样认识的。

赵安民：这个赵家璧是在上海的哪一个出版机构？

吴道弘：20世纪五六十年代曾任上海人民美术出版社任副总编、上海文艺出版社副总编，赵老是老一代的知名编辑家，他主编出版的《中国新文学大系（1917—1927）》等书影响很大。晚年跟宋原放一起编过《出版史料》，最早在上海创办的时候，那个时候宋原放是局长。

赵安民：叶瑜荪写的《丰子恺与开明书店》，这是在2008年的第4期。

吴道弘：作者叶瑜荪是浙江桐乡人，等于是丰子恺的同乡。

赵安民：老乡写老乡。这是2008年的第4期，吴永贵写的《音乐家黎锦晖在中华书局做编辑的日子》，吴永贵是武汉大学的？

吴道弘：对，搞编辑出版史专业的。

赵安民：这里还是2008年的第4期，《王仰晨和赵家璧的私交》，就是这个海客甲写的。

吴道弘：海客甲就是王仰晨先生的儿子，他为人真诚，也很低调的，他不用真名。

赵安民：不用真名，而用笔名。商务印书馆的汪家熔在2009年第1期写的《抗战时期郑振铎抢救珍贵典籍的事迹》。

吴道弘：这都是发生在上海的事情。

赵安民：还是2009年的第1期，卫水山写的《张守义——一位丹青为魂的艺术大师》。

吴道弘：卫水山是中华书局搞装帧设计的。

一、主编《出版史料》杂志　　**89**

赵安民：也是个美编？

吴道弘：美术编审。

赵安民：美编写美编？

吴道弘：对。

赵安民：张守义我有印象，有一次听他讲装帧设计的课，见他一边讲课一边喝啤酒，很幽默。

吴道弘：胃不好。

赵安民：我听说胃切除了。2009年第3期岳洪治写的《钱君匋与人民音乐出版社》。

吴道弘：岳洪治是人民文学出版社的，当时人民文学出版社跟音乐出版社也很近，都在朝内大街。岳洪治是许力以的女婿，人民文学出版社的编审，退休后住在郊区了。2009年第4期的"人物写真"里面曹成章写的马守良，马守良是浙江出版局的局长，曹成章是浙江教育出版社的社长，现在我跟曹成章还有联系。

赵安民：等于这个"人物写真"的这些文章，有的是晚辈写他们自己的长辈，有的写的同事，写的都是比较了解的人。

吴道弘：对，下面有一个讲王笠耘的，作者胡德培是人民文学出版社的，王笠耘也是人民文学出版社的。

赵安民：这是2009年第4期，胡德培写的《学习与怀念——王笠耘周年祭》。

吴道弘：王笠耘他们夫妇两个都是清华大学中文系的，毕业的时候我已经在北京人民社了，已经跟文学出版社、人民出版社在一个大楼里面，看他们夫妇两个到文学社的，很好学。

赵安民：胡德培写的是他的同事。胡德培后来还写了一篇《姚雪垠和〈李自成〉——中国当代文学出版的一面镜子》。

吴道弘：对。

赵安民：2010年的第2期的张惠卿写的《悼念老友尤开元和戴文葆》，张惠卿就是你们人民出版社的？

吴道弘：人民出版社原来的总编辑。

赵安民：戴文葆先生呢？

吴道弘：戴文葆是人民社原来的编审。

赵安民：后来是不是到别的出版社？

吴道弘：没有。

赵安民：一直都是同事。

吴道弘：对。

赵安民：尤开元？

吴道弘：尤开元精通俄文，懂得德文，解放后被派到苏联外文局当专家。在苏十年后回国在人民出版社工作，任马列编辑室主任。

赵安民：这是张惠卿写的两个同事。

吴道弘：是的，在1950年的时候，尤开元是出版局的人，后来我到北京之后，跟他认识后不久，他们夫妇两个人到苏联外文局去当专家去了，尤开元解放以前是上海时代杂志的，他的文笔比较好。后来回来以后尤开元故世了，戴文葆也故世了，很可惜的。曾彦修几次讲到人民出版社老老实实工作的人、有水平的，提到戴文葆、尤开元，可是他们两个都不在了。

赵安民：但是要在的话年龄也得九十多了吧？

1995年7月，抗日战争胜利五十周年前夕，与戴文葆同志摄于卢沟桥，背景为宛平县城楼。

一、主编《出版史料》杂志

吴道弘：要有九十多，比我要大。

赵安民：我看是在 2010 年写的文章？那他哪一年去世的？

吴道弘：去世的时候我还没有退休，去世得很早的，他 80 多就故世了。

赵安民：韦泱写了好几篇，2010 年的第 2 期写的《深深的爱书情愫——书画园地的耕耘者》。

吴道弘：不知道写谁。

赵安民：下面 2011 年的韦泱又写了一篇《吴青云：旧书业的"老法师"》。

吴道弘：韦泱总是礼拜天去淘旧书。

赵安民：与旧书店的老同志交往可能不少。

吴道弘：对。

赵安民：刚刚说的这篇文章下面 2011 年第 2 期这篇钱之俊写的《解放后的编辑钱锺书》，钱锺书在哪里做编辑工作？

吴道弘：就是外文局。

赵安民：2011 年第 4 期陈子伶写的《范用忆旧》，等于也是同乡，相当于是老领导了？

吴道弘：范用也是陈子伶的老领导。

赵安民：2012 年的第 1 期熊国祯写的《深切怀念启功先生》。

吴道弘：熊国祯是中华书局的副总编。

赵安民：对，启功先生那个时候整理古籍跟他们交往不少。

吴道弘：自然会是这样。

赵安民：启功参与点校《清史稿》。这下面方厚枢写的，一篇是 2012 年的第 2 期《追忆黄洛峰同志二三事》。2012 年的第 3 期叶小沫写她的姑姑叶至美《纪念我的姑姑叶至美》，叶至美也是搞编辑出版的？

吴道弘：她好像是哪个部的，联络部的还是哪个部的。

赵安民：她等于是叶至善的妹妹。

吴道弘：叶至善的妹妹。

（十九）出版人物谈毕，出版文献上场

赵安民：下面"文献新读"这个栏目文章不多，就有几篇。但是这个栏目开得很早，第一辑就开了。

吴道弘：2001年第一期就开了，"文献新读"很多历史的内容，文献要有价值，文献别人过去也很少讲过。要有新的看法，新的理解，这个不大好写。

赵安民：我看2001年第1辑陈福康写了《郑振铎等人致旧中央图书馆的秘密报告》。2001年第1辑方厚枢写了《毛泽东著作出版纪事》。

吴道弘：陈福康是上海的作者。

赵安民：后来这个栏目没搞了？

吴道弘：没人搞了，要发现好的文献，有新的看法，这个是不容易的。

赵安民：是的，下面又有一个小栏目"指迷录"，"指迷录"的第一篇是王仿子写的《勘误数则》，这个第二辑一辉写的《版本的"源"和"流"》。第二辑朱农写的《有关〈资本论〉出版的一则辨正》。

吴道弘：朱农是我的笔名。

赵安民：朱农就是您的笔名，这是您写的，那这个《关于〈资本论〉出版的一则辨正》写的什么内容？

吴道弘：具体怎么样我记不起来。

赵安民：《资本论》也是人民出版社出版？

吴道弘：对，都是人民出版社的。

赵安民：那"指迷录"这个栏目实际上就是一些辨误性质的内容？

吴道弘：没有多少，没有几期，不大好弄。因为不是指出个别错字，又要有点内容的，又要有价值的，技术上的角度就不是这样了。

赵安民：说多了还不太好？

吴道弘：对，要有点不同的看法，或者有看法才能指迷。

赵安民：下面这个栏目是"我与藏书"。2001年第1辑有潘国彦写的《悲喜交集话藏书》。

吴道弘：潘国彦原来是版协的秘书长，很喜爱读书，他家里藏书多得很。

赵安民：这个第2辑陈朴写的《零本斋记》。

吴道弘：这个我记不起来了，"我与藏书"下面的第2辑《藏书半世 用在一时》作者刘季星是大百科的一位编辑。

赵安民：第2辑《藏书半世 用在一时》作者刘季星。

吴道弘：他原来是武汉大学的，俄文很好，后来夫妻双双调到大百科出版社来了。

赵安民：后面还有2006年的第3辑，这是韦泱写的《我的淘书之旅》，他就喜欢淘旧书。

吴道弘：他礼拜天就去淘旧书，有这爱好。

赵安民：谢其章也是个藏书家？

吴道弘：谢其章在北京的藏书不少，好像他写文章也不少。

赵安民：他写短文章，写一些淘书经历什么的。

吴道弘：对。

赵安民：后面还有徐柏容，2007年的第3辑，他写的《〈引玉集〉的引玉及其他》。

吴道弘：这本书好像他的评价是比较高的。

赵安民：2008年的第4辑"我与藏书"专栏里面周启晋写的是《域外与意外——潘家园访书记》。

吴道弘：这个我记不起来了，可能是投稿来的。

赵安民：下面有一个"书之史"，这个栏目的文章不少。汪家熔写的第一篇，第1辑《〈辞源〉——近代第一本词书》。

吴道弘：他是商务印书馆的。

赵安民：对，汪家熔这个作者是商务印书馆的，这个老同志我们原来开会见过。

吴道弘：编辑学会开会时你可能见过。

赵安民：见过好几次，他有时候喜欢说说笑话，好像原来是搞校对的？

吴道弘：没有，他搞图书馆研究，商务的老人。

赵安民：他自己说他最近只评上了副编审，没有评编审。他喜欢写出版史文章，尤其是关于商务方面的一些史料、历史研究。

吴道弘：第一期上《〈辞源〉——近代第一本词书》就是汪家熔写的。我记得范用还写过一篇《在孤岛上海出版的三部名著》。

赵安民：2003年的第4辑"书之史"栏目。

吴道弘：这个我记不起来了。

赵安民：《在孤岛上海出版的三部名著》，范用写的这篇文章，是谁推荐过来的吗？不是您自己组稿的吗？

吴道弘：不是，可能作者给我的，我忘了。

赵安民：像"书之史"这个栏目跟前面"百家书话"似乎也有交叉。

吴道弘：有一定的交叉，要是我分的话，好像这个"百家书话"要谈的面可以广一点。"书之史"的文章好像要稍微正式一点，文字什么的稍微有点区别。

一、主编《出版史料》杂志

赵安民：这个专谈书刊的历史，2005年的第3辑鲍建成写的《翻译出版〈科学〉〈技术〉的一段历程》，2006年的第1辑张小鼎写的《〈西行漫记〉在中国——〈红星照耀中国〉几个重要中译本的流传和影响》。

吴道弘：作者好像是人民文学出版社的。

赵安民：张小鼎是人民文学出版社的？

吴道弘：对。下面就是2006年的第4辑的王福时，这是位老同志。

赵安民：他写的《1937年〈外国记者西北印象记〉翻译》，哪个出版社的？

吴道弘：不在出版社，到别的系统去了，因为当时要出《西行漫记》，需要印什么的。

赵安民：我看这里的"书之史"谈到不少图书，我点一点这个书名。《〈我的前半生〉档案记略》《"灰皮书"的由来和发展》《记〈中国风物志丛书〉》《关于王火及其〈战争和人〉》《大型画册〈中国——长征〉》。

吴道弘：这个栏目投稿的比较多。

赵安民：《张元济著〈图书百部提要〉考》《〈外国名歌200首〉沉浮录》。

吴道弘：这些都是投稿的比较多。

赵安民：《郭沫若著作在人文社的出版》《〈辞源〉编纂修订百年记事》。

吴道弘：这应该是上海来的稿。

赵安民：乔永写的《〈辞源〉编纂修订百年记事》，2009年的第1辑。接下来还有《〈毛泽东选集〉第五卷出版始末》，这篇是张慎趋写的。

吴道弘：作者是参加校对的。

赵安民：参加《毛泽东选集》的校对？

吴道弘：《毛泽东选集》交到人民出版社以前，他是参加校对的。

赵安民：张慎趋是人民出版社的人？

吴道弘：是出版社的编辑，但是抽出来专门去校对《毛泽东选集》。

赵安民：专门搞《毛泽东选集》第五卷？临时抽调去的？

吴道弘：他参加过前面四卷的校对，但他不是校对科的人，当时有四个人。

赵安民：他是哪个部门的人？

吴道弘：是人民出版社编辑部的人。

赵安民：肯定是老编辑。

吴道弘：他跟我同岁，现在还在东大桥住着。

赵安民：一直是您出版社的老同事？

吴道弘：对，而且人民出版社出毛选四卷的时候，他也参加了，但是他不代表人民出版社，他就是参加校对工作。

赵安民：相当于有一个专题工作组？

吴道弘：我也说不准确。

赵安民：2010年的第1期《新中国第一代〈国家大地图集·普通地图卷〉的编纂》，这个作者是刘寅年。

吴道弘：人民出版社的。刘寅年同志故世了，他是从地图出版社调过来的，还有杨柏如同志。

赵安民：对，两个作者，一个刘寅年，一个杨柏如。

吴道弘：杨柏如是后来调来的，后来任人民出版社的副社长。

赵安民：他们都是从地图出版社调过来的？

吴道弘：对，后来"文革"以后他搞这个了，杨柏如当副社长了。

赵安民：您是说从地图出版社调到人民出版社？

吴道弘：是的。

一、主编《出版史料》杂志

赵安民：《国家大地图集·普通地图卷》是人民出版社出版的？

吴道弘：这个我不清楚，《国家大地图集·普通地图卷》是怎么来的，可能是范用经手，不是地图出版社出就会放到人民出版社，后来不知道是哪里出的。

赵安民：2012年的第3期杜厚勤写的《〈编辑丛书〉出版旧事》。

吴道弘：那个是山西人民出版社的杜厚勤，当时山西人民出版社出版编辑学方面的书，出得比较多。

赵安民：这一期里奚景鹏写的《1954年4月油印的〈毛主席语录〉》，2012年的第4期他又写了一篇《关于晋察冀日报社〈毛泽东选集〉出版日期的考证》。

吴道弘：对，这位作者喜欢收藏图书。

吴道弘在会上发言

赵安民：他主要是搞"红书收藏"？下面这个栏目是"国外出版网络"。我们的栏目谈了22个了，后面的就是"其他"和"补白"了，"旧文重刊"不到20篇文章，我们要谈的《出版史料》杂志基本面貌大致就是这样。谢谢吴老！

二 从事图书出版工作

（一）南国青年上海出道——考入三联书店

赵安民：吴老，我们今天继续访谈，就从您开始参加出版工作谈起吧。您是从上海参加出版工作的，您谈谈是怎么个机缘进入出版业的呢？

吴道弘：我在上海念书的时候就住在南京东路跟江西路的口上，距离南京东路上的三联书店门市部很近，三联书店就在南京东路，出了江西路的南口往外滩方向走，走不到20米吧，就是三联书店的门市部，我还在上海念书的时候就经常到三联书店门市部去。在南京路上这个书店不是最大的，最大的还是新华书店，但三联书店的书是比较适合我们知识分子看的，对三联的印象还是比较深的。特别是刚出刊不久的《学习》杂志，就是三联书店编辑部编的（后来独立出去）。1950年三联书店招考校对的消息，就是在《学习》杂志上刊出的。十几年以后，三联门市部变成糖果店了，所以门市部还在，只是卖糖果了。但另外还有书店，比如南京路还有大的新华书店。好像也是一种机缘吧，没有到书店以前，没有做出版工作以前，所见到书店很近的就是三联。

赵安民：您上学的时候就路过三联书店，就经常进去看书。

吴道弘：后来书店门市部变成卖糖果了。因为在南京路上有大的新华书店门市部，三联书店门市部就没有了。

赵安民：您当时是读中学吗？

吴道弘：当时我是在上海诚明文学院上学，顾颉刚先生讲文选课，他已离开北京到上海当教授了。

赵安民：已经在上大学了。

吴道弘：我是住在亲戚家，我没有住校。

赵安民：在诚明文学院上学。

吴道弘：诚明文学院，诚实的诚，日月明，诚明文学院。

赵安民：您是大学毕业以后参加工作的吗？

吴道弘：我没有毕业。当时祖父逝世，家庭经济发生变化。同时，有个想法是什么呢？搞文科的，自己看看书，也不一定大学毕业，反正有这个想法。

赵安民：您是大学几年级的时候，正好三联招聘，招考？

吴道弘：对，正好三联招考。另外，我那个时候家庭的关系，祖父刚好1950年去世了。我的父亲死得很早，我的家庭是我的祖父在那里主持着，经济来源都是祖父来支撑。各种原因就工作了，当时也正好三联招考。

赵安民：就报考了。

吴道弘：就报考了。三联招考呢，是当时刚解放的时候，有一个《学习》杂志好像很有名的，你们可能年轻一点，知道吗？《学习》杂志，当时就由三联出的，在三联编辑部设立有《学习》杂志编辑部。

赵安民：三联编辑出版的？

吴道弘：《学习》杂志一开始是三联编辑部创刊出版的。后来这个杂志就由中宣部领导独立出去了。

赵安民：您当时正好看那个《学习》杂志了。

吴道弘：《学习》杂志上就有三联招聘启事。（启事内容参见本书"代自序"）

赵安民：有个广告招聘，招聘的广告就是这个杂志上面刊出来了？

吴道弘：这个《学习》杂志实际上一开始就是三联出版的，没有几年，大概过了两年，改由中宣部领导，便从三联独立出去了。这个《学习》杂志刊名用的是谁的字体，可能是鲁迅的字还是什么字体，有点记不清了。

赵安民：当时三联办的这个杂志，与中宣部后来办的同名杂志，名字虽然是相同的，但是内容是有改变的？

吴道弘：地位高了，原来是作为出版社的一个刊物，适应解放后广大干部学习的需要，后来独立出去，便由中宣部领导了。

赵安民：您在《学习》杂志上看到招聘启事，然后就去应考了，应考就考上了。

吴道弘：对。我是见到《学习》上的这则招聘广告后，才报名应试的。

赵安民：当时考试的情况您还记得吗？

吴道弘：考试就是这样子，说明要招多少名校对，没有招编辑，是招校对，有志向于文化出版志愿的，愿意从事这个工作的可以来报名，我就去报名了。

赵安民：考试也要笔试吧？

吴道弘：就是笔试，一个上午写一篇文章，实际上是什么呢？一方面是问你，你为什么要来搞文化出版工作？有这个意思。另外，你的志向是什么？你有什么特长？要有这么几个内容，你都要讲一下，等于自传性质。虽然是一篇文章，但是像自传一样。

二、从事图书出版工作

考试地点在一个中学，一个女中，在上海沪西的南屏女中考试，等于是考一个上午吧，两个多小时，三个小时不到。

赵安民： 先考笔试，笔试通过了初选，还得面试吧？

吴道弘： 面试实际上等于录取了。我是考校对，不是考编辑。

赵安民： 哦，看笔试的成绩就录取了。

吴道弘： 说明不是招编辑，那次就是招聘校对，所以拿到成绩单就等于是录取了。去编辑部报到的时候是陈原给我口试的。陈原那个时候是三联书店编辑部上海编审室的主任。陈原问得很随便，就是一些时事，当时发生了什么事，出版总署有过什么条例，看你关心不关心国家大事，然后再讲一讲你有没有信心做好这方面的工作。这次好像录取了4个人。

赵安民： 跟您一块儿考进去的有4个人？

吴道弘： 一个叫糜于道，男的，十分文雅，普通话很好。他喜欢文学，是大夏大学毕业的。他到了北京三联以后，工作又调整了，后来到文学出版社去了。还有一个叫沈芝盈。剩下一个叫什么园，我忘了。

赵安民： 还有一个施茂仙？

吴道弘： 施茂仙是我们一批考进三联的，他分在发行部。我们一起去报道的，施茂仙没有到编辑部，一直搞发行工作。

赵安民： 他是发行部的？

吴道弘： 当时我们一起考进去的。施茂仙一直在做书刊发行，后来到人民出版社也还是做发行。

赵安民： 您到三联书店开始上班，最先是在三联书店的上海编审室。

吴道弘： 郑效洵是上海编审室的副主任，陈原是主任，他们两个人是领导。当时编审室有朱南铣，有张梁木，有吴慧津，吴慧津是武汉大学毕业的一个女同志。有陈志光，陈志光是上海一位新闻日报的副总编的夫人，她年纪比较大些，四十多岁了。劳季方也是个女同志，后来到北京就到人民文学出版社工作了。吴慧津是武汉大学毕业的一个女同志，她爱人当时在苏联留学。

赵安民：您当时开始上班负责哪一方面的事呢？

吴道弘：是这样的，当时三联书店的编辑部大本营是在北京，北京有一个编审部，史枚在负责。上海的一部分，因为当时上海排校的力量还比较大，有排印的工厂，所以三联的一部分书稿还在上海发排，我们是看上海发排的一些书稿的校对、审读。朱南铣主要是审读，我们几个年轻的做校对。

赵安民：开始进去做校对。

吴道弘：我们一起进去的，都是校对。张梁木年纪比较大一点，跟朱南铣一样是编辑。朱南铣这个人学问很大的，他清华大学毕业的。钱锺书是他的同学。朱南铣外文很好，会几种外文，中文也很好，也是个人才。很可惜，后来在咸宁"五七干校"期间，假日从汀泗桥镇上喝了酒以后，我们宿舍旁边有一个水塘，是湖边的水塘，每个人都要轮流去挑水。他那天下午喝了点酒，礼拜天喝了点酒，正好他值日要挑水，没有想到他掉到塘里面去了。他掉进那个大塘里，谁也不知道。后来看见水面上浮动一个桶，朱南铣也没有回来，有人说礼拜天看见他在汀泗桥那边喝了酒了，但是他没有忘记他还要值日挑水。后来救上来人不行了，很可惜。

赵安民：那是在湖北咸宁？

吴道弘：对。我们的"五七干校"是在咸宁，我们连部在汀泗桥，主要开山烧窑，生产石灰。

曾　卓：那个时候他是不是和沈昌文喝的酒？我记得沈昌文也回忆了这一段。

吴道弘：沈昌文不好说了，道义上他有点责任……他知道，沈昌文知道，我们都不知道。沈昌文跟他一起喝了酒，道义上有点责任的。我们只知道的是礼拜天他到镇上去喝酒，我们也不知道他什么时候回来的，而且他回来还记得他今天值日，我要挑点水。后来那个桶在塘上面浮起来了才知道，才想起朱南铣到哪里去了？那时候还有一个林穗芳，游泳比较好的广东人，下水去找了，还有一个人熊子云，两个男同志下水去找了，桶在头上面，已经不行了。

赵安民：那个时候他多大年龄了？

吴道弘：不到50岁，他当时比较老，是清华大学毕业的。

赵安民：那个时候你们上海的编审室，三联书店在上海的部门一共有多少人呢？

吴道弘：没有几个人，五六个人。

赵安民：就那么几个人。

吴道弘：就是劳季方、陈志光、吴慧津、张梁木、糜于道、沈芝盈和我，后来上海编审室结束，人员大部分调北京了。

赵安民：半年以后就来北京了？

吴道弘：不到一年时间，我们就统统到北京来了。

（二）新中国成立伊始，新出版北京中兴

赵安民：上海的三联书店那个部门都没了，您是说都到北京来了？

吴道弘：编审室没有了。陈原没有回来，世界知识出版社当时已经先把陈原接过去了，所以陈原当时没有到北京来。后来在北京以后，世界知识又要合并到人民出版社来了，这样陈原又来了。那个时候北京的领导都满了，陈原来了恐怕也……我这么

想，北京的世界知识出版社是需要社领导的，所以陈原就到那边去了，后来世界知识又重新合并到人民出版社来，他又回到人民来了。……沈昌文他礼拜天或不是礼拜天骑个自行车到镇上看看，他知道那天朱南铣在汀泗桥喝了酒了，他知道，我们不知道。沈昌文还写过一篇文章。

曾　卓：他在写回忆录里面说过，我也记不太清了，他说好像是那天和他一起喝完酒，回去的时候有一个人找他，然后他就跟那个人走了，就没有管朱南铣。后来那个人说，我还有水没有挑，他就挑水去了。

吴道弘：这是对的，因为朱南铣是值日，宿舍里值日的负责来挑水。沈昌文那天如果照顾一下就好办了。

曾　卓：他也在后悔，他说如果当时他去照顾他，就可能不会有那个事了。

吴道弘：当然。

赵安民：这是意外嘛。当时您在上海那一段时间，校对过什么图书，还记得吗？

吴道弘：《反杜林论》当时是在上海排印的。后来那个纸样我在北京才见到，北京印刷力量可能有限，当时北京的出版社一下又增加不少，所以一部分就到上海去排字了。

赵安民：那个时候都是铅排？

吴道弘：一般书籍都是铅排的。

赵安民：当时您去过印刷厂没有？排版车间？

吴道弘：上海的印刷厂没有去过，北京的印刷厂去过，当时在南街就有一个小的厂。

赵安民：印厂与人民出版社也只是业务上的来往，并不属于出版社吧？

吴道弘：对。

赵安民：等于是您参加工作才半年时间，在上海工作了半年后，您就随三联书店在上海的编审室迁到到北京来了？

吴道弘：就结束了，因为什么呢？

赵安民：回到总部来了。

吴道弘：回到总部来了，但是当时陈原没有到人民出版社来，北京的世界知识出版社把他请去了，他到世界知识当领导去了。

赵安民：世界知识在上海的分部？

吴道弘：不是，后来上海解放以后世界知识也搬到北京来了，当时没有领导，领导年纪大了。

赵安民：你是说当时世界知识出版社就在上海？

吴道弘：《世界知识》杂志就在上海出版的，其出版社也在上海。

赵安民：当时三联上海编审室回北京的时候。

吴道弘：陈原就被世界知识挖过去了。因为北京的三联领导很多了，世界知识出版社刚好需要领导，陈原就去了。但是后来没有几年，世界知识并到人民出版社来了，陈原又到人民出版社来了，先当编辑室主任，很快就当了社领导了。人民社的力量强。

赵安民：当时从上海的分部就收回到北京来了。当时有一个什么考虑，上海为什么不要设那个分部了呢？

吴道弘：后来北京的印刷力量也多了。另外，没有必要上海搞四五个人来发排。上海有排印的任务才行，排印的任务北京能解决，何必上海再立一个分部呢。

赵安民：像1951年、1952年刚刚解放，新中国成立不久，三联主要是出哪些方面的书？

吴道弘：很杂，原来很广泛，但都是社会科学、国际问题、社会科学的理论什么的那些都有，比较杂。后来还编过一本三联的书吧，《三联目录》。

（三）编辑出版与发行分开，三联书店编辑出版并入人民出版社

赵安民： 我看你们人民出版社出版的《人民出版社大事记（1921—2011）》（简称《大事记》或《人民出版社大事记》）里面记载，1951年的8月三联书店就并入人民出版社了。

吴道弘： 对。编辑部的力量到人民出版社来，还并入了一部分搞出版的，但是其他搞发行的没并过来。实际上当时出版、发行要分开，有一部分就到书店去了，没有全部并过来。

赵安民： 等于是当时人民出版社就是专门的单纯的出版单位，而三联书店既有书店又有出版，是这样？

吴道弘： 编辑力量到人民社来了。

赵安民： 当时要求发行和出版分开？

吴道弘： 一个是出版专业化，一个是出版、发行要分开，所以三联只来了一部分人。

赵安民： 当时好像说人民出版社还在以三联书店的副牌子继续出版图书？

吴道弘： 因为三联还有点影响，三联出过不少好书。

赵安民： 我看《大事记》说三联书店还有一个代号002？

吴道弘： 对。

赵安民： 1952年我们国家当时有一个"三反"运动。《大事记》说"三反"运动教育挽救了一些犯贪污错误的人，当时"三反"您还有一点印象没有？

二、从事图书出版工作　**109**

吴道弘：我跟人民社一位团支部的副书记刘泰两个人，他是天津人，负责去查一个人在发行工作中贪污的事情，我们两个去的。到天津，住在新华书店调查了一段时间，好像是有一点问题，但并没有那么严重。

赵安民：等于也是挽救了一些人，还是有一点效果。

吴道弘：是，有效果。这里面有一些折扣，拿一些什么钱。

赵安民：您怎么到天津去呢？那个人在天津？

吴道弘：发生的事件在天津。

赵安民：他是发行的还是哪一方面的？

吴道弘：他原来是搞发行的，后来到人民出版社出版部门来了。我跟另外一个团支部副书记一起去的，查的那个人是天津人。

赵安民：等于是去现场调查。

吴道弘：对，住在天津，在新华书店住了一个多月，两个月不到。

赵安民：还住了那么长时间？

吴道弘：要调查，那个时候我们干干净净的，没有什么，也没有接触过这些问题，都是年轻人。那个人是有一点问题，但是当时的问题好像还是比较小的。

赵安民：从三联书店并入人民出版社以后，您就跟着到了人民出版社，一直好几十年就没有动过单位吧，一直在人民出版社？

吴道弘：一直到退休。

赵安民：您都经过了一些什么部门？

吴道弘：我原来搞历史的，从三联到人民出版社应该是到中国历史编辑室的，结果当时人民出版社的秘书长（秘书长比室主任高一级，比社长、副社长好像要低一点）姓梁，叫梁涛然，我要到他那里报到，他就把我扣下了，他说总编室需要人，你不要到编辑室去了。分到人民出版社，这样，他就把我扣下了，所以我就没有到中国历史编辑室去。我后来一直负责总编室，总编室下面有三个科，秘书科、稿件科、版权科，要跟作者签出版合同。后来领导换了，来了一个副主任，也是姓吴，挺负责的，也挺好的，他说你还回编辑室去吧，又把我放了。

（四）与沈从文等编《中国历史图谱》

赵安民：这次您调到哪个编辑室？

吴道弘：中国历史编辑室，下一步才有《中国历史图谱》这个事情。我回到中国历史编辑室去了，当时的出版总署，出版局的金灿然局长接了一个任务，要搞《中国历史图谱》，把沈从文请来了，沈从文在历史博物馆，他手头有资料，他有很多实物，光有《图谱》没有实物怎么弄呢？北京师范学院请来一个老师，姓什么记不得了，他该老老实实来上班的，编辑室专门有一间办公室。后来书也没出版，现在这些东西都不知道到哪里去了，有很多图片。

赵安民：您参加搞《中国历史图谱》？

吴道弘：图录。我就协助沈从文先生做图谱的编选工作。沈先生平易近人，我从沈从文先生处学到不少历史知识。

赵安民：搞了多长时间呢？几个人？

吴道弘：他就定好几个人了。历史博物馆的这些照片可以复印，现在这些资料不知道到哪里去了，不知道人民出版社保留没保留，我都不知道的。

赵安民：这是什么年代的事？大概是哪一年？

吴道弘：五几年。

赵安民：那个时候沈从文在历史博物馆，他在那边工作，要编这个《图谱》就把他请来。

吴道弘：他来主持《图谱》的选编和说明。

赵安民：意思就是由他负责了。

吴道弘：他不是负责文字，负责图录，负责图片，因为历史博物馆有图片。这个人太好了，最后一个浪漫派，他是从文学的角度来看待的。这个人太好了，人的性格太好了。

赵安民：您跟他还待过一段时间？

吴道弘：待过一段时间，他记起那时讲到老话题，他说曾在天安门前，看到那个时候骆驼是怎么走过天安门前的。

赵安民：这个是三联的《生活周刊》，上面有一篇写他的文章。

（吴老出示刊物）

吴道弘：沈从文的改行，在前半生就有了伏笔，他到历史博物馆是改行了，你有兴趣看看这些东西。

赵安民：《中国历史图谱》或者叫《中国历史图录》编了一段时间，后来情况有一些变化就没有出版？

吴道弘：后来换领导了，当时是出版局的任务，局长是金灿然，应该是他的任务，他把配图的沈从文找来，编辑班子则从人民出版社找了几个人，找了两个编辑，一个女同志是北大的，她是主要配图的，还有北京师范学院的教授谢老师，主要写书稿的，一个礼拜来一次两次，可惜名字忘了。

赵安民：您负责写稿子？

吴道弘：我是协助他们的编辑，不具体写稿子，沈从文选图，我们都是他的助手。

赵安民：那应该还是作为一个比较重大的工程来安排的。

吴道弘：作为出版局领导的一个任务，但是出版局局长一换就没人管了，就一直没有出来。到现在我都说不出来，这些图片、文字稿都到哪里去了。

赵安民：是不是应该在人民出版社，档案里面应该保存了吧？

吴道弘：应该有，我们有专门一个房间。跟着老先生就是不一样。

赵安民：您对沈从文先生印象如何？

吴道弘：我很佩服他。

赵安民：后来跟沈从文还有过来往吗？

吴道弘：去过他家几次，后来没有什么事情了，人家也不干了，就不去了。他看我们都是小一辈的。

赵安民：您是在中国历史编辑室待了一段时间？

吴道弘：但是没有去编辑室上班，就被抽出来。

赵安民：专门搞这个《图谱》，这个完了以后呢？

吴道弘：这个完了以后就到干校了，就是这样。

赵安民：在干校呆了几年呢？

吴道弘：三年，在湖北咸宁。

（五）"反右"与整顿

赵安民：我看《大事记》记载，人民出版社1957年党内整风"反右"，当时划为"右派分子"的有18个人，1959年又有一次"反右"，1962年的时候给他们平反过一次，到了1978年以后是全部平反了。

吴道弘：我是第一次就被划为"右派"了。

赵安民：第一次您就被打成"右派"了，那就是1957年那一回。

吴道弘：对，本来已经是预备党员了，大概是态度不鲜明还是怎么样就被打成"右派"了。

赵安民：是这样的！预备党员后来就没有及时入党？

吴道弘：没有。

赵安民：您是后来什么时候入党的呢？

吴道弘：后来又回人民出版社以后才入的。

赵安民：1957年、1958年那个时候，人民出版社每年出版新书200多，300多种，1959年下降了，到了145种。

吴道弘：那恐怕统计上可能还有几种原因。原来那个时候还有一个"通俗出版社"，后来又叫"农村读物出版社"，有这方面的书。这个出版社一直放在人民出版社里面，一直独立不出来，从人员到领导一直到方针，知道有这个出版社搞农业方面的，但是人员老是动动摇摇的。下面半截是跟人民出版社连在一起的，上面搞了一个叫"农村读物出版社"，有一个这个牌子。

赵安民：所以出版物的品种有时候统计得多。您那个时候的选题如何做？是出什么书？有一个什么机制？

吴道弘：主要是总编室每年要有一个方针，在原来的基础上，哪方面薄弱了，哪方面应该增加什么，或者是根据现在的情况统计应该哪方面该加强，反正每年都有一个报告，平时几个副总编经常来充实选题。

赵安民：我看《大事记》上面说，1960年7—10月进行了一次以检查出版物政治事故为中心的反官僚主义运动，您还记得这回事吗？说是检查了1958年以后出版的书，这两三年出版的560种书其中的187种，还检查了1956—1957年出版的其中的93种，一共检查了200多种，查出来有政治错误倾向的17种，并且还分析了造成错误的原因，有点反省、批评，找了几个方面的原因，什么领导官僚、把关不严、编辑工作不到位，另外就是工作制度不健全、不严格，要加强工作，说是有这么一回事。

吴道弘： 这个可能我印象不深了。但是这里有这么回事，原来"反右"以前曾彦修是第一把手，"反右"以后把他调到上海去了，曾彦修以后的几任都比较弱，曾彦修的能力是比较强的。后来在哪年的时候，又把曾彦修从上海调到大百科来主持工作，人民出版社的领导当时有一个姓陈的知道了，他说不行啊，曾彦修到北京来的话还要回到我们出版社来。最后曾彦修从上海调回来了，主持人民出版社。曾彦修能力比较强啊，上面也同意了，原来是人民出版社的人划了"右派"把他调到上海去了，现在他又到北京来主持出版工作了，那你还不回我们出版社来，你到别的出版社去干什么？这个也有道理，曾彦修就回到了人民出版社，一直到曾彦修去世，一直都在人民出版社。曾彦修能力很强。

（六）出版马列著作，武装干部头脑

赵安民： 1963年的时候，大概是中央为了加强部级干部的学习，人民出版社整理校对译文，选了30种马列著作进行整理出版，并且这30种书还陆陆续续出了大字本，说为了方便老干部看。

吴道弘： 这肯定是有的，但是这个工作主要是中共中央编译局具体干的，我们以出版的名义，实际上内容都是由马列著作编译局编译好稿件交人民社出版。

赵安民： 那是另外一个机构了。

吴道弘： 对，另外一个机构。

赵安民： 说这个里面有几种还出了线装本。

吴道弘： 线装本就是为了老人看的。

赵安民： 更高级的干部。

二、从事图书出版工作

吴道弘：对。

赵安民：您刚才提到人民出版社有一个农村读物出版社，是1963年8月人民出版社下面成立了一个这样的机构。

吴道弘：这个一直想成立，但是领导的关系一直没和人民出版社脱离关系，因为人员，人民出版社还得有基本的编辑队伍啊。

赵安民：当时也叫做"农村读物出版社"，就是在人民出版社的下面。

吴道弘：在里面的。

赵安民：这个出版社的人员是独立的吗？

吴道弘：人员是这样子的，业务独立。

赵安民：是不是就相当于一个编辑部？

吴道弘：由一个社领导齐速来负责，也是老干部，在做这方面的事情。

（七）面对农业大国，重视农村读物——胡愈之与"农村年书"《东方红》

赵安民：我看到《大事记》上面说，1973年的时候人民出版社成立了农村读物编辑室。

吴道弘：那时候胡愈之也在抓这个工作。他老要想把农村读物出版社变成一个有人员、有领导的这么一个出版社，但是很难，跟整个的出版方针密切联系的，这就关系到抓到什么程度，领导需要有一个方针。全国这么多农村农民，为他们出书，怎么出，从胡愈之开始一直是个问题，但是用什么方法？有"农村读物出版社"这个名义，也算是一个独立出版社，实际上他很多部门都附在人民出版社里面。

赵安民：当时也是说要出版一些适合农村的政治理论读物？

吴道弘：对。

赵安民：其中出了一种《东方红》。

吴道弘：《东方红》是胡愈之的意思。

赵安民：《东方红》是一本书吗？

吴道弘：我们叫历书。

赵安民：也是以书代刊？后来说的说法，不是这个意思吧？

吴道弘：好像是给农村用的《百科全书》似的这么一个本子。

赵安民：它是一种连续出版物吗？

吴道弘：每年一本。

赵安民：书名就叫《东方红》？

吴道弘：有一段叫过《农村年书》。但是叫《东方红》也好，人家感觉不到是一个历书，叫《农村年书》的话农民不看的。胡愈之在抓这个东西，不好弄。

赵安民：从这个情况看，还是特别重视农村读物。

吴道弘：怎么弄？老百姓都有一本历书，农村有一种历书了。我们叫《农村年书》，但是现在的农民不一样了，怎么探索这条路子？

赵安民：1973年9月还成立了一个"农村版图书编纂小组"。

吴道弘：对，胡愈之抓的。

赵安民：说是由人民出版社和其他中央一级出版社一共9家出版社组成的，这么一个编纂小组。

吴道弘：实际上是在人民出版社里面。

赵安民：当时胡愈之是担任什么职务？

吴道弘：人大副委员长吧，我们叫他"佘太君"。

赵安民："佘太君"？给他取这样的外号很有趣。

吴道弘：他是出版界的元老。

赵安民：胡愈之当过总署的副署长还是署长？

吴道弘：署长。解放后出版总署胡愈之是第一把手。他也亲自去蹲点搞《农村年书》，我还找了点资料来，写了一篇《胡愈之与〈东方红〉》。

赵安民：对，我看浙江给您出的那本《编辑出版家吴道弘》收了这篇文章。

吴道弘：是的。他还找了人民出版社的两个编辑跟他一起去调查什么的。

赵安民：哦。

吴道弘：胡愈之是很想搞这个东西。

赵安民：《人民出版社大事记》上面说的是，经中央宣传部批准，在通俗读物编辑部的基础上成立了农村读物出版社。这是在1963年。当时胡愈之是总署的署长，一把手，他很重视。

吴道弘：很重视，他自己抓。

（八）内部刊物搞宣传，书评写作由此起

赵安民：《人民出版社大事记》记载，1964年人民出版社出了一个《走廊》，有这么一个杂志吗？内部刊物？

吴道弘：《走廊》是内部刊物，没有留下来，主要是打字油印的，所以都没有留下来，我也没有留下来。这本《求精》也是人民出版社的内部刊物。（吴老取出内部铅印本《求精》样刊）

赵安民：人民出版社还出了蛮多内部刊物？

吴道弘：就是我编的时候，我有心把它铅印，把它留下来。原来老是油印，觉得不重视，都不保留，我说铅印一次吧，就我这里保留了，我估计总编室可能还有一套。

赵安民：内部刊物是每年定期出吗？

吴道弘：定期出，一年出了几期。

赵安民：《大事记》记载从 1979 年开始印出。

吴道弘：十年里面出了 66 期。

赵安民：一年 6 期多一点，相当于一个双月刊。这个刊物就叫《求精》，精益求精。

吴道弘：刊名是范用定的。

赵安民：范用定的这个名称？

吴道弘：是的。这个报头也是范用弄的。范用弄了个报头，他说，"老吴，叫《求精》吧，咱们就搞个这个"。我说，"好"。

赵安民：范用 1979 年在出版社担任哪一个职务？

吴道弘：他是副社长、副总编辑，后来 1980 年转到三联去了，那个时候还在弄《求精》。

赵安民：这个内部刊物主要是刊一些什么内容呢？

吴道弘：自己出版社，自己同志，发动自己的人来写，还是研究业务吧。

赵安民：业务方面的？

吴道弘：内部刊物，研究业务的。还有一些重要书的介绍、宣传，主要是发动大家写作，关心业务工作。

赵安民：这个挺好的。

吴道弘：用铅印能够保留下来就不错了，但是我估计总编室可能有一份，别人不知道，个人可能会保留。有一个作者问我，他说，"老吴，我在《求精》上写过一篇什么东西，你帮我查查看"。我说，"找是找到了，问题是我这里只有一份，你来复印一下就可以"。

赵安民：等于从 1979 年《求精》开始是油印，那个质量肯

二、从事图书出版工作　　119

定效果比较差。

吴道弘：效果也不好，保存不好，这样铅印就保存得挺好的。其实机关内部弄东西一开始就重视，像样一点就很好。

赵安民：这个内部刊物是您负责搞的？

吴道弘：主要是范用跟我熟悉后，他说，"老吴，咱们就这么搞吧"。我说，"行"。这个报头上的字是谁的字啊，他跟我说过一下，吴江的字还是谁的字，他说了一下，我忘了。

赵安民：搞得挺正规，我看开头那一辑，前面还有一个编者的话。

吴道弘：对。这个可能是我写的，张惠卿当时是总编辑。

赵安民：《谈编辑按章办事》，作者那儿写的是吴道弘，这是吴老您写的。

吴道弘：现在有人要记得在《求精》上写过什么，但是他自己没注意保留，他要问我，我就会找一下。

（九）"五七干校"加强劳动，图书出版一度中滞

赵安民：吴老您好！今天继续我们的访谈。上一次我们谈到"文革"期间人民出版社的出版工作受到一些阻碍，《人民出版社大事记》里记载了每年出版的数量、出版品种。我看了一下"文革"中间十年和"文革"前后几年，其中有三年明显的下降情况，1969、1970和1971年，1969年是65种、1970年62种、1971年是86种，这三年的出版品种最少，其他几年减少迹象不是那么明显，都是在一百多种，只有这三年是100种以下，降得比较明显。

吴道弘：1969年去干校了。

赵安民：1969年开始去干校？

吴道弘：对，去干校了。全家出去，实际上那时我家孩子还

在上小学，也去了，在人民出版社工作的都去干校了。

赵安民：等于全家搬过去了？

吴道弘：全家都搬过去了。

赵安民：孩子都过去了？

吴道弘：孩子上小学就在当地上小学，所以1969年人民出版社人少了。

张　云：1969年9月底以前所有在北京的各部委、中央单位全部要下去。

吴道弘：我们当时属于文化部的，文化部有个干校，也一起下去，但不是在同一个地方，在一个县里面。他们搞农业，我们烧石灰，烧石灰供给基建用，因为去了那么多人，房子不够，都是自己盖房子，我们都是烧石灰的。

赵安民：在山里面还是在城里面？

吴道弘：在山里，但是离镇很近。而且到干校后，文化部的干校盖房子我们是供给石灰，烧窑烧石灰来盖房子这样子，基建当然都是用我们烧的石灰，夏天不得了。

赵安民：人民出版社有多少人到干校去了？

吴道弘：基本上都下去，我们连孩子都下去了。

赵安民：1969年出了65种，1970年还有62种，1971年还有86种书。

吴道弘：还有农村读物出版社，应该是分开的两个出版社，但很多是统在一起的。

赵安民：统计在一块了？

吴道弘：我估计是这样子。

赵安民：我看"文革"前一般都是一年出版100多种书。

吴道弘：1969年出版社的人大都下干校了，图书数量就少了。

二、从事图书出版工作

赵安民：那三年最少，后来慢慢又回升，1972、1973年回升，增到100多种了。后来这几年一般是在200—300种之间，1995年以后增到300种以上。2003年突然从2002年的343种猛增到538种。

吴道弘：后面有个农村读物出版社。农村读物出版社一部分行政和人民出版社都混在一起了。

赵安民：2004年896种，都快900种了。2006年又猛增到1338种，2006年突破了1000种大关。现在人民出版社好像每年出书2000多种了？

吴道弘：现在可能是。

（十）上任副总编辑，业务外事兼顾

赵安民：我们再谈谈其他的问题。您任人民出版社副总编辑是1983年2月份，文化部党组通知，同意范用、杨柏如任人民出版社副社长，薛德震、王庆淑、吴道弘任人民出版社副总编辑，范用兼三联书店总经理，倪子明任三联书店总编辑，沈昌文任三联书店总编辑。您任副总编辑之后的七八年，在《人民出版社大事记》里面名字出现最多的是搞外事活动。

吴道弘：别的主要就是发稿那些业务工作，没有记录。

赵安民：应该来说还是发稿那些业务为主，但是这个《人民出版社大事记》外事活动记得比较多。

吴道弘：它可能没记具体业务工作。出版社来讲，一个是整个出版社的活动，特别是与国外出版社打交道这些事记得多，所以显得我外事活动比较多。

赵安民：我们分两方面谈，您说基本的发稿、业务是一个方面，

《人民出版社大事记》说您搞外事活动，1983年12月7日罗马尼亚新任驻华大使安杰洛·米库列斯库与夫人来人民社访问，总编辑张慧卿和您一块接待。后来1984年6月朝鲜出版指导局副局长崔宽植为团长的朝鲜民主主义人民共和国出版代表团来访，也是您两个人——上面说的总编辑张慧卿和副总编吴道弘接待、座谈。1985年是吴道弘代表我国参加第五届莫斯科国际图书博览会成员、苏方的荣誉客人赴莫斯科参加书展，并访问了苏联国家政治书籍出版社，还同苏联大百科出版社、思想出版社等进行了接触。您对这些活动还有印象吗，比如罗马尼亚这次活动？

吴道弘：访问波兰这个有照片。

赵安民：您访问波兰是1987年？

吴道弘：对，1987年访问波兰"书籍与知识"出版社。

赵安民：罗马尼亚《齐奥赛斯库选集》中文版第五卷出版招

人民出版社访问波兰代表团（吴道弘、李真、陈汉孝）

人民出版社代表团（三人）吴道弘、李真、陈汉孝与波兰出版家座谈（1987年）

二、从事图书出版工作　　123

待会，那是在罗马尼亚驻华大使馆里面？

吴道弘：对。

赵安民：当时人民出版社出马列著作都是国外的翻译过来的？

吴道弘：不是，我们有个中共中央马恩列斯编译局，我们出中文版都是编译局他们自己翻译的。

赵安民：他们搞翻译，翻译出来的成果由人民出版社出版成书？

吴道弘：对。

赵安民：像这种招待会，编译局的译者肯定也得去吧？

吴道弘：对，他们也得去。

赵安民：这一块每年出版社的出版品种占不少？

吴道弘：对，占不少。

赵安民：1991年接待苏联政治书籍出版社来访，说您还陪同访问了济南，参观了北京新华印刷厂。苏联政治书籍出版社您还有印象吗？

吴道弘：我到苏联参加书展的时候，也访问过他们出版社。但是我们出他们的书，翻译的人是我们中共中央马恩列斯编译局翻的，我们是出版者，他们是译者。

赵安民：您1985年去访问莫斯科，参加第五届莫斯科的国际图书博览会，这上面记录说您访问了苏联国家政治书籍出版社，还同苏联大百科出版社、思想出版社进行了接触。

吴道弘：对。

赵安民：那个时候跟苏联的来往可能多一点？

吴道弘：那个时候关系比较好。

赵安民：1993年您又访问了韩国，商议《开创21世纪的新韩国》这本书中文版的出版。

吴道弘：这本书好像没有出版。

赵安民：并探讨出版中文版的《金泳三总统传》。

吴道弘：《金泳三总统传》也没有出版，不知道什么关系，是不是他们内部的关系。

赵安民：您说这两本书印象里面都没出版？

吴道弘：没有，都没有出版。这个书后来没有出是韩国的原因。好像他们自己内部变了。

赵安民：他们那边有变化了？

吴道弘：对。

赵安民：您刚刚谈到《人民出版社大事记》记的主要是外事活动，另外您平常的业务工作主要是发稿，那些年您在人民出版社，业务工作您主要是负责哪一块？

吴道弘：一个是在经典著作这一块，马恩列斯著作编译局的书，另外还有一部分是外文翻译的，包括外国领袖著作的书翻译成中文。一个是中文的编译局，一个是外文的编译局，都是不同的机构，我们是出版机构，他们是译者。

（十一）去台湾办大陆书展，参展收获颇丰

赵安民：1994年3月29日到4月4日，大陆图书展览在台湾举行，大陆书展是哪里组织的？

吴道弘：大陆书展应该是文化部出版局作为国家代表去书展的。

赵安民：您是作为人民出版社的代表。后来有一个《联谊通讯》的张巍请您写回顾参展的《台湾十日》？

吴道弘：对，这里有。

赵安民：《联谊通讯》是一个什么刊物？

吴道弘：好像是版协的，版协有一个内部刊物。

赵安民：当时您去台湾书展，从香港绕过去的？

吴道弘：那时候还没有直通，当时是刘杲领队。最近我听说刘杲生病。

曾　卓：刘老也在做我们的口述出版史。

吴道弘：刘杲很值得做口述史的，可以跟他商量一下，如果说你本人不行的话找谁，尽尽力，看看他能不能有别的或者是跟他在一起的一起来回忆下。刘杲当时是出版署第二把手。

张　云：新闻出版署之前叫国家出版局，刘杲是国家出版局的副局长，宋木文是局长，这么一段历史。然后又改变，名字改成新闻出版署。

赵安民：台湾书展期间还举办了一个研讨会，说要成立"两岸华文出版联谊会"，后来成立了这个组织吗？

吴道弘：后来不知道了。牵扯到另外一个组织，好像不是人民出版社能解决的东西。

赵安民：您在台湾回来的飞机上给中国医药科技出版社的吴大真教授写了一首诗，是在飞机上？

吴道弘：飞机上。

赵安民：吴老又写诗又写字，诗词书法的造诣很高。中国医药科技出版社也去了，去了不少出版社代表？

吴道弘：对，去了不少，正好买的机票吴大真就坐在我旁边，大家都是参加书展回来的。

赵安民：我看您回忆的诗文里面写到，好像吴大真本身是台湾出生的。我有一段时间，刚参加出版工作不久，参加中国医药科技出版社组织的《中医辞海》写作，我在里面写了一些词条，中医的人物词条写了不少，后来统稿的时候我见到吴大真了。我印象特别深的是一个什么呢？我在统稿时改稿子，我有一个稿子有疑问就去问吴社长，他就直接拿笔改过来了。意思就是要尽量解决问题，当然提出问题也可以，但是提出问题你还得解决，要想办法解决它，我有印象。

吴道弘：吴大真人很好。

赵安民：您跟台湾五南图书出版公司杨荣川还认识？

吴道弘：我到台湾以前杨荣川到北京来，到我们出版社来，我俩就认识了。

赵安民：说是人民出版社跟他有版权贸易？

吴道弘：对。

赵安民：那个时候版权贸易是他们买版权吧？

吴道弘：对，他们是买版权。

赵安民：人民出版社出售版权给他们，出售台湾繁体字版权吧？

吴道弘：对。

赵安民：他们一般买人民出版社什么书？

吴道弘：如果是大陆作者的话，我们就代表大陆作家和他签约，因为我们大陆出了这个版本，根据这个版本他去出版繁体字版。

赵安民：我在中国书店做古籍出版工作时，大概在2001至2008年间，台湾大展出版社蔡森明社长每年参加北京国际图书博览会，几年间先后购买我策划出版的易学文化丛书繁体字版权，共有十多种易学图书在台出版繁体版本。您参加这次台湾大陆书展也去参观了他们的"五南"出版公司？

吴道弘：对。那个时候好像台湾很积极，没有像现在的民进党，那时候很积极。

赵安民：台湾成文图书公司叶君超，您还记得吗？

吴道弘：叶君超这个我忘了。

赵安民：您当时也去参观了成文图书公司。

吴道弘：那可能是他们来过北京见过面，所以去参观一下。

赵安民：我当时看您文章的时候就有一个疑问，您参加这次书展写了两篇很长的文章，一个是给《联谊通讯》写的《台湾十日》；另外有一篇是在1994年第8期《中国出版》杂志上发表的《台湾同行访谈录》，都在您这个《编辑出版家吴道弘》这本书里面收进去了，您写那么长的文章，是因为每天都记了详细的日记？

吴道弘：没有记日记，重要的事情还是记得一点点。还有一点，没有去之前，他们曾到北京来，也知道一些他们的情况。

赵安民：我看您《台湾十日》记录挺详细的，每天参加什么活动都记录下来了。

吴道弘：对。这次刘杲是领导。

赵安民：他当时是副署长？

吴道弘：副署长。你们得想办法找一下谁做一下刘杲口述史访谈。

赵安民：到时候我把您这个意见给我们口述出版史课题组的负责人反映一下。

吴道弘：再努力一下，刘杲他还是个人物，要不然很可惜。

（十二）王益主持调研报告，"齐清定"标准由此出台

赵安民：我曾经在《人民出版社大事记》看到，1977年由社党委书记王益主持，搞了一个调查研究，根据人民出版社材料调查、研究和写出了一个《关于编辑出版周期问题的调查报告》上报国家出版局。

吴道弘：这个是王益自己搞的，因为这段时间是王益在领导人民出版社的。

赵安民：他是作为党委书记？

吴道弘：对。

赵安民：这篇报告在1978年他上报给国家出版局了。1978年这个报告在《出版工作》作为专辑发表，国家出版局长王匡写了"编者按"。这个局长亲自写的"编者按"，说明肯定了这次调查的意义。我为什么把这个记录一下？报告里面对编辑部发稿提出"齐、清、定"的要求，这个"齐、清、定"要求后来就成为出版界编辑发稿的一套标准，是吧？

吴道弘：对。

曾　卓：吴老，"齐、清、定"是什么意思？

吴道弘："齐"就是说原稿要齐，不要说先发一部分，再落一部分。比较清楚，而且原稿已经是定稿了，你不要发了一个原稿还不齐，还没有定稿，那以后的工作就很难办了。你怎么再重新补给，弄完以后很容易出错，这是王益提出来的。你最好不要有拖拖拉拉，分开来，原稿都齐了，而且很清楚，定稿了，不要之后再给。

赵安民：齐，就是书稿各项全部齐备了，正文以及各种辅件，包括目录、前言、后记等，全部都要齐备了，不缺项了。清，就是稿件文字符号写得很清楚，作者手稿及编辑修改笔迹都要清楚好辨认。定，就是最后确定的稿件，就以此作为最终标准，校对时以此为底稿进行工作，一概以此签发的稿件进行检字排版和校对。

曾　卓：当时他为什么提出这个，就是因为当时都很乱是吗？

吴道弘：这是王益提的，特别是要求编辑部，你不要说我

二、从事图书出版工作

90%了，我先发，后面的稿子还没齐，或者是社领导就要求你，发的稿要清楚，要定稿，而且比较完整，你不要稀稀拉拉，那个很难办。

赵安民：他在人民出版社做党委书记多长时间？

吴道弘：好几年了。他也感觉到作为人民出版社的领导一把手原稿应该拿得出来，发稿的话应该有发言权。他一直是当党委书记，后来知道曾彦修划了"右派"以后，从人民出版社调到上海大百科全书，大百科全书又把他要回来了，曾彦修解决问题了，他们要要回来。我们社知道了，曾彦修你回来的话，应先回到我们出版社，你怎么会回到大百科去？这样就等于调职是大百科去调的，人却回到人民出版社，他本身也愿意回来。

曾　卓：曾彦修当时回来是当社长？

吴道弘：当时没有叫社长，就是党委书记。当时有个人叫陈茂仪，陈茂仪要把他从上海调到北京来，他正好有这个机会把曾彦修调来。曾彦修原来是人民出版社的领导，他犯了错误把他调到上海去了，他现在回来了，应该回到我们人民出版社。当时陈茂仪想退休，他不想做第一把手了。领导好像也没有话好说，也不是我们要他回来的，是领导要把他调到北京来。北京人民出版社就有理由让他回来，你如果调到上海的话我们不好说，这是领导调的，人要回到北京来，当时还是应该回我们出版社，曾彦修也高兴。

曾　卓：王益后来也走了，他去哪里了？

吴道弘：好像是退了。曾彦修回来后，人民出版社已经有了领导。

曾　卓：看来曾彦修的能力还是挺强的，他一来走了好几个！

吴道弘：曾彦修是强，曾彦修又有行政能力，又有业务能力，而且胆子大，敢拍板，看得准，行，就这么样。他心里有底，这个行还是这个不行。

赵安民：曾彦修好像在人民出版社待了很长时间？

吴道弘：后来就在人民出版社退休的。曾彦修回来我们把他抢到手了，就不会让他走的，一直到去世。

曾　卓：看来下面的人也都挺喜欢他的是吧，有个性？

吴道弘：他有个性，而且没有什么私心，他不会说重用谁，不重用谁，看得起谁，看不起谁。他业务强，所以他讲出的话大家又觉得对。

曾　卓：他主要做什么业务？

吴道弘：人民出版社这一套他都涉及。

曾　卓：他也搞发行这些吗？

吴道弘：发行他不行，王益在的时候搞发行好。

赵安民：王益本身搞发行出来的是吧？

吴道弘：对。

吴道弘：曾彦修他胆子也大，他看见谁有水平，怎么弄，他都知道，有能力而且敢讲话。他讲话都是内部，对上面他还是比较慎重的。像曾彦修这样的人很可惜，本来还可以做很多事情。

赵安民：他在上海呆了多久？

吴道弘：十几年。

曾　卓：曾彦修已经去世了是吗？

吴道弘：曾彦修去世了。

赵安民：吴老，人民出版社办了好几个刊物，《新华文摘》《新华月报》。

吴道弘：《新华月报》《新华文摘》《人物》《读书》。

曾　卓：《读书》后来沈昌文在管是吧？

二、从事图书出版工作

吴道弘：对。

曾　卓：那时候他好像也回忆了《读书》。

吴道弘：对。

曾　卓：而且那时候《读书》影响还有点大。

吴道弘：董秀玉活动能力强。

曾　卓：后来是董秀玉接的班？

吴道弘：业务上基本上董秀玉还差一点。

赵安民：活动能力比较强？

吴道弘：活动能力强。

曾　卓：董秀玉现在好像还在三联？

吴道弘：她就是管的三联。

赵安民：早退了吧？

吴道弘：应该是退了。

赵安民：人民社这几个杂志您管过吗？

吴道弘：我没有管过。

赵安民：《新华文摘》现在都还挺有名的，要是哪个人的文章在《新华文摘》上转载一下，那是荣誉很高的。

吴道弘：《新华文摘》给登了一下，表示肯定了这篇文章。虽然你在别的杂志上发表了，但是我把你选上了，那就是说进一步肯定。

赵安民：你在其他杂志发表是一种荣誉，已经得到选拔肯定了，《新华文摘》要转载就像报刊里面再转载过去，进一步优中选优了。

吴道弘：我这篇文章虽然在哪个专业杂志上发表过了，《新华文摘》转载了，等于是又肯定了一下。

赵安民：《新华文摘》办了好几十年了。

吴道弘：对。

赵安民：出版社既有图书出版，又有期刊出版，有很多出版社都是这个情况？

吴道弘：对，这也是出版社的一个传统，解放以前都在搞。我从1950年在上海进了三联书店以后，上海编辑室结束了，我就到北京的三联书店来了，《学习》杂志最初是三联书店编辑出版的，后来才独立出去的。

曾　卓：那时候出版社不是都有定位吗，比如是音乐出版社只能出音乐？

吴道弘：人民出版社还是政治为主，但是各个社科门类都可出。有哲学编辑室、历史编辑室，还有好几个其他学科的编辑室。

赵安民：政治方面为主，尤其是新中国成立初期。

吴道弘：出版宗旨还是要遵循的。

赵安民：我看《人民出版社大事记》上面有几次都谈到人民出版社有十个编辑部门，包括这几个杂志，范围还挺广。党和国家政策、文件等方面专著，规定必须由人民出版社出版，别的经济方面、历史方面的综合性图书也出版一些。

吴道弘：对，有经济编辑室、历史编辑室，等等。

（十三）编辑工作之余，学术研究跟进

赵安民：1987年的时候南开大学中文系开了编辑专业，还邀请您去讲课？

吴道弘：那是因为南开大学历史系的主任是搞美国史的，叫杨生茂，他到南开去教书以前也是北京哪个出版社的，杨生茂是搞美国史的，后来到南开大学做外国史的系主任。他本身原来也

二、从事图书出版工作

是在北京当编辑的，后来有一个三结合：编辑、学者再加工农兵，三结合，我搞过一本三结合的书，美国史的，我就找了杨生茂，他是学者，另找哪个工厂的什么人，与编辑三结合。

赵安民：这个书出版了没有？

吴道弘：出版了。

赵安民：叫什么名字？

吴道弘：叫什么美国史。

赵安民：由学者、编辑和工农兵三个方面的人员结合来编一种书，这样结合编出来的？

吴道弘：对。我就到南开住了一段时间，杨生茂招待我住在南开学校里面。

赵安民：这是讲课前后？

吴道弘：对，当时三结合，专家、工农兵、编辑。

曾　卓：您那时候讲课讲的是什么内容？

吴道弘：那是培训班里面讲编辑方面内容。

赵安民：南开大学不是也邀请您讲课了吗？

吴道弘：那实际上是形式，是结合起来，我是编辑，找工农兵，然后再把杨生茂找来，他是专家。

赵安民：南开在课堂上讲课您也讲过吧？

吴道弘：讲过一次报告，那是杨生茂安排的，他说你既然来了就讲讲。

赵安民：后来给印刷学院讲过课？

吴道弘：带过一个研究生。

曾　卓：吴老您是不是还在印刷学院代职了？

吴道弘：不是代职，他们可能给了一个名义，去讲过几次课。

赵安民：我认识吴老，是1995年版协、人民出版社一起办了编辑干部培训班,我们那个时候脱产学习40天,一共有四五十个人,脱产学习,那时间您就去讲的课嘛?

1990年代,吴道弘(中)与同事在人民出版社门前合影

吴道弘:忘了。

赵安民:我就是在那一次活动上跟您结识的,那时认识您以后经常跟您讨教。

吴道弘:你在诗词书法方面挺有成就的,我很羡慕。

赵安民:吴老在编辑工作方面有很多成绩,在编辑业务上,搞编辑研究和写作方面,成绩都很大。

吴道弘:我的书不愿意让它太学术性,我愿意搞一点文艺的,东北出版社他说您不要用这样的题目,他们一定要用这个书名,我又不好意思拒绝。

赵安民:这个是东北师范大学出版社出版的,《编辑实践与编辑学思考》。

吴道弘:我总愿意轻松一点的,《星空集》《浪花集》。

赵安民： 吴老既有编辑学术的研究写作，也有散文、诗词各方面的成就。

吴道弘： 诗词还要向你请教。

赵安民： 吴老谦虚了！您在出版协会里面工作时间比较长，开始是当理事，后来又当学术工作委员会的主任。

吴道弘： 对。但是后来有了出版科学研究所以后，很多事情研究所的同志都做了，实际上版协做得不够了，人也少了，开过几次出版文化学术会议。

赵安民： 这都是版协组织的会议，你们那个学术专业委员会组织吗？

吴道弘： 对。后期组织的小型研讨会"出版文化茶座"具体工作是郑一奇组织弄的，他有篇文章专讲这个内容。

赵安民： 嘉善县文史委员会编的《编辑出版家吴道弘》里面收了一篇，那篇文章说是您与郑一奇、刘霜三个人合作撰写的文章，文章的标题叫《学术工作委员会做了三件事》：1. 组织全国性出版理论研讨会；2. 组织小型座谈会"出版文化茶座"；3. 策划出版"书林守望"丛书。

吴道弘： 中国版协是1979年成立的，到2009年成立30周年。

版协让写纪念文章,《学术工作委员会做了三件事》题目是我出的。第一件事的介绍也是我写的。三人合写,收入了版协30年纪念文集。实际上我的想法这套"书林守望"丛书还可以继续做。

赵安民:您是说"书林守望"丛书接着往下编辑出版后续项目?

吴道弘:对,再找一些新的像你们年轻一点的,再搞十个选题完全可以,他们很愿意出。

赵安民:现在一共出了多少本?

吴道弘:就出了第一辑十本,第二辑十本。

赵安民:第一辑十本,第二辑也出了,已经20本了。您有一本《书评例话新编》,是在第二辑里面?

吴道弘:对。

赵安民:这个应该还不错。

吴道弘:你们可以再继续,再搞十本完全可以。

赵安民:首都师范大学出版社出的。原来首都师范大学出版社不是有一个宋焕起当总编辑?

吴道弘:是的。宋焕起跟我有联系的,后来他上中国出版集团去了。这个我觉得你们可以再搞十个人编第三辑。

赵安民:我社搞选题的时候可以考虑。但是这个丛书是他们出的,还得跟他们商量,要做的话,除非你另起一个名字。

吴道弘:首师大的一个编辑过去还跟我来信,叫来晓宇,他很重视这套书,你们再搞十本都可以。你再找十个人,再编一套,他们还愿意出,你们出版社也在出。我的想法是以后编的时候最好是什么呢?五个是上海的,五个是北京的,或者北京多一两个人,上海要把它吸收进去。

赵安民:范围面广一点,有代表性、权威性。

吴道弘:我还跟嘉兴日报的一个副总编讲,我们下一次如果有丛书，有上海、北京的作家，我说到嘉兴来开会，你来接待，作家南北都有。

赵安民：这都是吴老的经验之谈。

吴道弘：我想你完全可以找到这个人，他们也愿意出。

赵安民：到时候我们再看一看。

吴道弘：再看看，再弄十个人编一下。

赵安民：您什么时候获得第三届韬奋出版奖？

吴道弘：好像比较早。

赵安民：是在您做副总编以后吧？

吴道弘：对。

赵安民：后来还享受国务院特殊津贴？

吴道弘：那是出版社报的。

赵安民：当时津贴一个月100块钱？

吴道弘：对。

赵安民：那时候一个月100块钱不少？

吴道弘：对。

赵安民：新闻出版署职改办发通知说，根据人事部的通知批准，从1992年10月起，张惠卿、薛德震、吴道弘、邓蜀生、曾彦修、陈茂仪享受政府特殊津贴每月100元，还有另外一批人享受50元，您看这里说尤开元、陈允豪、张作耀、钱月华享受政府特殊津贴每月50元，还分两个档次。我是1992年到出版社参加工作，工资好像是100多块钱。

吴道弘：那时候待遇还是可以的。

（十四）责编发现纰漏，不许篡改历史

赵安民：您当时审读苏联史学家波克罗夫斯基有一本《俄国历史概要》中译本时，发现译本删了原著中有关沙俄侵略史实的文字？

吴道弘：发现他们改了一下，这本书的作家是比较老，当时已经死了。后来苏联重印他书的时候改了一两句话。

赵安民：当时原著中沙俄侵略中国一些史实，改动了一下。

吴道弘：对。

赵安民：侵略咱们东北，沙俄侵略咱们中国？

吴道弘：是的。这个苏联作家死了，后来他们重印的时候把原来这个话删掉了，原来一两句话反映这个侵略史实。

赵安民：吴老，您懂俄文是吧？

吴道弘：俄文不怎么好。

赵安民：吴老看出来了，作为责任编辑审稿时发现了这个纰漏。

吴道弘：审稿要注意有没有问题。沙俄侵略东北的内容删了一两句话。

曾　卓：您记得那一两句话是什么吗？

吴道弘：就是写沙俄侵略了东北、黑龙江那一块地。

赵安民：后来又是怎么补救，加了一点注释是吧？

吴道弘：加了一点注，那本书苏联出的时候把整个话删掉了。

赵安民：您说最原始的版本有这个记录，后来苏联再版的时候删掉了，咱们中译本是根据再版本翻译的？

吴道弘：我们是看老版本，因为这个作者还是沙皇时代的作者。

赵安民：您在这里说明了一下，加了注？

吴道弘：看出来了这个问题，你俄国历史书不应随意更改史实。

赵安民： 意思就是说应该尊重史实，不应该有删节。

吴道弘： 对，原来他们出的时候有这个话，后来苏联自己重新出的时候把这个话去掉了。

赵安民： 您当时做责编在哪个部门？

吴道弘： 历史编辑室。我们有两个，一个是中国历史，一个是外国历史，我在外国历史。

赵安民： 您后来还编辑过李达的两本书？

吴道弘： 那两本书很早了。

赵安民： 那两本书很有代表性，《实践论解说》《矛盾论解说》。

吴道弘： 比较早。那时候还在三联，还没有到人民。

曾　卓： 那个书是不是后来特别火？

吴道弘： 《矛盾论解说》《实践论解说》发行还不错，因为出版时间早，另外李达在当年很有地位。

曾　卓： 他是领导？

吴道弘： 老党员、老学者一级的。

赵安民： 《人民出版社大事记》说，1921年在人民出版社成立时李达是负责人，他是我党早期马克思主义哲学家。

吴道弘： 对。

赵安民： 您还记得当时编辑这两本书的情况吗，那个时候您是在三联书店的哪个部门？那时候已经回到北京了？

吴道弘： 到了北京。

赵安民： 三联书店合并到人民出版社之后？

吴道弘： 就是合并到人民出版社。中间搞了一个政策，出版专业化，出版、发行分开，我还在三联书店时出版、发行是一起的，又有编辑部，又有发行部，后来专门化之后三联的出版业务就归人民了。出版跟发行分开了，发行那一部分就并到三联书店了。

赵安民： 您家乡嘉善编的书的序言里面谈到您和张元济都是浙江人？

吴道弘： 他是海盐，我是嘉善人，就是邻县。

赵安民： 那个序言里面说张元济对您从事出版工作有一些影响。

吴道弘： 当时很崇拜，虽然不是本县，一个省的，而且靠得很近。

赵安民： 张元济是新中国成立大典登上天安门城楼的代表，曾多次见过毛主席。

吴道弘： 张元济在戊戌维新时参与筹建通艺学堂，后移交给京师大学堂。1899年他又南下创办南洋公学。是提倡新学的老前辈，毛泽东很敬重他。

（十五）与韩国出版家的友谊

赵安民： 您跟韩国有一个彗田大学的出版社有过交往？

吴道弘： 当时韩国出版当局跟我国出版局有联系，到北京来得很多。

赵安民： 彗田大学出版学科闵丙德教授，他作为韩国出版代表团两次访问我国，您是在韩国跟他认识的还是在咱们国家？

吴道弘： 是他来访问的时候，在北京认识的。

赵安民： 我看这本书还收了他对《书评例话》的一些评论文字？

吴道弘： 对，我有这个印象。

赵安民： 您也给他赠送过书法作品？

吴道弘： 可能，他们对中国文化了解得都比较深刻。

赵安民： 后来你们交往还不少？

二、从事图书出版工作

吴道弘：因为他们来，当时韩国人来得很勤。

赵安民：闵丙德他还给您写信？

吴道弘：有信。

赵安民：当时您写书法作品是条幅还是横幅？

吴道弘：就是竖的条幅，相当于四开。

赵安民：内容写的是王维的一首诗？

吴道弘：可能，我对他的印象他是个学者。

赵安民：写的是唐诗？

吴道弘：我忘了。

赵安民：您给他书法作品是他来北京的时候？

吴道弘：他来北京时。

赵安民：吴老写的书法很好！

吴道弘：不能跟你比，你是书法、诗词都好。

赵安民：您有一篇文章《读许力以〈东方求索〉后的思考》，这里面谈到《中国出版论丛》是一套我国现代出版家的出版文集，这些出版家是胡愈之、叶圣陶、陈翰伯、王子野、边春光、王益、许力以、宋木文、刘杲、陈原等，您与这几位出版家交往应该都比较深？

吴道弘：都有接触，我在人民出版社时间久，都已经接触了。

赵安民：许力以这本《东方求索》是您给写的序言？

吴道弘：可能是的。

（十六）发挥书法特长，题写书刊标题

赵安民：《东方求索》是广东人民出版社出版的。吴老给人写过不少序言。您在这篇序言的末尾还谈到了，您认为如果《东

方求索》的书名由作者亲笔题写更有意义。

吴道弘：许力以的字写得很好，他也写毛笔字。

赵安民：所以您就提出来假设作者亲笔题写书名就更有意义了。

吴道弘：对。

赵安民：吴老您的《书评例话》不是《中国出版论丛》一套里面的吧？

吴道弘：不是这一套里面的。

赵安民：《书评例话》是中国书籍出版社1991年出版的。谈到书法，吴老您自己是书法家协会会员，您开始学习书法是什么时候？

吴道弘：我的舅舅一直是嘉善中学的美术老师，他是美专毕业的。我小时候暑假跟着母亲总是到舅舅家去，受点影响。

赵安民：那时候就开始接触毛笔？

吴道弘：接触毛笔了。

赵安民：您那时候上学是不是还用毛笔？

吴道弘：用，我们作文都是用毛笔抄的，老师每篇作文后面还有批语四五个字，鼓励的话。

赵安民：那时候上小学是在三几年？

吴道弘：四几年。

赵安民：您是二九年出生。

吴道弘：我是上初中的时候，四几年开始写作文还用毛笔抄。

赵安民：许力以比您的年龄还要大点？

吴道弘：他比我大一两岁。

赵安民：那小时候肯定都学毛笔写字。

赵安民：吴老序言里面说，如果许力以这本书自己题个书名就好了。我看吴老您的书里面有不少自己写的书名。

二、从事图书出版工作

吴道弘：我愿意自己写书名。

赵安民：吴老的《寸心集》是您自己题的书名，《浪花集》《星空集》都是吴老自己写的书名。

赵安民：《星空集》有一个副标题，叫《中国现代出版史散札》。

吴道弘：我写的这个书名曾彦修很欣赏。（吴老出示曾彦修著《平生六记》）

吴老给家乡浙江嘉善图书馆领导签赠《星空集》等著作

赵安民：《平生六记》书名写得太好了！

吴道弘：曾彦修说，你这个字写得好！他很严格的。《论睁眼看世界》也是曾彦修的书，他都让我写书名。

赵安民：这也是吴老题的，《论睁眼看世界》，曾彦修著，人民出版社出版。

吴道弘：曾彦修的书老要我写字，他还选了几首诗让我写一下。

赵安民：吴老给他写的字，把他的词作用毛笔书法表现出来。这个是人民出版社出版？

吴道弘：这是人民出版社出版的。陆定一字很好，陆定一写

了这幅字。（吴老出示书中陆定一书法图片）

赵安民：陆定一78岁时写了这幅字送给曾彦修同志，于谦的《石灰吟》，大概是说曾彦修同志经过了千锤百炼、久经考验，但是清白不改。

吴老给浙江嘉善县善城智慧书店题写的店名

吴道弘：跟他的造诣也有关系，他是领导，陆定一是领导，他当时可以这么写，但是意思就这么一个意思。

赵安民：实际上也是对他的评价，也可以说当时有鼓励的意思。

吴道弘：对。

赵安民：您后来搞《出版史料》的时候，《出版史料》里面好多文章标题您也都用毛笔写的？

吴道弘：我没有全部。

赵安民：有少部分？

吴道弘：对，少部分。

赵安民：我看《中国出版》2000年第8期有您写的一篇《张慈中与他的书籍装帧设计》。

吴道弘：我记得写过一篇，但是没有保存这个杂志。

赵安民：您这本书里面收了。以前听您说过您对装帧艺术很有讲究。

吴道弘：我那时候在人民出版社任副总编是领导编辑室的，封面除了编辑室批准以外，我这里也要兼顾一下。

赵安民：您那时候作为副总编辑对封面也要审一下，所以对书籍装帧有研究。您自己设计过书籍装帧吗？

吴老家乡嘉善县图书馆设立吴道弘藏书专区，吴老题名"道弘书房"

吴道弘：没有。

赵安民：您在这篇文章里面好像提到了书籍装帧的不少方面。

吴道弘：因为副总编的职责所在，书的封面编辑室主任看了，最后也要经我这里看一看。

赵安民：您好像谈到编辑出版理论里面应当有装帧设计方面的理论研究，应该说装帧理论的研究是编辑书籍理论研究的一部分，应该也比较重要？

吴道弘：对。

三

进行研究与创作

（一）重视图书评论，为人撰写序跋

1. 序跋亦是书评，序跋有所不同

赵安民：您给很多人都写过序跋，并且写了大量书评，我看写序言就是对一本书也有评论在里面，是不是序跋可以说就是一种书评？

吴道弘：也可以这样说，序跋离不开书本身，也要讲书本身。

曾　卓：序跋是不是序言？

赵安民：序和跋分别指序言和后记，一本书有前序后跋。写在前面的叫序，写在后面的叫跋。我看您文章里面还提到《鲁迅全集》中的序跋，鲁迅喜欢自己辑录或者校勘古籍和翻译作品，自己写的序跋还专门出了一卷？

吴道弘：对。

赵安民：鲁迅好像自己喜欢装帧设计？

吴道弘：对，他是美术专业。

赵安民：鲁迅也是你们老乡？

吴道弘：他是绍兴，快到钱塘江了。

赵安民：绍兴是地区？

吴道弘：绍兴是一个市。

三、进行研究与创作　　**149**

赵安民：你们嘉善不属于绍兴吗？

吴道弘：不属于绍兴，它在上面，我们在下游。

曾　卓：序和跋本质上有什么区别，比如说写的内容上有什么区别？

吴道弘：内容没有什么区别。

曾　卓：就是放的位置不一样？

吴道弘：放在前面就是序，放在后面就是跋。

曾　卓：为什么有些人喜欢放前面，有些人喜欢放后面？

吴道弘：如果是自己的书一般就写一个跋。

曾　卓：做自己的书自己写跋，让别人写序，相当于尊敬。

吴道弘：你写了书自己写一个序也可以。

赵安民：自序也可以。

赵安民：您跟很多同行学者写过序跋，他们在出书的时候都请您写了序，比如像陶膺《心路集》就是由您写的序言。陶膺老师好久不见，上次编辑干部培训班他还是班主任。

吴道弘：她年龄他比我小几岁，当时家务忙。

赵安民：我们当时编辑干部培训班结束以后，开始一两年还有联系，我有一些同学跟她还有联系，这些年一直就没有联系了。

吴道弘：她身体还可以。

曾　卓：她也是做出版的吗？

吴道弘：我们人民出版社的总编室主任。

赵安民：她对出版也很有经验。

吴道弘：她也是很年轻时就到出版社，在出版社退休的，一直在总编室。

曾　卓：她当时怎么想着找您写序呢？

吴道弘：我领导总编室。

赵安民：她是《心路集》的作者。作为长期的领导，吴老对她的心路应该比较了解。

赵安民：吴老您好！今天继续我们的访谈，上一次我们谈到您为许多编辑同行的图书写过很多序跋，我们上次谈到给陶膺老师《心路集》写序。

2. 为陶膺《心路集》与高信《民国书衣掠影》写序

赵安民：她《心路集》的序是您写的？

吴道弘：因为我在当总编室主任的时候她是副主任，她一直是跟我在一起的老同事，她的爱人叫韩仲民，原来也是我们都在一起的，后来韩仲民到文化部出版局去了，最后又到文物出版社去了，所以我跟陶膺是比较熟的，又是出版社同事，又在总编室共事过，况且她写的东西我也了解，所以她要我写序时，我义不容辞一定要写的。

赵安民：高信是陕西的作家，他写的《民国书衣掠影》。

吴道弘：他原来写的作品一篇一篇基本上都给我看过，后来也都陆续发表了，他最后说你每一篇都看过，现在要出书，你就在这个基础上再翻一翻给我写个序。

赵安民：高信他是那段时间专门研究民国图书的？

吴道弘：对，他是陕西一个出版社的，他是一边写一边发表，他有的时候发表以后给我看，有的发表以前也给我看，他最后要出书了，他说我要出书了，一起写一个序吧，我便答应了。

赵安民：他的这个书的内容情况呢？

吴道弘：就是讲民国时期出版的书，民国时期出版的书他看了的，认为有价值，或者他有兴趣于是他来写。这个书名是《民国

三、进行研究与创作　**151**

书衣掠影》，我在 2009 年 6 月用《艺术与出版的交融》题目，给这本书写了序言。

赵安民：那也是蛮多年前的事。

吴道弘：对，好多年前的，90 年代，那个时候我还没有退，我还在出版社工作。

赵安民：那还是 20 世纪 90 年代的事。

3. 为汪家熔和冯国祥的书写序

吴道弘：对，90 年代的事，第三本序是讲汪家熔，汪家熔是商务印书馆一个老同志，长期研究图书出版史。从上海开始，后来那个时候商务教科书比较多，所以以他商务的书为主，又增加了当时有影响的一些书，他要我写，他是商务的，我跟他有时候开会经常在一起。第四本是冯国祥，冯国祥是浙江人民出版社的一个编辑，做学问很认真的，比我大几岁，他比我要认真得多，一个浙江嘉兴老同志，浙江老乡，我是浙江嘉善人，与嘉兴相邻。

吴老家乡嘉善图书馆聘吴老为名誉馆长

赵安民： 他写的《编辑出版物的理性研究》，很有自己的研究心得。他也是搞出版的？

吴道弘： 他是在浙江人民出版社工作，在杭州，有时候开会就一起过去开会，搞出版史或者搞出版编辑方面的研讨会，他也参加，所以我对杭州来的浙江人有点亲切。这个人很能动脑筋，很会思考，但是我甚至于觉得他研究学问有时候不免有点偏。

赵安民： 您取的这个文章名称，序言的题目叫《奋力求真总是春》，挺有诗意。

吴道弘： 总的是赞扬的，我刚才流露了我对他有一点看法，但是我总觉得他的精神是非常好的，"奋力求真总是春"，这个春的评价有暮春、有初春，有什么的。而且他有他自己的独立思考，所以他自己说"编辑出版物的理性研究"，我总觉得他有时候讲得可能偏一点，不过他是有自己独立见解的，所以我还是认为他肯定是认真思考过的。

赵安民： 他这个题目有一点特别，《编辑出版物的理性研究》，那不是一本一本图书的研究吗，内容是什么？

吴道弘： 他是一组一组地写的，就这一组譬如是议论的，另一组是其他的，他是分组分情况，但是总的来讲能够出书的话认为总是好的，总是春，不管是初春还是暮春还是什么。

赵安民： 我听您讲的意思就是您这个"奋力求真总是春"，既是您对冯国祥的评价，也是对这位冯国祥他这本书里边涉及出版物的评价。

吴道弘： 他的研究态度是好的，有肯定，他里面意见讲得挺有他的看法，这个编辑对工作很执着。讲他不好的是讲实理有时难免有点偏执。

赵安民： 所以他理性，他有理性研究。

三、进行研究与创作

吴道弘： 他是有理性研究，所以我说理性研究当然是好的，我说这个"总是春"，但在"春"里边，我也是给他做了点文章，但是他这个人为人很好，他比我大几岁，也很老老实实的，怎么想就怎么说。

4. 为蒋柏良写"代序"，忆及家庭艺术氛围

赵安民： 下面这一位是蒋柏良。

吴道弘： 蒋柏良这个人很可惜，是浙江嘉善县人，嘉善县里面的一个干部。与他接触就是解放以后或者是改革开放以后的事。最近30年他在家乡工作，他描写他接触到的家乡的发展。很可惜，写了这个书，出版以后他不幸故世了，很可惜，我很痛惜这个朋友。但是他把家乡改革开放以后一些好的情况，他在家乡的工作基本上都写出来了，把家乡他走过的30年写出来了，他要我写序，我当时是义不容辞的。

吴老向家乡嘉善图书馆赠送新书《星空集》

赵安民： 您取的名字叫代序。

吴道弘：因为要我现在评价我老家的发展，我不像他们在第一线，他是在第一线的，肯定还有别的合适的人来写，或者嘉善的人，或者不是嘉善人但在嘉善工作的人，我离开老家很久了，所以我觉得总的来说他把最近30年嘉善的发展写了，我是很感谢的。后来嘉善来的这些人我都不认识了，感谢他们给我这些书。（吴老出示《天凝风物》书，翻看写吴老亲人的篇章）

赵安民：吴老，这本书是关于什么内容的？（指着另一本书）

吴道弘：也是写嘉善的。

赵安民：这都是写嘉善的，嘉善的作者写嘉善的内容。

吴道弘：他们给我寄来，后来他们大概知道我这个嘉善老乡以后，经常联系。我都没有见过面，都是年轻人，有的是写我，这是我的表兄，这是我姨妈的大儿子，大表兄，这是我的舅舅。（指着书上照片）

赵安民：朱念慈。

吴道弘：朱念慈是我的大表兄，中国工艺美术大师，故世了，很可惜。

赵安民：胡唉雪。

吴道弘：胡唉雪是我的舅舅，第五个舅舅，是书画家，一生教中学语文。我小的时候到舅舅家度暑假，也很受他的影响。学写书法，临赵孟𫖯字帖，学古诗，一度还画墨梅，但无成绩。

赵安民：以前曾听吴老谈起过，说母亲家里曾是中医世家。

吴道弘：我的外祖父是中医，主业外科。外祖母不仅仅也懂点中医，她还做什么呢？她自己等于是外科配药的，你来看病，不是帮你开个方子了事，还要随手就给你配药，外科的收入是很不错的。我知道我的外祖母就是帮着弄膏药，配药，外科不仅给你开个方子，还要附带给你配外用药。

三、进行研究与创作

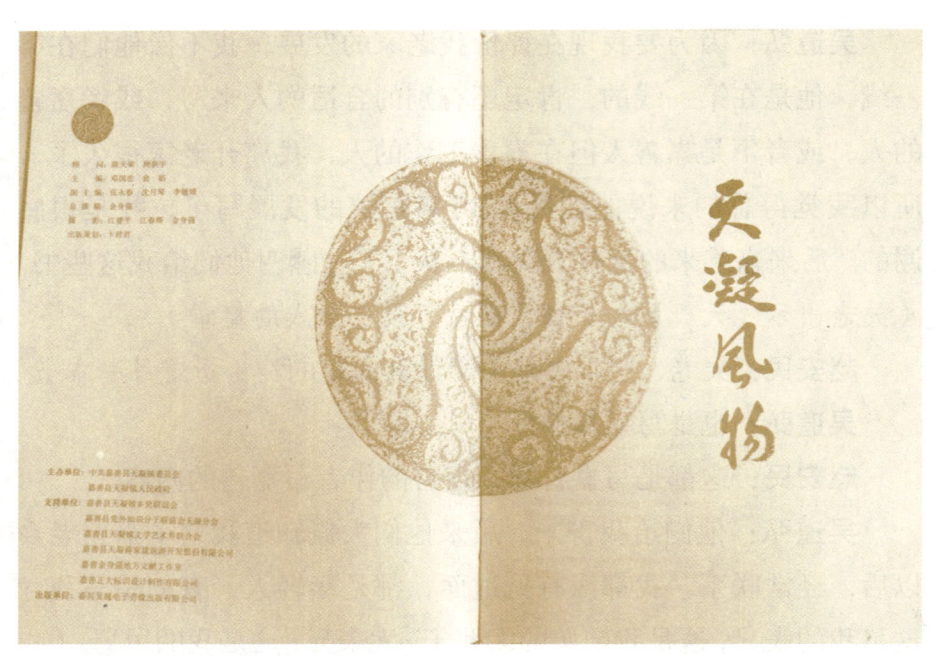

嘉善县天凝镇古镇风物人文图册

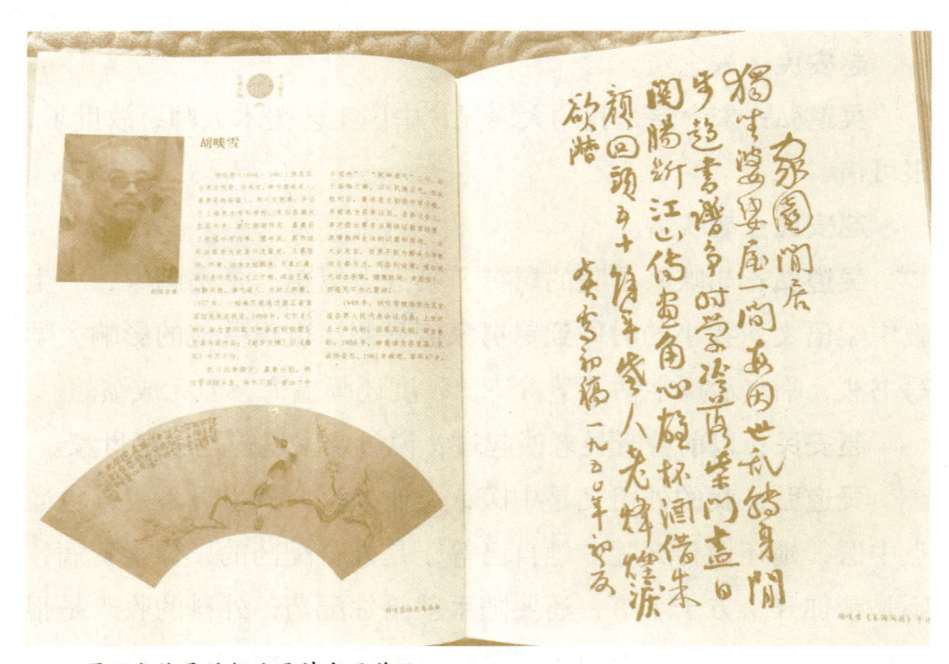

图册上收录的胡唆雪诗书画作品

赵安民：这个胡啖雪是您的舅舅，他是一个老师？

吴道弘：我的五舅舅，他一直是中学老师，他上海美专毕业以后一直是家乡的中学老师，就在老家县里教书，他没有出去。有一次我听母亲说，他们笑他，说你这么老不出远门，几十年就在老家当初中的老师。为此，他后来说，好吧，我出去，就到湖北宜昌去教书，教了一段时间，后来又回来了，他不大愿意离开故乡老家的。

赵安民：他画画，画国画。一直画梅花为主？

吴道弘：对，这是我大表兄，是我姨妈的长子，他是在黑纸扇面上写字的，真金小楷。

赵安民：他是搞书法的，这个朱念慈，竟将真金入毫端，中国工艺美术大师朱念慈。

吴道弘：我母亲是姐妹两个，我母亲是妹妹，我的姨妈生了四个男孩儿，一个女孩儿朱遗璧，到去年为止不幸全都故世了，最小的表姐比我大一岁，去年故世的。

赵安民：他这个工艺美术大师是做什么工艺？

吴道弘：就是写小楷，在黑纸扇面上用真金（调漆后）写上小楷

赵安民：搞书法的一般叫书法家，为什么叫他工艺美术大师呢？

吴道弘：他在杭州王星记扇厂，这个行业不同，属于轻工部门。他是从行业里来聘任职称的。

赵安民：哦，要不就是在瓷器上写，或者在其他工艺产品上写字。

吴道弘：他是在扇面上写字，属于轻工系统。

赵安民：参与生产轻工产品，他是在工艺品上面表现书法艺术。

吴道弘：就是扇面，就是写这个扇面。这是我舅舅。（吴老

指示书中照片）

赵安民：在前面，就是这个吗？

吴道弘：对。

赵安民：就是在扇面上写字。

吴道弘：他是轻工业系统，他是写扇面的，不是书法家协会给他评的，他是工艺美术大师。

赵安民：扇面书法艺术家，他是专门搞书法的。

吴道弘：这个"中国工艺美术大师"称号是轻工业部门评的。

赵安民：做扇子，在黑纸扇面上写真金小楷。

吴道弘：说起来我还是受舅舅家的影响，暑假放假，我们都到舅舅家去住。既是度假，又有学习的内容。读书、学诗和练字。

赵安民：因此您从小就学书法诗词了。

吴道弘：写字，看书什么，我舅舅的一个儿子，我表哥胡秀眉也一起学，十分优秀。但中年逝世，十分可惜。另外他们都在浙江嘉善一个地区，我那个表兄他到杭州去了，他在王星记，好大一个扇厂，生产扇面的，所以他就有机会写字了，就是在黑扇面上用真金书写小楷诗文。

赵安民：吴老家里面有不少搞文艺的，艺术的，教书的，写字的。

吴道弘：主要也是舅舅那里来的，我们暑假都到舅舅家。

赵安民：您舅舅教书的？

吴道弘：一辈子中学老师。

赵安民：中学是教什么课？

吴道弘：国文，语文。尽管他是刘海粟的上海美专毕业生。

赵安民：原来称国文，现在是语文了。

吴道弘：对，主要还是受舅舅家的影响。

赵安民：舅舅那边的影响多一些。（张云老师补充说是纯金粉扇面小楷）

吴道弘：用金粉写小楷很不容易掌握。金粉要调一种漆的，调这个漆很不好掌握，调得不好无法使用，调得好要有经验，没有经验不行。

赵安民：太浓了写不开，太淡了色彩又不够。

吴道弘：而且不能糊在这个上面，就像墨一样，淡了也不行，浓了也不行，但是要写出来笔道要很均匀，写很多字的话，一个大的扇面要写很多字的话，字要很小，笔道要很清晰，而且你不能一会儿浓了，一会儿淡了，一个扇面上写出来的字要色彩均匀才行。

吴道弘为家乡刊物题名

赵安民：我理解了，等于专门是给一个做扇子的工艺厂家，扇子上面写书法。

吴道弘：这就是工艺美术，所以他叫工艺美术师，跟我们用墨汁写在宣纸上不一样的。

赵安民：是，他写字的幅面大小与材料质地局限一些。

吴道弘：尤其是调制金粉。

赵安民：也受限制多一些。

吴道弘：他是在黑的纸面上写，不是在白的纸面上写，而且要用金粉来写。金粉要涂一点漆还是涂一点什么，这样才能写得开。字又小，又要力道能够写出来，那个很不容易，不但是书法不容易写，你在调的时候要把它调好，否则的话浓一点淡一点就不是工艺美术品了。说来说去还是我们都是受到舅舅家的影响。

三、进行研究与创作

赵安民：您舅舅教书，教中学国文，后辈都受到影响。

吴道弘：暑假到舅舅家去都受到影响。

赵安民：也长进了，也学习成才了。吴老字写得好，早就加入中国书法家协会了。

吴道弘：这是我舅舅画的画。（吴老指示书的中图画）

赵安民：胡啖雪画的国画，这是在《嘉兴日报》上发表的。

吴道弘：《嘉兴日报》有个嘉善版，介绍嘉善的人。

赵安民：人民出版社的《新华文摘》《人物》杂志还刊登了。

吴道弘：他是我的关系，他是我给他推荐的。

赵安民：陈克会诗集《世界因我而精彩》，这本书您给他写了序。

吴道弘：陈克会曾是我在人民出版社的同事，我跟他在一个编辑室工作的，后来他调走了，他调到民政部去搞行政工作去了，后来当副司长。在人民出版社我们俩个坐在对面，非常要好，他调走后一直有来往。

赵安民：他也写诗？

吴道弘：陈克会是复旦大学中文系毕业。爱写诗，新体诗居多，形式上有点接近古体诗，形式是五言七言什么的，但是基本上还是新体诗，却很有诗的意境和语言。

赵安民：您的序言的标题叫：临清才子意纵横。

吴道弘：临清属山东省，他是山东临清人，我所以叫他临清才子。

赵安民：诗人找诗人写序。他是调走以后，后来出这个诗集？

吴道弘：后来出诗集要我写的，我们一直有来往，挺好的知心朋友。

赵安民：老同事。

吴道弘：在人民出版社一个编辑室工作过。

5.为叶小沫著作写序,描写"三代人的编辑情结"

赵安民: 下面这个给叶小沫《向爷爷爸爸学做编辑》写的代序,"三代人的编辑情结"。

吴道弘: 这是因为后来有一段时间跟叶至善先生关系比较密切,开会什么都有见面,那个时候我住在西总布胡同,他们住在东四十条,坐166电车很快就到他们家,有一段时间跟叶至善走得勤,因此跟叶小沫有来往。

赵安民: "三代人的编辑情结",就是叶圣陶、叶至善、叶小沫这三代人,他们都是做编辑工作。

吴道弘: 对。

赵安民: 叶小沫是在哪个出版社做编辑?

吴道弘:《中国少年报》,报纸的编辑。

6.朝鲜文专家张明惠倾情诗词写作,欲使"岁月留痕"

赵安民: 还有一本张明惠写的《岁月留痕》。

吴道弘: 这个是我们出版社的一位女同志,叫张明惠。

赵安民: 序言的题目叫《岁月人增寿,留痕史永芳》,一副好对联。

吴道弘: 我不会写诗,对联的话只能到这个程度,跟你完全不一样,你写诗的造诣很深,我都不敢写,我有时候写了不敢拿出来。

赵安民: 吴老您谦虚!这个同志是在出版社做什么工作的?

吴道弘: 也是一个编辑,她是学朝鲜文的,北京大学东语系学朝鲜语的,是季羡林教授的爱徒。

赵安民: 朝鲜文?

吴道弘: 朝鲜文,曾经朝鲜要出毛主席的著作,这个编辑被

三、进行研究与创作　**161**

请去参加工作过,翻译成朝鲜文让她去看一看,把把关什么的。

赵安民： 您说哪个地方出毛主席著作的外文版？

吴道弘： 朝鲜出版,他要请一个中国专家去,既要懂朝文,又要中文水平好,我们出版社就派她去了,派她去了一年多。

赵安民： 这个是什么年代的事？

吴道弘： 这个就是改革开放以后了,我没有退休以前。

赵安民： 八几年。

吴道弘： 还早一点,从干校回来以后。

赵安民： 您七几年回来的？七二年,七一年,六九年去的干校嘛。

吴道弘： 对。

赵安民： 干校干了三年吧？

吴道弘： 我回来以后。

赵安民： 大概七二年回来的。她这个《岁月留痕》是写自己的回忆。

吴道弘： 她讲自己。

赵安民： 自传性的回忆性的。吴老写这么多序言。

吴道弘： 他们看得起我,都是人民出版社的老同事,我推不掉。

赵安民： 您的笔功不错。

吴道弘： 不行,你别跟我客气了,向你学习。

赵安民： 我们都应向吴老学习。我看这一本《写在〈书的故事〉中译本前面》,《书的故事》这一本书译者是谁？

吴道弘： 是杭州大学一位教授。你看看这个,这个女同志很愿意写诗,我是觉得她写得未必很好,但是认真,有真感情。

赵安民： 这就是张明惠同志吗？

吴道弘： 对,她很爱写诗的。

赵安民： 她写人民出版社同事和周围诸同志嵌名联 33 副,

挺有意思，每一个人给写一副嵌名联。

吴道弘：她用了功了，她学朝鲜文的，但十分热爱古典诗词。

赵安民：她给范用写的嵌名联是："范老板矢志不渝，用情却尽出好书。"挺好！

吴道弘：因为他对每个人都熟悉。

赵安民：我看给您写的是："道出创业艰辛史，弘扬文化谱新篇。"2006年除夕她给道弘先生的"新年贺词"，写了一首词，这个人挺有意思。她这本书好像出版过？就是《心扉集》。张明惠著，宣德五编。

吴道弘：宣德五是他爱人，他们两个都是搞朝鲜文的专家。

赵安民：都是朝鲜文专家，都是你们出版社的同事吗？

吴道弘：不是，她爱人是民族学院的，教书的，教朝文，这是他的书。

赵安民：赠书时还打印出来一个小条子，是一个更正勘误表。

吴道弘：很认真的。

赵安民：真的挺认真的。《心扉集》作者张明惠，她是专门搞朝鲜文的专家。

吴道弘：我没有退休的时候，我还在人民出版社工作的时候她也没有退休。

赵安民：她在哪个编辑室？

吴道弘：她就在马列著作编辑室里面，马列著作编辑室里面还有一部分是搞翻译的，她是从翻译的角度、朝文的角度把她留在那里。

赵安民：《书的故事》中译本。

吴道弘：杭州大学两位教授夫妇，我记不住了。

赵安民：是苏联的斯米尔诺夫伊索索科尔斯基，苏联书籍出版社出版的，等于是中译本。

吴道弘：中译本有书海出版社出版的，书海出版社就是山西人民出版社的副牌出版社。

赵安民：那这个是谁翻译的？

吴道弘：就是她翻译的。

赵安民：就是张明惠？

吴道弘：但署名不是张明惠，她用了两个笔名。

赵安民：也是书海出版社，还不是人民出版社出的。

吴道弘：对。很可惜，夫妇俩人翻的，现在她的丈夫去世了。

赵安民：她是把苏联出版的书翻译成中文，在国内出版的。

吴道弘：她是从俄文翻译的。

（二）再谈图书评论，开展宣传与研究

1. 回忆宣传科工作

赵安民：吴老您在《书评例话》的自序里边谈到了自己写的第一篇书评，您还记得第一篇书评写的是什么？

吴道弘：在《光明日报》上写的还是在哪里写的我都忘了，可能是，那个时候我还在人民出版社总编室。

赵安民：您那个时候负责搞宣传是吗？

吴道弘：对，做宣传。

赵安民：那个时候宣传就得对本社书刊进行评论介绍。

吴道弘：对，比如说有关的杂志、报社要来找人民出版社来推荐书，我们当时总编室下面有一个叫宣传科，宣传科组织编辑写，或者宣传科自己人写。当时有位叫韩仲民的年轻同志就在宣

传科里面，后来到文物出版社去了。韩仲民很有才气，文笔不错，他还自己编一份宣传材料，刊名就是《书刊介绍》。

赵安民：那是什么年代？

吴道弘：我从干校回来了以后。去干校以前，总编室下面就有一个宣传科。总编室下面三个科，一个是稿件科，实际上就是做总编室下面的具体业务，与编辑室还有作者之间有来往，但是我们出版社也得有一个机构来统管，知道人民出版社几个编辑室哪些稿子是什么编校进度，我们也要掌握这个情况，等于是宣传部门。一个是稿件科管流转，一个是宣传科管本社书刊宣传，还有一个是版权科，处理全社出版物的版权工作，版权科就是管理出版物的作者合同。

赵安民：您当时在宣传科工作一段时间，负责搞宣传，所以就开始搞书评了。

吴道弘：就这么来的。后来报社有时要来找，如当时《光明日报》有图书评论专版，另外我们自己出版总署有《中国图书评论》专刊。

赵安民：总编室的宣传科就是专门负责人民出版社图书的宣传工作。

吴道弘：对。

赵安民：有点像现在新闻发言人。

吴道弘：对，陶膺的爱人就是宣传科的主要骨干。

赵安民：韩仲民。

吴道弘：对，当时写了不少书评文章，在《光明日报》的"图书评论"专版发表。

赵安民：那时候跟您在一块？

吴道弘：对。我是总编室兼宣传科长，他是主要骨干。后来文化部出版局要他，我们不给，这个年轻干部我们要用。

　　后来正好来了一个叫尤开元的同志，在苏联工作十二年后回来了，回来了人民出版社要他，因为尤开元的夫人也在人民出版社。出版局就不给，你们把韩仲民调出版局来，我们把从苏联回来的人给你们，后来就这么决定了，韩仲民就调到文化部出版局去了，尤开元从苏联回国以后就回到我们出版社来。尤开元爱人叫侯焕良，是烈士的女儿。

1988年5月5日在北京烤鸭店宴请柏林迪茨生代表团（左起伍杰、尤开元、吴道弘）

赵安民： 尤开元他是俄文方面专家？

吴道弘： 他在苏联外国文书籍出版社工作了十二年。

赵安民： 那他俄文肯定好！

吴道弘： 他的俄文原来就很好，当时在国民党时代，我们叫他苏商，实际上也不是苏商。他出国前在时代出版社，尤开元从时代出版社那个时候俄文就很好，后来就到苏联去了，去了十二年回来了，回来了人民出版社也想要，出版局也想要，结果还是在人民出版社留了下来，把韩仲民调到出版局，意思就是换一下这样子。

赵安民：尤开元到你们出版社，应该是因为那个时候苏联的好多书在这里出版是吧？

吴道弘：对，后来看看又可惜了，怎么可惜呢？尤开元负责自己翻译，自己一个编辑室。

赵安民：他自己独立负责一个编辑室？

吴道弘：自己一个编辑室三个人，全部是搞翻译。

赵安民：搞俄文的？俄汉翻译，俄语翻成中文，是吧？

吴道弘：对。

赵安民：您怎么说可惜呢？

吴道弘：本来都是很优秀的编辑，现在都当译者来用，这样子好像有点可惜。

赵安民：作者编辑一体化了，他自己既要翻译也要编辑出版，自己活全干了。您那个时候写书评，后来您在书评上面成绩很大。

吴道弘：后来做着做着就知道了，他们就找我了。当时《光明日报》有一个定期专版"图书评论"，报社的编辑常来人民社联系稿件。

赵安民：您做着做着就成了知名图书评论专家。您那个时候写书评积累了很多经验，也感觉编辑写书评的责任和价值，在出版社负有对图书进行宣传的义务与责任。

吴道弘：我们实际上等于宣传了，从我们出版社来讲，搞书评实际上是宣传。《光明日报》当时那个"图书评论"专版，两个礼拜一期，或一个礼拜一期，大概是这样。

赵安民：一个专版是吧？

吴道弘：叫"图书评论"，他们也要找我们，我们也在组织人写，或者组织译者写或者自己就写，就这样子。

三、进行研究与创作　**167**

2. 图书评论出成绩，伍杰提我任副会长

赵安民： 您后来担任中国图书评论学会的副会长。

吴道弘： 那是会长伍杰看得起我，关心我。

赵安民： 伍杰任会长是吧？

吴道弘： 伍杰同志是会长，在他主持图书评论学会时做了许多事情。

赵安民： 中国图书评论学会大概是什么时候成立的？

吴道弘： 就是伍杰同志搞起来的，我是主要给伍杰拉住了，你又是个大的出版社，你又有书，你应该做这个事，就这样子。

赵安民： 那是好几十年前，您那个时候还在人民出版社工作吧？

吴道弘： 对。

赵安民： 还没退休那时候。

吴道弘： 他就拉住我了，他也很看得起我。

3. 伍杰为书评家写评价

赵安民： 吴老您刚刚谈到伍杰，他是中国图书书评学会会长。

吴道弘： 他出了书以后告诉我，我都不知道是他写的。你看他从林琴南写起，严复，蔡元培，梁启超，鲁迅，周作人……他写了31个书评名家。（吴老取书《名家走书城》，伍杰著的书评人物介绍文集）

赵安民： 31个名家跟书评是吧？每一篇文章标题格式都是谁谁谁与书评，《蔡元培与书评》，《鲁迅与书评》，都是每个人给写一篇。

吴道弘： 这本书的责编是谁？我还没有注意到责编。

赵安民： 责任编辑王世勇。（翻书找到有关记录）

吴道弘： 我知道这位编辑。

赵安民： 是你们人民出版社出版的。

吴道弘： 他现在也没有精力来搞书评了。

赵安民： 你们图书评论学会还搞活动吗？

吴道弘： 都是换了人了，都是别人搞了。

赵安民： 伍杰现在离开图书评论学会了吗？

吴道弘： 离开了，换人了。

赵安民： 伍杰原来是哪个出版社的，搞出版的吗？

吴道弘： 中宣部。

赵安民： 中宣部出版局的。

吴道弘： 关心图书评论。对近现代国内图书出版及其评论历史十分有研究。

赵安民： 他是代表中央，中宣部关心重视图书评论，他本人是图书评论专家，发表过许多有价值的书评文章，他的学问和文字都很好。

吴道弘： 他出了这本书也没有告诉过我，我是从人民出版社出了这本书以后才知道，从出版社要了一本书，他不好说我。

赵安民： 他在书里专门写了一篇《吴道弘与书评》。

吴道弘： 文章题目叫《书比月光更美丽》。

赵安民： 您这篇的标题是《书比月光更美丽——吴道弘与书评》。

三、进行研究与创作

吴道弘：是诗一样的题目。感谢伍杰同志的关心与厚爱。

赵安民：给您写的这篇文章还挺长的。这是落款时间，给您写这篇文章是 2005 年 6 月 7 日写的。您那个时候在图书评论学会做副会长，有什么分工没有？

吴道弘：我们那个时候也没有好好开展工作，可能全国性的开过一两次会。

赵安民：主要是自己搞书评的写作？

吴道弘：对，创作一下。

赵安民：但是也要讲讲课什么的。

吴道弘：用版协的名义开过一两次书评研讨会。

赵安民：还是以版协的名义召开的？

吴道弘：对。

赵安民：版协和图书评论学会两家一块联合召开的。

吴道弘：对。

赵安民：吴老您感觉我们这个图书评论工作有哪一些做得好，或者有哪些不好的方面。

吴道弘：现在有好几位同志在专注于写书评，我看他们都写得很好。

赵安民：成绩还是不小，书评事业后继有人。

吴道弘：对，成绩还是不小，我觉得年轻人应该这样子自己写，没有想到用组织的名义来推动一下，开个会什么的，要再多做些推广推动工作就更好。

赵安民：这一方面做得有所不足。

吴道弘：对，推动一下更好，他自己做得很好，确实不错。

赵安民：组织推动不够。

吴道弘：号召一下影响更大一点。

赵安民： 您的书评成就卓著，好像出过好几本书了，书评集子。

吴道弘： 书评也没有集子，有的时候文集里边有几篇这样的书评文章。

（三）诗可以群，写诗联谊

1. 老同志联谊会

赵安民： 吴老我看您诗文中提到三联书店老同志联谊会，有一个这样的机构？

吴道弘： 对。

赵安民： 这个是退休的老同志搞的一个联谊会？

吴道弘： 对，现在范用同志也不在了。

赵安民： 原来是范用等三联老同志搞的？

吴道弘： 对。

赵安民： 您还给联谊会的四位寿星，王仿子、李志国、曹健飞、仲秋元，您给他们四位寿星每个人写了一首诗。

吴道弘： 发表在哪里我都忘了，可能在什么刊物上。

赵安民： 我是在《编辑出版家吴道弘》这本书里边看到。

吴道弘： 我写的，都是老三联的几位前辈。

2. 赠王仿子诗一首

赵安民： 我看您给王仿子写的是："出版征程七十年，一代才人敢创先。共祝期颐南山寿，文章青史谱新篇。"

吴道弘： 关于写诗的学问，你来给我指点指点，我不敢在你面前说什么，我要请你指教。

赵安民：吴老您别谦虚！这个等于您给他们老寿星一个人写一首诗，对他们一辈子的出版工作的一个概括和评价。王仿子出版征程七十年，我看您写的他也是一辈子在搞出版，王仿子是哪个出版社？

吴道弘：最早是从我们人民出版社出去的。

赵安民：后来到哪里？

吴道弘：从人民出版社到出版局，后来到过文物出版社。

赵安民：您还说他"一代才人敢创先"。

吴道弘：他倒是确实能做一点新的东西。

赵安民：他有一些创造性是吗？

吴道弘：对。

赵安民：您有什么具体事例？

吴道弘：版权方面他有很多开拓性的事例。

赵安民：搞版权工作？

吴道弘：对。

赵安民：是引进还是输出？

吴道弘：文物出版社也有很多引进的，输出可能少一点，实际上出版社自己做了，引进他不做。

3. 赠李志国诗一首

赵安民：这下一位是李志国。

吴道弘：李志国是老三联工作。

赵安民：我看您给李志国写的是："书业奔波西复东，新知史册有君功。记得版协曾共事，坦诚勤真一寿翁。"

吴道弘：我这种诗要请你来指点指点。我不敢在你面前说我的诗。我只是写实地记录若干事迹。

赵安民：您说他"书业奔波西复东"，他跑了好多地方？

吴道弘：对。

赵安民：他也是三联的老寿星了。

吴道弘：对。

赵安民：他主要是做哪一方面，编辑工作还是其他？

吴道弘：好像组织工作。

赵安民："新知史册有君功"，新知就是代指三联。

吴道弘：对。

赵安民：您还跟他在版协共事了？

吴道弘：那个时候我也兼职。

赵安民：您是版协学术委员会的主任委员，他也在版协做什么工作？

吴道弘：他在版协是做了大量的日常事务。

赵安民：办公室工作还是其他工作？

吴道弘：等于办公室人员。

4. 赠曹健飞、仲秋元各人诗一首

赵安民：另一位是曹健飞。

吴道弘：曹健飞是老三联的，他是国际书店的经理。

赵安民：我看您给他写的是一首相当于七言律诗的诗："书店生涯七十年，副业兼营未等闲。"

吴道弘：搞副业搞得很好。

赵安民："赴台创业成佳话"，到台湾去创业了？

吴道弘：到台湾是做什么事情呢？他好像是解放以前就到台湾去过，所以后来去担任国际书店总经理。

赵安民："对外发行辟新路，老来主持联谊会。"这个联谊会是他在主持？

吴道弘：联谊会是什么意思？就是在版协里边原来的老三联的人有一个联谊会，当时全国分得很散的。

赵安民：三联书店老同志联谊会。

吴道弘：对。

赵安民：最后一位是仲秋元。

吴道弘：仲秋元也是老三联，后来到出版局工作。

赵安民：您的诗作写的内容都挺具体的，概括得挺好，您这个是给他们每个人写一首。吴老您写过《王仿子：追寻七十年的出版踪迹》这么一篇文章。

吴道弘：是不是给他的书作为序言。

赵安民：好像是。

吴道弘：应该是。

赵安民：王仿子是三联书店的老领导？

中国版协为王仿子同志出版《出版生涯七十年》举行座谈会

吴道弘：我在离开的时候他是人民出版社的编辑室主任，他离开人民比较早，去搞版协工作。

赵安民：后来在版协当副主席。

赵安民：对。

赵安民：您跟他好像交往蛮多。

吴道弘：就是解放以后我已经到了北京来，他当时也比较年轻，解放以后就是我的同事。

赵安民：他夫人叫徐砚华，是您的同事，她是做哪个方面的编辑？

吴道弘：她在政治编辑室，政治方面图书编辑。

赵安民：我看她编过《宋庆龄文集》。

吴道弘：她还自己写过编辑经验总结性文章。

（四）以文衡人，勤于笔耕

1. 丁景唐六十年耕耘文化结硕果

赵安民：您还给丁景唐丁老写过《丁景唐六十年耕耘的文化硕果》。

吴道弘：那个时候因为还在编《出版史料》，到上海去了好几次，每次都会登门拜访。他在上海是老出版了，他也很支持这个事情，当时跟丁景唐关系很好的，可惜丁老故世了。

赵安民：他在上海，是在出版局吧？

吴道弘：他原来是上海市出版局局长。

赵安民：上海出版局的局长。

三、进行研究与创作　　**175**

左起潘国彦、陆本瑞、戴文葆、许力以、吴道弘

吴道弘： 他告诉我一个事情，他是上海出版局局长，又是党委书记还是什么，他在出版局里面有一个书橱，意思就是写了这个必须是党的文件什么的放里面保存，实际上是一个保密柜。

赵安民： 您说是一个保密柜吗？

吴道弘： 不是保密柜，实际上是一个起到保密作用的公开书柜。

赵安民： 书柜？

吴道弘： 书柜，里面他就是放了党的文件等等，"文革"期间谁都没有去动，是文物，还有一些保密的东西一直都放在这里，他说这些都是党的东西，没有人去动，造反派也不敢怎么办。他说我这个经验很好，这个柜子是党的文件没人去动它。

赵安民： 那是为防止人家来有抄家的可能。

吴道弘： 就放在办公室里很明显的地方。

赵安民： 他把那些书可能放在书柜里面，他就说是党的文件。

吴道弘： 抄家的没有人敢去动它。

赵安民： 红卫兵也就不敢动了。

吴道弘：他有经验。

赵安民：您看20世纪80年代丁景唐先生为了编一本编辑家文集《中国现代著名编辑家编辑生涯》，他跟您还有通信往来？

吴道弘：我至今还有他几封信。

赵安民：这个丁景唐还是鲁迅研究的大家是吧？

吴道弘：对，他是出道很早的，做过上海市出版局局长。

赵安民：他在晚年的时候说要实践"把鲁迅的还给鲁迅"，要实践这个夙愿，他把自己的藏书、藏画、文献资料、书信、照片一共有4000多件都捐给了上海鲁迅纪念馆。

吴道弘：对，他捐的书专门辟了一间陈列。

赵安民：我这一次去上海大学开会，就是早几天，还去鲁迅纪念馆看了，内设"朝华文库"，征集展示和鲁迅有关的同时代文化名人，包括作家、出版家、版画家的手稿与作品等实物，按"人物"辟"专库"进行收藏和展示。没有注意到丁景唐这一间，但是我看了，一间一间的"专库"。

吴道弘：有谁？

赵安民：记得有赵家璧，还有好多名家。

吴道弘：您下次去看看丁景唐那一间。

赵安民：但是不让进，他就锁着个门在那里，一个人一间，我看到了，走了一遍，每一间里面你进不去，当然了你如果有特殊情况找有关管理人员，也许能进去。

吴道弘：还有一个办法，下一次去，我就说要看一篇他的什么文献，这样他才可能开门。

赵安民：是。

吴道弘：跟人家说我要看丁景唐一篇什么东西。

赵安民：丁老比您的年龄要大一些吗？

三、进行研究与创作　　**177**

吴道弘： 对，比我大。

2. 韩仲民写《中国书籍编纂史稿》

赵安民： 吴老您还写过一篇《韩仲民和他的〈中国书籍编纂史稿〉》。

吴道弘： 对，我不知道收在哪里，我忘了。

赵安民：《中国图书评论》1990年第一期发表过，您这本《编辑出版家吴道弘》里边应该有。您刚刚也多次谈到韩仲民原来在人民出版社跟您一块在宣传科还做过图书宣传是吧？

吴道弘： 对，编了一个小的刊物吧，一种铅印《书刊介绍》的小型刊物，他编的。

赵安民： 一种公开赠阅的书刊宣传小报？

吴道弘： 内部刊物。

赵安民： 就是他一个人编的。

吴道弘： 对。韩仲民是陶膺的爱人。

赵安民： 哦，陶膺老师的爱人。是不是你们都在湖北咸宁的"五七干校"学习劳动过？

吴道弘： 都是在一起的。不过韩仲民同志在干校校本部。

赵安民： 他从干校回到北京以后，你们还是在一块吗？

吴道弘： 没有，他后来到文物出版社去了。

赵安民： 对，刚才您说了到文物出版社，尤开元就到你们出版社来了。

吴道弘： 对。

赵安民： 他到文物出版社搞什么研究工作去了？

吴道弘： 没有，文物出版社也有很多图片什么的。

赵安民： 文物出版社，还是搞编辑工作？

吴道弘： 对。

（五）中外出版联谊，回忆出版耆宿

1. 韩国出版学会会长尹炯斗

赵安民： 吴老，韩国一个著名的编辑出版家、随笔作家叫尹炯斗。

吴道弘： 对，他来访中国多次。他到北京时，访问过人民出版社，我接待过他。

赵安民： 专门到人民出版社？

吴道弘： 年轻的时候也专门到人民出版社来，现在很久没有看到，他年纪也大了，很久没有来中国了。

赵安民： 那个时候可能是一九八几年还是九几年？

吴道弘： 我们从干校回来了。

赵安民： 他来过几次。我看您还在文章里面谈到过，您1993年随人民出版社的代表团访问韩国的时候，好像见到他了？

吴道弘： 对。我在韩国访问，专门拜访过尹炯斗先生的出版社。受到热情的接待。

赵安民： 还您文章里说参观了尹先生主持的一个出版社叫泛友社。

吴道弘： 出版社是很小的。

赵安民： 是私人还是公家的出版社？

吴道弘： 私人的，有三间办公室，人也不多。

赵安民： 他后来还担任韩国出版学会的会长？

三、进行研究与创作　**179**

吴道弘：他活动比较多，他不仅到北京来，也到上海去。

赵安民：跟中国这边的交往比较多。

吴道弘：对，另外他好像汉语知识还可以。

赵安民：汉语还不错。

吴道弘：他也能用手写汉字。

赵安民：还可以用汉语写文章？

吴道弘：简单的题词什么的。

赵安民：韩国出版学会会长，他搞出版学研究还是有一点贡献吧？

吴道弘：对，是的。

赵安民：那个时候人民出版社跟韩国出版界还有一些交流？

吴道弘：主要是他们到北京来也会找我们，是这样子。

赵安民：他找你们是版权贸易还是有一些什么活动呢？

吴道弘：他等于是了解一下，最后也没有跟他有什么版权贸易，好像也没有合适的书。

赵安民：我看好像尹先生还写随笔。

吴道弘：他写随笔，他虽然说是一个出版家，实际上自己有一个出版社叫泛友社，但是他自己也能写一些散文作品。

赵安民：您看过他的随笔没有？

吴道弘：好像看过，他们翻译的。

赵安民：等于他的作品是韩文，翻译成汉语在国内出版过？

吴道弘：国内好像没有出版过他的作品。

2. 出版家叶至善写诗词、唱转曲

赵安民：吴老您 2014 年的时候将叶小沫、蒋燕燕他们合作摘编整理的，叶圣陶、叶至善父子在干校的时候，父子二人通信中专门谈诗词创作的内容推荐给我。后来我把《叶圣陶诗词选注》那本书，那本很早以前出版过的叶圣陶诗词作品选，跟这些干校家书里边父子笔谈诗词创作的内容合在一块，在我们出版社出版了。很感谢您支持我们诗词出版工作，那个时候您跟他们交往比较多。

吴道弘：那个时候是跟叶小沫父亲叶至善交往比较多，知道他有一些东西，现在他父亲故世以后就没有进一步去挖掘了。

赵安民：我看您有文章里面谈到叶至善还喜欢音乐。

吴道弘：音乐很好。

赵安民：他喜欢唱歌是吧？

吴道弘：对。

赵安民：他晚年把我们国家的古诗词配上外国的乐曲来进行演唱？

吴道弘：对，词是中国的词，曲是外国的曲，这个东西在叶小沫手里可能还有，他父亲这些东西她手头应该还有。

赵安民：我看好像出版过他的《古诗词新唱》，专门出了这个书。

吴道弘：哪里给他出的？不知道？

赵安民：您听叶至善唱过没有？

吴道弘：没有听过他唱，但是我知道他能唱。

赵安民：叶至善他是原来在哪个出版社工作？也是老编辑。

吴道弘：哪个出版社的？他是老编辑了。

赵安民： 他还搞科普创作，是科普作家。

吴道弘： 是，记得他任过中国少年儿童出版社长兼总编。他1918年生，1998年他八十岁，中少社为他出了一本自选集，书名是《我是编辑》。反正他能唱，他对音乐很有研究。

赵安民： 您跟叶至善见面，还记得一些情况吗？

吴道弘： 在他家里见面的时候谈得零零散散的，聊聊天，谈谈他父亲什么的，有时开会也见过面。

赵安民： 他的创作成绩不小。

吴道弘： 他搞科普创作不少，开明出版社出了一套《叶至善集》6卷。

赵安民： 他父子二人在信里面谈诗词创作，他也自己学着写诗词，还写了一些诗词作品。

吴道弘： 可以去问问叶小沫，他父亲还有点什么东西没有。

赵安民： 我社出版的书里就在诗词笔谈的末尾还附录了叶至善的诗词。

吴道弘： 有诗词作品是吧？

赵安民： 有，大概有二十来首。

吴道弘： 叶至善这方面修养也很高。

赵安民： 对，还可以，还不错。不是有一首描写编辑工作《蝶恋花》很著名。

吴道弘： 描写对编辑工作的感情，对，有。"乐在其中无处躲。订史删诗，元是圣人做。神见添毫添足叵，点睛龙起点腮破。信手丹黄宁复可？难得心安，怎解眉间锁？句酌字斟还未妥，案头积稿又成垛。"

赵安民： 这一首《蝶恋花》词蛮有名，是编辑工作的真情实感，写得好！

吴道弘：对，应该说他对他父亲的回忆还不够是不是，我觉得。

赵安民：后来他专门写了《父亲长长的一生》，专门写叶圣陶的，相当于一个传记。

吴道弘：叶至善先生写的《父亲长长的一生》一书，写得有材料有感情，十分感人。极大地丰富了叶圣老的传记内容。是研究叶圣陶的重要书籍。

3. 老同事王仰晨、朱南铣轶事

赵安民：有一个著名的编辑家王仰晨是您的老同事？

吴道弘：对。我是从上海三联到北京三联之后，都在三联图书管理处，他管秘书处。王仰晨很可惜，他跟巴金的关系很好，但是后来他好像没有写东西。王仰晨的儿子还写一些东西，讲他爸爸跟巴金的关系。

赵安民：您另外一个同事叫朱南铣。

吴道弘：朱南铣是人民出版社编审，清华大学毕业的，中外文都很好。可惜故世了。

赵安民：他研究中国历史？

吴道弘：他在人民出版社担任中国历史编辑室主任。

赵安民：人民出版社中国历史编辑室很有名的。

吴道弘：他外文很好，中文外文都很好，他也翻译过一本小说，他当时准备结婚。后来陈原说，这样吧，你翻译一本书吧，翻译一本书不就有稿费了吗，你拿稿费就结婚吧。他是清华大学毕业的，朱南铣是无锡人，钱锺书好像跟他都是前后毕业的校友。

赵安民：他是翻译的什么书？

吴道弘：翻译一本，好像当时叫《小米》，科普性的。

三、进行研究与创作　　**183**

赵安民：那是从英文翻成汉语。

吴道弘：对。

赵安民：在人民出版社出版。

吴道弘：当时在三联出的，主要当时是陈原安排的，你要结婚了，你翻一本书，翻一本书稿费就有了，结婚就行了，你就这样办吧。

赵安民：等于陈原发挥他的优长，也做出成绩了，也出版了图书。

吴道弘：现在要结婚，结婚要点钱，你翻译一本书吧，这样子。朱南铣很可惜，他写了一本《象棋史》。

赵安民：关于象棋的历史。

吴道弘：后来在"文革"期间，被我们出版社的一个年轻编辑经手过。

赵安民：书稿给他了？

吴道弘：丢失了。

赵安民：找不着了？

吴道弘：后来造反派抄家的时候把朱南铣的这个稿子给找出来了，后来这部书稿由中华书局出版了，出版的书名叫《中国象棋史》。

赵安民：后来还是出版了。这个里面很曲折，也很有故事。

吴道弘：我们出版社的造反派去抄的，个别的人带头去抄人家的东西他也瞒不住。

赵安民：这个选题角度很特别，象棋的历史，象棋在中国特色很突出。

吴道弘：钱锺书其实跟朱南铣的关系挺好的，好像年龄都差不多的，他们都是同乡，都是无锡人，都是清华大学毕业的，毕业时间大概可能是前后不远。

4. 叶圣陶、启功分别写诗"题王以铸《咸宁杂诗》"

赵安民：我看到叶圣陶写过一首五律《题王以铸〈咸宁杂诗〉》，启功也写过一首五言古风《戏题王以铸兄〈咸宁杂诗〉卷后》。他们两位前辈对王以涛的诗都有较高评价。

吴道弘：对，王以铸跟启功关系都很好的，他们好像都是老一代的，北京派还是什么，他们之间关系来讲都是好像不错，好像学生之间或者老师之间的关系。最近见到有人评介王以铸的一篇很好文章，王以铸他的外文很好，写古典诗词。

赵安民：您看到过这个《咸宁杂诗》吗？

吴道弘：看到过。我是饶有感情地读过王以铸的这首组诗，十分亲切，令人回想起我们一起在咸宁"五七干校"的生活劳动的日日夜夜。

赵安民：说全部都是五言诗？

吴道弘：对。我认为五言比七言更难写。

赵安民：所以我看叶圣陶和启功都是用五言来写的读后题诗。

吴道弘：对，他可能送给他们看的，可能。

赵安民：王以铸也是您的老同事？

吴道弘：老同事，很好的。

赵安民：他是在出版社哪个部门的？

吴道弘：他原来出版总署编译局的，他外文也很好，后来编译局里边不需要那样的人了，后来还有好几个人都下放到人民出版社来。

赵安民：人民出版社哪一个部门呢？

吴道弘：跟我们一起，好像叫经典外书组，出马列经典著作，

三、进行研究与创作　　**185**

又翻译出版外国书。

赵安民：等于把外文书翻译成中文在人民出版社出版？

吴道弘：不是，这个组里面有翻译的编辑，也有经典著作由这个编辑室管，但是马列经典著作我们自己出版社不翻译，都是马列经典著作编译局他们弄好以后给我们出，我们自己没有人去翻。

赵安民：这个编译局属于哪个部门？

吴道弘：编译局全称马恩列斯著作编译局，是独立的一个机构。

赵安民：独立的一个机构？

吴道弘：由中宣部领导的一个独立机构。

赵安民：编译局就是把外文的书翻译成中文，在国内出版发行。把中文的书翻成外文对外出版好像另外有一个机构吧？外文局？

吴道弘：对，外文局。

赵安民：外文局就是对外宣传的，把中国的图书翻成外文。中国的图书翻成外文以后也是在中国出版对外发行的吧？外文出版社就是属于外文局。

吴道弘：那个好像是外文出版局，编译局翻成中文的经典著作是由人民出版社出版。

赵安民：编译局翻的东西给人民出版社，马列方面的著作。

吴道弘：是的。但翻成外文对外发行不是我们这个系统，有一个外文局系统。所以你看钱锺书跟我们没有什么关系。钱锺书没有什么著作在我们人民出版社出版，没有。

赵安民：钱锺书那个时候翻译毛主席的诗词，翻译成英文是吧？

吴道弘：对，不是人民出版社出的。

赵安民：那是在外文局，是不是外文出版社，新世界出版社。

吴道弘：对，人民出版社只出中文的。

赵安民：吴老我看您在编辑工作之余进行科研和写作，成绩很大。

吴道弘：没有多少成绩。

（六）创作、编辑、翻译，各有佳作奉献

1.《书评例话》与《书评例话新编》

赵安民：您撰写、编辑、翻译的作品都很多。我们现在回忆一下您的著作出版成绩，1991年您在中国书籍出版社出版的《书评例话》，1992年获得第六届"中国图书奖"，那个相当于是您书评的第一个专辑是吧？

吴道弘：对。

赵安民：您谈谈这本书当时的出版情况，您写作的情况、编辑情况。

吴道弘：这个好像都是先从零碎的文章写起来的，后来才汇总编集成书的。

赵安民：把零碎的书评文章汇编成一本集子？

吴道弘：对。原来好像分两个阶段，原来这个书比较薄，后来又增加了一些文章才比较厚一点。

赵安民：那您后来又出版了《书评例话新编》，就增加篇幅了。

吴道弘：对。

赵安民：您那些书评文章都是发表在什么报刊？原来是零零碎碎写的，是零零碎碎发表吗？发表在哪一些报刊上面呢？

三、进行研究与创作　　**187**

吴道弘：当时有几个地方，一个叫《光明日报》图书评论专版，比较多一点，因为他们编辑来组稿；还有其他报刊，还有就是收到集子里边。

赵安民：收在别的文集里面。

吴道弘：是的。最早一个小本子好像是书籍出版社出的。

赵安民：是，1991年中国书籍出版社出的《书评例话》。

吴道弘：后来觉得还可以在这个基础上再增加，增加以后是东北一个出版社出版的，但是他要求我书名好像改一改，不要集中在书评什么。

赵安民：好像改成了关于编辑学方面的一个书名，编辑工作与编辑实践什么什么。

吴道弘：对，后来又回过头来又把它再增补整理一下，正式就叫《书评例话新编》。

赵安民：您刚才说在《光明日报》图书评论专版发表书评文章，还有《中国图书评论》是专门的书评杂志，那个上面肯定也发过吧。

吴道弘：有，那个时候是伍杰同志在管《中国图书评论》，所以伍杰了解我，专门就我书评写了一篇介绍文章。

赵安民：还有一些编辑出版方面的专业杂志也可以发表书评文章。

吴道弘：是的，比如山西《编辑之友》等。

2.《寸心集》，为书友淘书写题记

赵安民：吴老，1993年三联书店给您出版的《寸心集》，我今天特地带来了。2008年我去美术馆东边的韬奋图书中心后楼的出版之家，参加易行主编的《中国诗词年鉴》和袁行霈教授的诗文集

《愈庐集》的出版座谈会，正好和三联书店在同一座大楼里面，开完会以后我就在三联书店看书。

吴道弘：看到有这本书。

赵安民：正好当时有一个广告在玻璃上贴着，说二楼有特价书，其中还有专门的"一元书"专区，一块钱一本。

吴道弘：特价！只有一块钱？

赵安民：对，然后我跑到楼上去，我说特价书我看一眼，第一次来，也难得去一趟。我第一眼就看到那本《寸心集》就摆在那个"一元书"的最上面中间，并且只有一本，我一看《寸心集》，在别的杂志书报上面看过介绍，好像听您也谈到过，我一直想找，正好马上拿着如获至宝，买下来了，才一块钱。后来还请您给写的题记。

吴道弘：对。

赵安民：我买到这本书以后马上兴奋地给您打电话相告，后来也专门请您在该书起首题两句话，您题字还是用毛笔写的，写得挺好。您写的题记："旧书落寞冷摊，老友慷慨相救，致免化浆之灾。书有何言哉？人大可慰也。书贵在得其主，盖书缘者实为文化之幸也，愿为安民得《寸心集》小书写记。"

吴道弘：这倒是一则新书话。

吴道弘在赵安民于三联书店购买的《寸心集》扉页上题词

赵安民：后面落款是："吴道弘，戊子夏至后一周。"您还盖了个名章。

吴道弘：应该盖个印更有意义。

赵安民：挺好，这很有纪念意义。

吴道弘：我这书话里增加一篇佳话："一块钱好书"。

赵安民：您当时在电话里面还专门就此解说这个"书缘"，您说，如果早一分钟去，去早了书还没来，可能还没摆出来。

吴道弘：去晚了就没有了，或者别人买走了。

赵安民：对，就这么一本，第二本都没有，还巧了，这就是书缘。我看了里边的文章，分了几大块，都是您编辑出版方面的一些文章的汇编，是吧？

吴道弘：对。

赵安民：这本《寸心集》里边也有书评文章。

吴道弘：有。

赵安民：书中有好几篇关于马列图书出版综述。这本小书编得挺好，我曾读到过有人专门给您这本书写的评论，特意谈到您这本书的封面，他说您自己题的"寸心集"三个字别有审美价值。

吴道弘：是有人写过文章评介这本《寸心集》小册子。

3.《书旅集》《编辑实践与编辑学思考》《浪花集》《星空集》与书名

赵安民：河北教育出版社2002年又给您出了这本《书旅集》。（取另一本书《书旅集》）

吴道弘：对。

赵安民：《书旅集》，我记得您还签赠给我过。

吴道弘：这个没有吧？这个有给你吗？

赵安民：有啊！这本《星空集》也签赠给我了，您拿出来我看看。您刚刚提到东北师范大学出版社出版的那一本《编辑实践与编辑学思考》，它是这么一个书名。

吴道弘：我喜欢轻松，他们都要把那个"编辑学"头衔放上。

赵安民：这是2004年出版的，我看您后来的几种书的书名都是叫什么什么集。

吴道弘：散文集。

赵安民：文集，都是三个字，《寸心集》《书旅集》《浪花集》《星空集》。

吴道弘：他们喜欢要有个什么写实的书名。我喜欢虚一点、文雅一点。

赵安民：《浪花集》是人民出版社2008年出版的。我们刚刚谈《寸心集》由三联书店出版，那是比较早一点的。

吴道弘：是三联吧？

赵安民：三联出版的《寸心集》。

吴道弘：这个比较早一点。

赵安民：对，那个时候范用主持三联是吗？

吴道弘：对。范用同志在人民出版社时，一直就是我的直接领导。

赵安民：您还记得当时这本书的出版情况吗？

吴道弘：不是直接告诉范用，是范用知道的。

赵安民：还不是通过范用。

吴道弘：给了沈昌文同志。

赵安民：沈昌文当时在三联是做编辑工作，负责这一块？

吴道弘：对，好像是负责。他当时是人民出版社管总编室的

三、进行研究与创作

秘书，又属三联又归范用那里管，跨着两个地方，他跟范用主要是做三联的东西，跟曾彦修他就管人民社的事情。

赵安民：《书旅集》这本书的出版的大概情况您还记得吗？

吴道弘：《书旅集》是谁给出版的？

赵安民：是河北教育出版社。

吴道弘：河北教育社来组稿时谈定的，可能是。

赵安民：我看上次有一个"书林守望丛书"也是河北出的吗？

吴道弘：不是，那是首都师范大学出版社出的。

赵安民：首都师范大学，对。您刚刚说东北师大出的《编辑实践与编辑学思考》。

吴道弘：他们认为要用这种书名，我并不喜欢用这个，学术味道太重了。

赵安民：太写实了。

吴道弘：他们喜欢这样，好像这种书名显得有学术魅力，我是喜欢轻松一点。

赵安民：他们是不是出相关编辑学方面的系列图书？

吴道弘：也可能，一套还是怎么，大概是。

赵安民：对，一套都是编辑学方面的书，从编辑角度把它反映在书名上面，有可能是这样的。

吴道弘：我是喜欢轻松一点。

赵安民：挺好，刚刚我们说是首都师范大学出版社出的"书林守望丛书",您那本《书评例话新编》就收在这套丛书里面？

吴道弘：对。

赵安民：您这本《书评例话新编》是2010年出版的，这本书应该收的书评比较全。

吴道弘：对，这本"守望丛书"里边的书评集是比较全的。你看这本书名写得如何？作者曾彦修说我写的很好。（吴老取《平生六记》书出示，前已谈及，有书影）

赵安民：您给他题书名，曾彦修的《平生六记》，这个书名题字，毛笔字写得好。

吴道弘：他曾彦修特别满意。

4. 编辑《列宁家书》

赵安民：吴老我看刚刚前面那几本都是您的著作，下面还有几本编辑作品。这本是人民出版社1986年出版的《列宁家书》。

吴道弘：《列宁家书》其实有一本俄文的本子，我可能根据俄文的本子目录来收的。

赵安民：俄文翻译成汉语吗？

吴道弘：没有翻译。

赵安民：目录翻成汉语？吴老的俄文水平很好！

吴道弘：我就根据它的目录去找汉文译作就行了，俄文提供了一个《列宁家书》的目录，所以我有这个东西的话就容易找了，要不你要自己去找可能还会遗漏的。

赵安民：《列宁家书》已经出版了？

吴道弘：对，我根据俄文的目录，将汉译文章找来汇编成汉文本《列宁家书》。

赵安民：从汉文译本里面找相关的文章内容。

三、进行研究与创作　193

吴道弘：那就容易了。

赵安民：不要单去翻译了。

吴道弘：我自己去翻译的时候，有可能会漏了什么的，而有了苏联人自己编的《列宁家书》的目录，所以咱们可以偷懒一下。

5. 跟宋原放一道编《中国出版史料》（8卷15册）

赵安民：《列宁家书》是1968年出版的，这里注明是与人合编，是一种编辑的作品。这里有一种《中国出版史料》（8卷15册），宋原放主编，您是副主编。

吴道弘：对，我把它收进去了。

赵安民：这个是山东教育出版社出版的。

吴道弘：两三个地方联合出版的，好像是分古代、近代、现代这么几部分。

赵安民：对，《中国出版史料》这个编辑工程应该有一点难度吧，工作量不小。

吴道弘：我觉得还好，掌握了资料就好办。《中国出版史料》就是跟宋原放一起编的，那是要找一些东西，主要是搜集资料。

6. 将编辑讲座稿编成《编辑工作二十讲》

赵安民：1986年人民出版社出版的《编辑工作二十讲》，是您主编的。

吴道弘：这是我编的，就是说人民出版社内部搞一个讲座，老编辑多，我们搞了讲座以后再把它汇编起来。

赵安民：讲座上每一个讲课人的讲稿？

吴道弘：有讲稿，把讲稿编辑成书。

赵安民： 以后要是讲课就可以用作教材，或者自学的人都可以采用，编辑工作者用来学习，新老编辑都可以用。

吴道弘： 后来我看到什么地方有用英文、用维文翻译了这本书，都是没有全部照翻，有一两个题目没有翻，其他的都翻出来了，我后来在一个什么材料上看到。

赵安民： 是什么文字？

吴道弘： 等于是新疆出版的。

赵安民： 新疆那边翻译的。

吴道弘： 他们也没有通知我们，我是从另外的材料里看到。

赵安民： 他应该给你们稿费。

吴道弘： 而且至少给我们一本书是不是？却没有给。

赵安民： 支持民族出版有特殊性，特殊情况特殊处理了。

吴道弘： 也对。

7. 编《人民出版社成立四十年纪念文集》

赵安民： 这本1990年出版的《人民出版社成立四十年纪念文集》，也是您编的。

吴道弘： 我编过一本，后来出版社又编了一本，好像更详细一些，他们是从1921年算起了，我编过的一本没有像这样说得那么早那么远，因为中间空了那么多年怎么弄法。

赵安民： 中间空了哪几年？

吴道弘： 一开始在1921年有人民出版社名义的。

赵安民： 1921年就有？

吴道弘： 后来没有了，一直到1948年以后才有，中间断了好多年。后来社里组织年轻人来编的。那个时候我都退休多年了，后来他们说应该从 1921 年算起。

赵安民：1921 年至 2011 年，正好九十年。

吴道弘：中间断了怎么算。

赵安民：大概哪一年到哪一年是断的？

吴道弘：1921 年后有时候是断的。

赵安民：等于是新中国成立以前有过中断。

吴道弘：他从 1921 年开始的，反正那时候有关的出过一些什么书。

赵安民：您那个四十年是指哪四十年？是解放以后？

吴道弘：解放以后，对。1989 年 10 月邓小平题字也是题"人民出版社四十年"。这些东西他都算在里边，你看，1947 年中国出版社什么的他都算在里边。当然，这个"四十年"也可说是从人民出版社于新中国成立时恢复重建开始算起的。

赵安民：《人民出版社大事记》记载，1947 年 11 月，为纪念《共产党宣言》发表 100 周年，中国出版社在香港出版了 1938 年延安解放社出版的由成仿吾、徐冰翻译的《共产党宣言》，以及斯特朗著、孟展翻译的《毛泽东思想》。这个中国出版社在香港出版图书，中国出版社是一个什么机构？

吴道弘：中国出版社 1938 年由中共中央长江局成立于武汉，其实由新知书店代里其出版业务。这个东西都算到人民出版社头上去，他们年轻人编的，我是没有参加。

赵安民：当时因为环境比较特殊，可能人民出版社也因为当时人比较少，工作比较多，方方面面革命工作很多，包括出版工作。因此相关的图书都给算进去了，《共产党宣言》不管在哪里出版的都可以，还有关于毛泽东的书。1946 年朱德的《论解放区战场》，由中国出版社出版，看样子中国出版社出了不少进步的革命书籍。

吴道弘：是的。

8.《中国大百科全书》的"新闻出版卷"与《出版词典》《图书商品学》

赵安民：吴老，我看到在《中国大百科全书》里面撰有新闻出版卷。

吴道弘：对。

赵安民：其中有"出版科学"、"编辑学"这两个篇目，您是"出版科学"的编委，"编辑学"的副主编。

吴道弘：对。

赵安民：这是1990年大百科出版社出版的。

吴道弘：对。

赵安民：等于是给这个大百科全书写词条。

吴道弘：对，写词条。

赵安民：您还记得当时的这个情况，是谁主编的新闻出版卷？

吴道弘：当时好像曾彦修没有回来，可能是我们社里现在还在职的同志弄的。

赵安民：后来您参加编辑了边春光主编的《出版词典》。

吴道弘：这个我参加了。

赵安民：您是编委，参加撰稿，这个是1992年上海辞书出版社出版的《出版词典》，您之前给《大百科全书》里面"新闻出版卷"写词条，已经积累了经验，有基础了。您跟王益和汪轶千还编写《图书商品学》。

吴道弘：汪轶千是新华书店总经理。

赵安民：他们两个主编，您是副主编，编了《图书商品学》，

三、进行研究与创作　　**197**

这是人民出版社在 1999 年出版的。

吴道弘：这个主要是王益喜欢搞。

赵安民：王益原来搞发行是吧？

吴道弘：原来是新华书店领导，后来到人民出版社来了，他一直想有合适的人，他本身不愿意在人民出版社，如果曾彦修来的话是最好，后来大百科出版社又要把曾彦修从上海调来，我们人民出版社知道了，那不行，你要把他调来北京，到别的出版社还不如到我们自己社来，这样曾彦修又回来了。人民出版社不大好搞，东西太庞杂。

9. 翻译《共产国际史纲》

赵安民：我看您还有一个翻译作品。

吴道弘：有一本《共产国际史纲》。

赵安民：《共产国际史纲》，也是与人合译的。

吴道弘：对，这本书是苏联用英文出版的，原文是英文，我译了初稿以后，另外一个人给我校订了一下，我们社里面有一个老编审于干同志给我校订了一下。

赵安民：英文翻成汉语？那您的英文还不错。

吴道弘：我也不敢，这个我也要请人把把关。

赵安民：这本书是人民出版社 1985 年出版的。

吴道弘：我们一个老编审于干

同志给我校订了一下，否则我不敢拿出来。

赵安民：《共产国际史纲》，索波列夫等著。

吴道弘：实际上应该是苏联人原著，但是我们没有看到俄文版，我们只看到英文版，从英文版翻译我没有十分把握，我请一个老编辑于干同志给校订把关。

赵安民：这个应该是属于您独立翻译的。

吴道弘：独立翻译的，但是我没人校，我不敢拿出来，万一出笑话怎么办呢？

赵安民：署名吴道弘译，于干校。

吴道弘：于干是我们人民出报社一个老同志，是抗战时期西南联大的毕业生。原来是首任《时事手册》的主编。那时我和于干同志都在人民出版社外国历史编辑室工作。

赵安民：您看当时这本书编得好严谨，最前面专门有一个原著说明，这部史纲是由苏共中央直属的马克思列宁主义研究院主持编写的，曾得到下列共产国际领导人和曾在共产国际机关及报刊工作人员的合作，把这个名单列出来了。

吴道弘：这样显得有一种权威性。

赵安民：下面还有一个编著人员名单，有8个人，然后再列出版说明。看样子这个应该是苏联的书，然后翻成英文了，您再根据英文翻成了汉语。

吴道弘：对，但是我没有把握，这种东西牵涉政治的，我一定要请一个老编辑校订一下。

赵安民：这个文字量还不小呢！

吴道弘：那个时候年轻，现在不行。

赵安民：您看37万多字呢！翻译这本书还真不容易，那个时候您年轻有干劲。1985年出版的，这本书是铅印的吧。

吴道弘：铅印，印数很少的吧？

赵安民：4700册，现在来说很大的印数了，现在我们一般出版社好多书印3000册。这个很有纪念意义。

吴道弘：我很感谢于干同志！于干是我们出版社的一个老编辑，西南联大毕业的，他那个时候主持《时事手册》，由通俗读物出版社出版。后来通俗读物出版社并到人民出版社来了，所以他并过来了，跟我在一个编辑室的。这本史纲实际上作者也是很不错的，都是苏联人自己写的，但是我拿到的不是俄文版而是英文版，后来我译了这个书，我说请他来校，他刚退下来，没有他校我也不敢拿出来。

赵安民：这位于干的英文不错。

吴道弘：对，西南联大毕业的，后来是《时事手册》的主编。

赵安民：他的年龄比您大些？

吴道弘：比我大，可惜故世了。

赵安民：我看您成绩真伟大！自己有创作的作品，还有编辑作品和有翻译作品，一共十五种书。

吴道弘：老了，也是不行了。

10. 浙江嘉善县文史委员会编《编辑出版家吴道弘》

赵安民：其他的还有别人为您编的书，浙江嘉善县政协文教卫体与文史委员会编，《编辑出版家吴道弘》，浙江人民出版社2012年出版，这本书是您老家那边编的？

吴道弘：是老家的朋友关爱，而由我提供的材料。

赵安民：那您跟老家那边的交往还是挺多的。

吴道弘：最近这些年联系多些，原来没有那么多联系。我最近听我老家的人说，我住的那个地方的一个街道整个要拆掉，两边的房子都要拆掉。

赵安民： 您那边还有房子吧？

吴道弘： 有，还有两个店面。

赵安民： 是您自己家的吗？

吴道弘： 我有一半，我有一个伯伯是大房，我们是二房，我们大房二房一人一半。

赵安民： 那您回去自己还有家。为什么要整个拆掉？那个房子有没有特色？应该保留下来。

吴道弘： 街道旁边就是店面房子，没有什么，二层楼后面靠魏塘市河，有一个小的三层楼，整个要拆掉，不知道拆掉干什么。实际上住家里的人不多了，店面很萧条了，我不知道为什么，整个马路将要拆掉。

赵安民： 您那个时候的房子到现在有多少年了？

吴道弘： 我都八十多了，我出生时已经有了。

赵安民： 等于您在那老房子里出生的？

吴道弘： 我就在那边出生的。

赵安民： 至少九十年了，您明年都九十岁了。

吴道弘： 但是我不清楚他们拆了之后要干什么，弄不懂。

赵安民： 百年老房子了。

吴道弘： 老家来了个人说，他们现在在调查登记，这是谁家的房，这是谁家的房，然后分头联系，可能来评估一下，还有一些什么值钱的东西没有。

三、进行研究与创作　**201**

赵安民：拆之前还得通知您吧？

吴道弘：对。我记得还有一个东西，那里有两个地方，一个是我住家的地方，还有一个是我祖父开店的时候留下来的一个做旱烟的作坊，一个大的木头旱烟机还放在那里，将来看他们怎么作价就行了。

赵安民：也是一个文物了，那很少见，我都没见过那个，您说做旱烟的，木头做的吗？

吴道弘：是的。那件旱烟机大约有这间房一般大小。

赵安民：这么大？

吴道弘：有这么大，旱烟是怎么压成的呢？他用这么一个木头做的大型压床压的。

赵安民：旱烟就是那种烟丝是吧？烟丝不是切出来的吗？刀切的吗？

吴道弘：先要压，压了以后然后变成小个操作，在那儿刨。这是祖上传下来的，具体怎么弄不知道。

（七）诗词书法散文，涉猎文学艺术

1. 诗词多种体裁，各体皆有佳作

赵安民：您在编辑出版科研写作上成绩很大，除了这个以外，您还创作不少诗词、书法和散文。

吴道弘：散文可以拿出一点来，诗词我不敢拿出来，特别在你面前，我不敢讲，不敢拿出来，你什么时候给我校订一下，把把关。

赵安民：您不必过谦！您看刚才谈到的给那几个人写的诗蛮好，概括性很强。

吴道弘：不是懂行的人看也许可以，但整个平仄不行，我没有注意这个问题。

赵安民：我们诗词界平时也谈这个平仄问题。讲平仄的是格律诗词，但是，就是说格律诗里边有好诗也有不好的；非格律诗，古诗古风，这种体裁写的作品也有好的，也有不好的。那么"五四"以后出现的新体诗里边也有好的，也有不好的。诗的体裁多样，格律诗词以外还有很多体裁。诗的好坏它跟那个平仄关系较次要，并不是说合格律就是好诗，这个首先得分清了。

吴道弘：就是怕人家笑话，你根本就没弄懂。

赵安民：比如老诗人刘征，现在也九十多岁了，他在晚年，大约在早十年前还专门写《新古诗小集100首》，都不是格律诗，却是好作品。

吴道弘：但是他有资格可以这么做。

赵安民：当然，他有他的特点。

吴道弘：别人这么做就笑话了，你还没有弄懂。

赵安民：从另外角度来看，格律诗是唐初出现的，唐代以前那么多好诗，那你要说因为都不合格律，所以就说没有好诗，那就说不过去，《诗经》里面那么多好诗，屈原时的楚辞又是一种诗体，屈原的《离骚》，所谓的楚辞体，骚体，那都是千古绝唱！

吴道弘：最近我看到一篇文章，在唐代王维跟李白还是什么，曾经同住在一个地方，两个人却没有来往过。

赵安民：是吗？这个我没看到。

吴道弘：我见到一个简报，提到李白、王维同住一处却没有来往。

赵安民：是互相偶尔没有联系上，还是互相看不起？

吴道弘：那么长时间，应该有来往是不是？

三、进行研究与创作

赵安民：那他们两个关系疏远定有原因。

吴道弘：现在写这个文章就发生这个问题了。

赵安民：有人考证他们是为什么没有来往，找到原因了没有？

吴道弘：他就提出这个问题了，他不敢说，是不是两个人应该知道了，但是没有来往，大家都是写诗的，可能看法不一样。

赵安民：我不知道，但是他们两个写的诗都挺好。

吴道弘：是，但没有来往。

赵安民：王维曾考中状元，也当过官。

吴道弘：两人应该都彼此知道的。

赵安民：后来他在终南山隐居，还造了别墅在那里，诗里面都写了。

吴道弘：两个人应该知道，没有来往不知道怎么回事。

赵安民：可能诗人太多了，诗人多，这几个交往得多一点，那两个可能另外一拨，这不好说的。李白、杜甫、孟浩然他们交往多。

吴道弘：对。

赵安民：他们也有人说李白写杜甫的诗写得少，但是杜甫写李白的诗特别多。不过后来我一想，李白比杜甫大十多岁，杜甫是跟在他后面跑，好像是李白的粉丝似的。

吴道弘：当时名气是李白大。

赵安民：杜甫可能后来才名气大了。但是李白挺佩服孟浩然，你看到没有？他有一次给孟浩然写了一首诗夸他：吾爱孟夫子，风流天下闻。

吴道弘：李白是浪漫主义诗人。

赵安民：我看您很多书里边也附了不少诗词，有不少诗词写得挺好。我们刚刚读到您写那几个人，王仿子老人等三联老同志联谊会四个寿星，都写得很好。

吴道弘：我比较熟悉他们。

赵安民：熟悉的对象才写得好，确实。您大概什么时候开始写诗词的？

吴道弘：我写诗少，我大概是小时候受到舅舅的影响。

赵安民：是很早就写，还是晚年开始写？

吴道弘：早先有过，也不叫写，就胡诌几句，四句这样。

2. 撰写《燕居诗稿》，赠友联谊关情

赵安民：一般学习诗词都是这么开始的。我看《编辑出版家吴道弘》这本书里边专门有一篇《燕居诗稿》。

吴道弘：你什么时候给我挑挑毛病，好不好。

赵安民：我就发现一个特点，您写赠人的作品特别多，给这个人写一首，那个人写一首，就是这种作品比较多，尤其选在这个里边的这30来首。

吴道弘：评价史实应该有把握，平仄这个是不去讲究它了，写人的交往。

3. 赠编辑老友徐柏容先生

赵安民：您1990年写一首《赠百花文艺出版社编辑家徐柏容先生》。

吴道弘：这个我对他了解，不知道写得怎么样。

赵安民："几度相逢常促膝，风流文采是吾师。"这写得挺好的，这个徐柏容是百花文艺出版社的？

吴道弘：百花文艺总编辑，故世了，十分可惜。

赵安民：他是您的一个老朋友，他一直做出版工作吗？

三、进行研究与创作　　**205**

吴道弘：对，老出版家了。

赵安民：百花文艺是在天津？

吴道弘：在天津，徐柏容曾是百花文艺出版社总编辑。

赵安民：徐柏容他在编辑方面主要是做文学出版吗？

吴道弘：文学。

赵安民：他自己也写作吧？

吴道弘：他自己有创作。

赵安民：您跟他交往是不是也在版协，还是在编辑学会？

吴道弘：版协跟编辑学会都有，因为他有时候到北京来，我们是朋友，交谈比较多。

4. 思念与致谢，各写诗一首

赵安民：北京与天津离得不太远。您1998年和戴文葆同志一块去黑龙江省新闻出版局，他们办一个编辑培训班，给他们讲课。

吴道弘：对。

中国编辑学会第三届常务理事会2005年11月6日北京合影

赵安民：当时您也写了两首诗。

吴道弘：怎么样你评一评。

赵安民：《思想与感谢》，"思想"表示回忆、思念，有一首；表示"感谢"有另外一首。"思念"这一首诗是写回忆1987年边春光在哈尔滨召集《出版词典》编委会，是吧？

吴道弘：对。

赵安民：您当时在签名册上签名赋诗。

吴道弘：有些忘了。大概此前有些思想准备的。

赵安民：您写得还挺快，当时签名册上就可以签名赋诗，才思敏捷。

吴道弘：我就是写人，比较实际的好写，你把你了解的内容编成四句话，好像就好写了。

赵安民：对，您这个"感谢"这一首是写在去牡丹江访问朝鲜民族出版社，受到款待的时候"感谢"他们接待你们。

吴道弘：好像以后到哪里游玩了。

赵安民：民族出版社，当时在黑龙江那边有这样一个出版社？

吴道弘：是出朝鲜文的。

赵安民：现在是不是还有这家出版社？

吴道弘：应该还有。

5.赠书评家徐雁教授

赵安民：您还写一首《赠南京大学徐雁教授》。

吴道弘：徐雁，那个时候和他有一点来往，徐雁很热情的。

赵安民：我把您这两句抄下来您看："漫说蹉跎憾日夜，衡文谈笑千杯酒。"那您还记不记得"己卯年春"这一次金陵之行？

您和徐雁都是图书评论学会专家。

吴道弘：到南京去的时候。

赵安民：对，金陵之行，"己卯年春"。

吴道弘：我好像还到哪里去玩了一下。

赵安民：徐雁写过不少书评。徐雁是北大毕业以后在北京工作了短期然后去南京的。

吴道弘：是南京大学。

赵安民：南京大学，那个时候叫图书馆系，后来是叫什么专业？

吴道弘：好像是编辑出版。

6. 赠老同事朝鲜语专家夫妇及其儿子

赵安民：您2004年写了一首《赠朝鲜语专家宣德五、张明惠夫妇》，"病中情深吟一纸，携手共订旧文诗"。

吴道弘：他们两个都是北京大学朝语系毕业的，一直搞朝鲜文出版工作。张明惠在人民出版社工作时还受朝鲜方面邀请，赴朝工作过。

赵安民：张明惠著，宣德五编，《心扉集》。

吴道弘：对，他们两个都是搞朝鲜语，都是北大学朝鲜语的。

赵安民：也是跟您关系不错？

吴道弘：张明惠和我是同事，是人民出版社的。

赵安民：你们这些老同事之间好像互相写诗写得不少？

吴道弘：她写得多，我并不多写的。

赵安民：挺好，有一些这样写诗酬答的交往挺好。我这里还抄了一首，您看，《喜获〈晓鸿诗词散文集〉，赋此奉诗人晓鸿》。

吴道弘：晓鸿就是他们的儿子。

赵安民： 就是张明惠他们的儿子，"半生功业足堪夸，季老题诗已许嘉。读君文集情真切，写到童年梦更佳"，这个读起来也蛮有味，挺上口，也有内容。这个晓鸿后来他是在哪里工作的？

吴道弘： 后来在哪里工作我真不知道了。

赵安民： 他还写诗词散文，看看收在里边了吗？

吴道弘： 可能没有收。

赵安民： 这是他自己的文字吧？他自己的文字，这个是您写的诗，有时候也会收是吧？

吴道弘： 他有时候别人给他，他也会收。

赵安民： 他们跟季羡林还有不少交往。

吴道弘： 季羡林是张明惠的老师，张明惠跟宣德五夫妇两个都是北大季老的学生，季老很器重这两位弟子。

赵安民： 我记得有一次，我在中国书店时，不是您有一次托我给季羡林刻了一方"四半老人"的印章，是不是就是他们赠季老的？

吴道弘： 就是受张明惠委托，请你代办的。

赵安民： 我想起来了，那个时候应该是大概2000年前后，我那个时候在琉璃厂海王村那个二楼，中国书店出版社在那里办公。您到我那个编辑室还专门托我，我去找琉璃厂的人帮您刻的，我记得是刻了"四半老人"四个字，您还当时解释说是哪个朋友要送给季羡林的，是吧？

吴道弘： 对。

赵安民： 原来是这个关系。

吴道弘：《心扉集》没有收这首诗。

赵安民： 可能没收，那您什么时候写的，可能这个书也许可能先出版，您在后面写的。《白晓鸿诗词散文集》，这个什么时候出版的？可能在后面。

吴道弘：对，也可能。

7. 赠老同事陈克会

赵安民：您这首诗写得蛮好，您在1979年写《赠人民出版社陈克会同志》。

吴道弘：他是山东人，老家在山东。

赵安民：您当时还记得吗，1979年的事。

吴道弘：我们当时一起登泰山等等，好像是这样的，他是山东人，挺好的。

赵安民：你们也是同事吗？

吴道弘：同事，在一个编辑室的，十分友好的朋友。后来他调民政部工作，当司长了。

赵安民：这些诗都是在您那本《编辑出版家吴道弘》书里。

8. 赠韦泱"书话亦是文化史，人书未老已芳香"。

赵安民：吴老您好！今天我们再接着上一次的往下谈。

吴道弘：谢谢你们。

赵安民：上一次谈到您给陈克会同志的赠诗，已经谈过了。今天我们谈，2009年您写了一首诗，是《记上海藏书家韦泱先生》，其中有两句蛮好，我特别喜欢，"书话亦是文化史，人书未老已芳香"。

吴道弘：你觉得好我很高兴。

赵安民：请您谈谈韦泱，我也经常看他的文章，他是一个藏书家。

吴道弘： 韦泱是搞金融工作的，他本职不是搞文化的，但是他应该是喜欢书，我知道他交往的人中比较密切的一位老同志叫丁景唐，他经常到他那里去。我那个时候到上海出差就到丁景唐那里去，韦泱常在他那里。这个人很勤奋，而且很庄重，我看他的谈吐文雅和对丁景唐的照顾，觉得这个人非常好，后来我来到北京以后跟他也通过电话，他性格比较简单，都是谈的书或者相关的事。

赵安民： 他写了不少文章，写了不少书，报刊上常见到。

吴道弘： 对。

赵安民： 您的诗里面说"书话亦是文化史"，您谈谈这个方面看法。

吴道弘： 书本身就是文化，文化史就是由书来构成的，当然就离不开书，而且，整个学术文化的发展，时代的潮流都能反映出来。一个社会、一个国家、一个民族的文化历史，实际上很大的一部分是在书里反映出来的。

赵安民： 韦泱他送给您的那本《人书俱老》，这也是他写的藏书文集内容的书。

吴道弘： 这本书我不知道放在哪里了，倒来倒去，书不知道放到哪里去了。

赵安民： "十年磨剑不寻常，天道酬勤好文章。"

吴道弘： 天道酬勤，他是很勤奋的人。

赵安民： "书话亦是文化史，人书未老已芳香。"他的书名字叫《人书俱老》，您写的是"人书未老已芳香"，这句话讲得挺好。韦泱有多大年龄了？算不算老？

吴道弘： 大概五十多岁，不算老。韦泱很有心，他一有空，礼拜天就去旧摊去淘书。

三、进行研究与创作　　**211**

赵安民：我在《藏书报》或《中华读书报》经常见到有关韦泱的记载，看他除了淘书以外，好像还访文化遗迹，游览采访藏书楼什么的，经常看到他写的游记文章。

吴道弘：我那时候经常到上海去看丁景唐，韦泱基本上每次礼拜天都去丁老家。

赵安民：韦泱长期在上海居住？

与丁景唐合影（2009年9月19日访问丁景唐先生时摄）

吴道弘：对，就居住在上海。

赵安民：他就是上海人？

吴道弘：对。

9. 写长诗记与南开学子忘年交

赵安民：我们再谈下一首诗。1989年您写了一首《赠人民文学出版社弥松颐编审》。

吴道弘：对，这个人我可以谈一谈。他是南开大学中文系毕业的，我是从干校回到人民出版社以后，他没有去干校，是后来调来的。那个时候基本上我们从干校回来了，他也到人民出版社了。我们那个时候的编辑室叫经典外书组，就是经典的马列著作，外书是搞翻译的。

赵安民：外文译成中文。

吴道弘：外国书，把这两个专业放在一个编辑室，今天很多著作都是外国翻译来的。他是南开大学中文系的，中文很好，但是他比较年轻，所以基本上编辑室事务性的工作他就做起来了，但是他非常的热情，他看我们都是老同志，非常的热情。很好！

赵安民：我看您的诗里面称呼他是小弥，"小弥自翩翩，杰出好青年"。

吴道弘：对。

赵安民："淡交近廿载，与君寸心连"，你们认识二十来年了？

吴道弘：那是后来写的。

赵安民：也是忘年交。他后来是到了人民文学出版社。弥松颐现在也退休了吧？

吴道弘：对，退了。

赵安民：这首诗还是一首五言的古风，不是绝句，比律诗还长。

吴道弘：我写那首诗要有多少历史就把它放进去。

赵安民：要按照过去他们的算法，您是九韵，杜甫给李白写的《寄李十二白二十韵》是二十韵，您这个是九韵，等于是十八句，写得挺长的，您对他的感情还真挺好的。

吴道弘：我从干校回到人民出版社以后，他是年轻人，所以编辑室里的很多事务性工作，比如说这里要订报，那里要弄什么，基本上他都会做，但是他是南开大学中文系的，中文学得也很好。

赵安民：我给您读一下这首诗："小弥自翩翩，杰出好青年；处事多敦厚，待人复热肠；文史兼小说，嗜学而博文；语言善采择，晚报有奇篇。"

吴道弘：晚报还开辟了个专栏，都是短文章。

赵安民："写字有功力，少人能比肩"。

吴道弘：写字写得蛮好的。

赵安民：他也搞书法？

吴道弘：他倒不认为是书法，但是他认为自己是中文系的，中文字就要写好。

赵安民：是硬笔，也写毛笔吗？

吴道弘：也写毛笔。

赵安民："业勤理古籍，十年丰果实；闲暇善摄影，艺高真美显；淡交今廿载，与君寸心连，大业出艰辛，人间路长远。"这个人还多才多艺。

吴道弘：对。

赵安民：他还爱好摄影？

吴道弘：摄影很好。

赵安民："业勤理古籍"，他也搞古籍的整理吗？

吴道弘：不是搞古籍的整理，他是南开大学中文系，也接触古籍。

赵安民：他在人民文学主要是做哪一块？

吴道弘：他在人民出版社，后来又到文学出版社去了。

赵安民：您写这个诗的时候，您是表达什么意思？

吴道弘：他已经离开人民社了，写首诗送给他。

赵安民：您写这首诗的时候标题叫《赠人民文学出版社弥松颐》。

吴道弘：对，因为他的特长是中文，后来我们从咸宁干校回来以后有所调整，像他那样的人到文学社去应该更好一点。

赵安民： 对，他在人民社待的时间不是很长吧？

吴道弘： 不是很长。

10. 给亲人给孩子写诗志庆

赵安民： 我看您下面一首，下面是一首七律。

吴道弘： 这个你指教指教。

赵安民： 2009年，写的是《遥寄晓明弟》。

吴道弘： 这是一个亲戚，他在上海。

赵安民： 您说他"自海南返沪"。

吴道弘： 那个时候他们好像下放，好像是知识青年到哪里去锻炼，然后再回来，学生有没有下放？记不得了。

赵安民：《遥寄晓明弟》前面有一个小序："闻小明弟自海南返沪，忽兴怀念，往事历历，思绪万千，枕上得句，成七律一首，遥寄小明弟吟正。"

吴道弘： 一个很好的亲戚。又是同乡，又是亲戚。

赵安民： 他是做什么专业方面的工作？

吴道弘： 他好像没有什么专业吧。写他那个时候，他还在念书。

赵安民： "问学沪滨"，那可能是在念书。

吴道弘： 对。

赵安民： 下面两首诗是您给孩子写的两首诗。

吴道弘： 你批评批评我。

赵安民： 这一首是1994年写的《西江月·寄冈儿》。

吴道弘： 我的第二个孩子吴刚。大的叫吴宁。小的叫吴刚，两个男孩。

赵安民： 您的儿子获得了加拿大达蒙斯大学的博士学位，父亲肯定很高兴了，父亲填词给予嘉勉。

吴道弘：我们家里边，他哥哥也是大学毕业，没有读研究生。

赵安民：他学历比较高，读了加拿大的博士学位，是大学还是什么时候出国的？

吴道弘：出国留学还是在大学的时候。

赵安民：去加拿大留学。

吴道弘：对。他开国际学术会议的时候认识一个老师一样的人，开会的都是年轻人，他跟那个专业的一个老教授、老学者好像比较近，给他服务，谈得好像还可以。我这个孩子性格比较好。

赵安民：跟这个老教授认识了。

吴道弘：开会认识的老教授很重视他。

赵安民：学术活动的时候结识了这个老专家。

吴道弘：对，以后他们专业开会的话，老专家看到这个年轻人还不错。

赵安民：看上了。

吴道弘：具体我也说不清楚。

赵安民：您前面的小序说，"冈儿在美国波士顿麻省理工学院来电，告知他在加拿大达蒙斯大学的博士论文获'加拿大最佳博士论文奖'。他自1988年留学加拿大迄今已7年，曾获约克大学硕士学位。今夏在达蒙斯大学获博士学位，今为第三次佳音也。万里相庆，心有所感，因填《西江月》一首，寄冈儿勉之。1994年12月18日并记。"这首词的正文："海外负笈七载，屈指佳音三传，经年夜夜月如钩，博士文才风流。读书万卷如积，浮名一纸何求，科学高峰在心头，前程自多锦绣。"

吴道弘：也比较高兴，听到这个消息，还是比较高兴的。

赵安民：那是，等于是三次佳音，大学学士、硕士、博士。

吴道弘：对。

赵安民：在学术上面自己肯定用功努力。

吴道弘：在专业里边好像还可以。

赵安民：他是做的什么专业？

张云插话：麻省理工学院核磁共振。

11. 与长子吴宁诗词唱和，其乐融融

赵安民：下面这首诗是2010年您给大儿子宁儿写的？

吴道弘：对，吴宁。

赵安民：写的一首七律，题目叫做《宁儿自旧金山寄来贺八十寿诗，爱和韵答之》，你们父子之间一唱一和，其乐融融，挺难得。

吴道弘：他可能是受我的影响，他是学物理的，可能受家庭的影响，也喜欢这个。在诗词方面我也没给他指导，我自己觉得也不行。

赵安民：那多少受点影响。

吴道弘：对。

赵安民：您八十岁的时候他写了这首诗，也是一首七律。

吴道弘：你批评批评，指点指点。

赵安民：宁儿贺寿诗："春花秋月年复年，白发盈颠未肯闲，杂志出版勤耕耘，书籍丛刊精校编。一生文史为最爱，两袖秋风总淡然。风雨阴晴八十载，万里遥祝寿晨园。"写得蛮好。

吴道弘：你说他好，我很高兴。

赵安民：下面有一个落款："2009年8月构思于越洋飞机上，定稿于旧金山家中。"您的和诗是："宁儿自旧金山寄来贺八十

寿诗，爰和韵答之：历经沧桑忆如烟，落日余辉不敢闲。襁褓失怙劳母教，子孙堪夸未自怜。一生用心唯文史，从来向往学前贤。岁月如流增白发，万里亲情喜新笺。2010 年 1 月 17 日北京晨曦园。""万里亲情喜新笺"就是指他寄来这首诗。

吴道弘：对，读到他的诗。

赵安民：您唱和的意思贴得很紧，一个祝寿，一个和答。

吴道弘：他也是受点影响，他是学理工的，可能受点家庭的影响吧。

12. 美国探亲，看书听课，散文纪事

赵安民：宁儿在美国，冈儿在加拿大。他们那边您都应该去过吧？

吴道弘：加拿大没去过，加拿大他母亲去了，我没有去。

赵安民：他们经常回来吧？

吴道弘：加拿大他回来的时间少。

赵安民：今年几月份他回来了一趟？上次电话约访谈时间，您说国外的儿子要回来待几天。

吴道弘：对。

赵安民：就是加拿大的孩子吧。

吴道弘：对。

赵安民：那您是去过美国。

吴道弘：去过美国，我没去加拿大。

赵安民：我看您的书里收录内容，去美国写了不少文章。

吴道弘：有一点反映。

赵安民：您是哪一年去的美国？

吴道弘：我具体也说不上来。

赵安民：我看您的文章里面，去过不止一次。

吴道弘：好像去过两次。

赵安民：有文章是在1996年写的，后面好像是2006年，您两次之间可能大概间隔十来年。

吴道弘：对。

赵安民：我找找您的文章。您的大孩子是在美国的哪个市？

吴道弘：旧金山。

赵安民：他在旧金山，您是去那边两次，对那边有什么印象？

吴道弘：我到那个大学去了，到图书馆去看了几次书。正好在大学图书馆有一个展览，好像是跟蒋介石有关的，可以公开，所以去的人很多。只要学校开门了，任何人都可以签一个名去看书抄书，而且他提供纸。好像是蒋介石的一些信还是日记，我都忘了。那个时候也没有事，趁儿媳妇有个车，早上把我送去，中午她就来接了，下午就不去了。

赵安民：那是前一次还是后一次？我看您1996年是第一次。

吴道弘：那是1996年。

赵安民：您写了一篇文章，是在加州坐火车的印象，是1996年写的。

吴道弘：对。那个时候我有一个表兄在那里，我姨妈的表兄在加州的省会，所以在加州住。

赵安民：您去那个图书馆是去了好多次？

吴道弘：去了好多次。就是我跟你说的，早上我儿媳妇要去上班，她带过去，有时候中午就顺路接我回去了；有时候中午就在外面吃一点，下午接着看书。

赵安民：我看您在美国写了好几篇文章，一篇是写在加州坐火车，还有一篇写"约塞米蒂"。

三、进行研究与创作

吴道弘：“约塞米蒂”是一个比较大的风景区。

赵安民：加州的一个国家公园。

吴道弘：对，国家公园。

赵安民：还写过《飞向纽约》。

吴道弘：那是到一个亲戚家去，纽约一个亲戚家。

赵安民：在纽约有什么故事没有？

吴道弘：没什么故事。他们弄什么我帮助弄一点，他们自己搞一点副业，我帮着一起打理，没有其他的。

赵安民：我看您第二次应该是2006年，您写的寄自旧金山的五封信。

吴道弘：对。

赵安民：那个时候怎么在旧金山写信呢？

吴道弘：好像也没有什么事，在那里去图书馆抄一点东西，浏览一下，他们都去上班了。

赵安民：旧金山市哪个图书馆？

吴道弘：大学的一个图书馆。

赵安民：斯坦福大学？

吴道弘：对，斯坦福。抄的东西不知道收到哪里去了。

赵安民：听说您还在那里听了叶嘉莹讲课？

吴道弘：那是在哈佛大学，一个礼拜天。看到一个广告或通知，叶嘉莹好像是讲近代的一个作家，在哪个教室里面，几层，第几教室，进去就可以随便听了。

赵安民：您还去听了一次讲课。

吴道弘：是的。后来知道她到南开大学去讲座了，南开请她去讲课了。

赵安民：后来任南开大学古典文化研究所所长。

吴道弘：她到南开大学去了，很长一段时间。

赵安民：南开大学后来到晚年给她专门建了一个迦陵学舍。叶嘉莹教授一辈子主要是讲古诗词的。

吴道弘：对。这个老太太挺和气的。

赵安民：对，她很不简单。

吴道弘：她不简单，而且大学里面她在那里讲课，教室也开着，你去听一会儿不感兴趣走了也无所谓，你晚一点去也可以。

赵安民：您对当时的教室有没有印象，教室大不大，大概有多少人？

吴道弘：不是很大的一个教室，也就这个两间，这么大的一个教室。（吴老指着我们访谈的厅房比划）

赵安民：有多少人听课呢？

吴道弘：人不多，我是没有事去串门，看到那里有人在讲课，门也开着，也不要票什么的，进去听就行了。

赵安民：您退休后的晚年生活挺丰富。您八十岁的时候大概是1998年、1999年，那个时候您孩子给您贺寿的诗里面说编刊，是不是编《出版史料》？

吴道弘：那个时候可能还没有编刊。

赵安民：对了，主编《出版史料》是2001年开始的。他的诗句大概是泛指编书刊。

四

人民出版社(1950—1995)出版物摭谈

赵安民： 我看您大部分的工作都是在人民出版社，人民出版社也出了很多经典的出版物。请您再谈一谈人民出版社出版的图书，您是自己经手编辑审稿的书也好，或者您了解知道的书，我们再谈一下人民出版社的出版物。您是1950年就到了人民出版社吗？

吴道弘： 1950年到三联了，后来到北京以后，当时国家有一

参观延安清凉山新闻出版革命纪念馆

个专业化政策，出版跟发行要分开，三联书店是又有出版又有发行的，我就分到出版那一部分，到人民出版社来了，三联的发行并到新华书店去了。

吴道弘在 2004 年图书编辑学术讨论会上发言

赵安民：我看了《大事记》记载，生活·读书·新知三联书店是 1951 年 8 月并入人民出版社。

吴道弘：对。

赵安民：1951 年人民出版社出版了不少好书，《毛泽东选集》第一卷、《中国社会各阶级的分析》，这两本都是毛主席的书。《中国共产党的三十年》是胡乔木著的。另外还有《中国革命读本（上、下册）合订本》，王惠德等著。

吴道弘：三个人合著的，于光远、王惠德，好像是他们几个人编的。

赵安民：他们几个人写的。另外还有刘大年著的《美国侵华史》。

吴道弘：对，刘大年那个时候是科学院历史研究所的研究员。

赵安民：《美国侵华史》这本书您还有点印象吧？

吴道弘：这本书倒还是有点印象的。这本书那个时候比较早，应是人民出版社出的。但是后来人民出版社几年以后又来了一个女同志，也是年纪不小了，她已经写了美国史的中文稿，后来人民出版社提出以后给她条件，让她写美国史，叫黄绍湘。

赵安民：这本《美国侵华史》作者是刘大年。

吴道弘：刘大年是中国科学院历史研究所的。当时我们也不知道为什么人民社吸收了一个黄绍湘写美国史。她是编辑，但是给她一些条件，让她在人民出版社工作这段时间就写美国史。因为她在美国待了好多年，到人民出版社来工作了，她原来已经有稿子了，社里觉得这个女同志虽然到人民社来工作了，但还是给她条件让她写美国史。

赵安民：她后来出版了吗？

吴道弘：黄绍湘的书出了。

赵安民：也是在人民出版社出版的？

吴道弘：对。

赵安民：相当于是安排的工作似的。

吴道弘：对。

赵安民：我看人民出版社1952年也出了不少好书，有斯大林的《苏联社会主义经济问题》，《毛泽东选集》（第二卷），胡绳写的《帝国主义与中国政治》。

吴道弘：这是本老书了。

赵安民：郭沫若的《甲骨文字研究》，卿汝楫的《美国侵华史》（第1卷）。《为新中国奋斗》，宋庆龄著。

吴道弘：对。

赵安民：这里又有一本《美国侵华史》。

吴道弘：应该是人民出版社吸收了黄绍湘。黄绍湘是搞美国史的，在美国读研，人民出版社吸收了她，她有美国史的书稿，所以就让她来创作。在我的印象里面，研究美国史我们还没有在美国待过的作者，只有她在美国待了好几年。

赵安民： 那时候刚刚抗美援朝了。抗美援朝是1950年开始的，跟这个可能有关系。

吴道弘： 对。

赵安民： 黄绍湘的《美国简明史》是1953年出版的。

吴道弘： 她原来有个初稿，后来到人民出版社以后就专门修改写她的书。

赵安民： 请谈谈宋庆龄《为新中国奋斗》这本书的情况。

吴道弘： 这个我就不知道了，可能是上面交下来的。

赵安民： 1953年人民社还出版了《资本论》第一、二卷，郭大力等译；《列宁文选》（两卷集）中的第一卷，《斯大林全集》第一、二卷，《毛泽东选集》第三卷。

吴道弘： 那个时候成立了一个马列著作编译局。编译局有自己的任务，可能是担心有的书很重要，要先搞。我的印象里面，黄绍湘是搞美国史的，从美国回来以后，她是党员了，还是让她修改她的美国史。过去有一些左派搞美国史的连美国也没去过。她在美国读研，可以亲身感受美帝国主义究竟是怎么回事儿。

赵安民： 应该说她对美国了解比较清楚。

吴道弘： 是。我的印象里是这样，所以她来了就让她搞美国史。

赵安民： 人民出版社出了好几本《美国侵华史》之类的书。

吴道弘： 对。

赵安民： 1953年人民社还出了《经济建设常识读本》。

吴道弘： 这个好像是在《学习杂志》上登了以后汇编成册，原来是连载的，后来汇编成册。

赵安民： 还出了一本《论苏联社会主义经济建设》，出了好几本经济方面的。

吴道弘：这个是谁编的？

赵安民：没写作者，可能是社里面搞的。1954年人民社出版新书295种，重印书220种，共计515种。这里面有几种重要的书：《列宁文集》第1—7卷，《列宁文选》（两卷集）第2卷，《斯大林全集》第1—3卷，《中国古代社会研究》，郭沫若著。这里还有一个尚钺主编《中国历史纲要》。

吴道弘：尚钺那个时候是中国人民大学的教授，历史系的。

赵安民：还有一本黎澍著《辛亥革命前后的中国政治》。

吴道弘：黎澍是个老党员，是历史学家，搞了多种专著。

赵安民：1955年人民社也出了《列宁全集》第一卷。

吴道弘：那个都是编译局的任务。

赵安民：他们把外文翻成中文以后由人民社来出版。

吴道弘：对。

赵安民：另外还有侯外庐的《中国古代社会史论》。

吴道弘：这个好像是老书，可能解放以前就有的。

赵安民：尹达写的《中国新石器时代》。

吴道弘：尹达好像是考古所的。

赵安民：唐长孺写的《魏晋南北朝史论丛》。

吴道弘：这位作者是武汉大学的教授，正好那时在北京开一个历史专家的会议，可能就是这前后跟他约的稿。

赵安民：罗尔纲写的《太平天国史记载订谬集》。

吴道弘：罗尔纲有好多关于太平天国的东西。

赵安民：罗尔纲是太平天国的研究专家？

吴道弘：对。后来没消息了，是不是故世了？书出了，好像就没有东西了。

赵安民：当时出书的时候年龄不小了？

吴道弘：不小了。

赵安民：那是1954、1955年了。邓广铭还写了本《岳飞传》。

吴道弘：邓广铭是北大的教授，北大历史系的。

赵安民：这一年还出了《韬奋文集》。

吴道弘：《韬奋文集》好像是先编了两本，后来在上海的韬奋的著作出了不少。那个时候韬奋的女儿就在人民出版社工作，后来调到上海去了，所以上海出了不少韬奋的东西。

赵安民：1956年人民社出的书重要的有：《马克思恩格斯全集》第一卷，吴晗写的《读史札记》，还有德国梅林写的《马克思传》。

吴道弘：那是翻译的吧。

赵安民：应该是。还有德国黑格尔写的《哲学史讲演录》第一卷。

吴道弘：黑格尔著的。

赵安民：对。还有《狄德罗哲学选集》。

吴道弘：对。

赵安民：这里还有《孙中山选集》上、下卷。

吴道弘：这个好像是上面要搞的。

赵安民：人民社马列著作真出了不少。1957年有《马克思恩格斯全集》第二卷，《马克思恩格斯选集》第一、二卷，《列宁全集》四卷，《斯大林全集》一卷。另有《中国思想通史》第一、二、三卷。《北洋军阀统治时期史话》。

吴道弘：这个好像是比较通俗一点的。

赵安民：陶菊隐著，第一、二、三、四册。

吴道弘：对。

赵安民：这里有一本季羡林著的《中印文化关系史论丛》。

吴道弘：那个时候季羡林就在北大。

赵安民：他是这方面的权威专家？

吴道弘：对。

赵安民：《马克思主义的基本问题》是俄国的普列汉诺夫著，美国摩尔根写的《古代社会》，德国康德的《纯粹理性批判》。

吴道弘：这也是老书。

赵安民：美国约翰·里德的《震撼世界的十天》。

吴道弘：是那个时候突击搞的。当时谁提了一下要搞这本书，所以是突击的。

赵安民：原来也是编译局翻译过来的吧？

吴道弘：不是，原来不是。

赵安民：这是美国人写的书？

吴道弘：从英文翻过来的。

赵安民：这里译者没有记载。

吴道弘：因为好像是突击搞的。

赵安民：突击是因为形势，当时有一个什么情况。

吴道弘：当时什么形势我不知道。

赵安民：《震撼世界的十天》，这是讲的什么内容，哪十天呢？

吴道弘：好像就是十月革命吧。

赵安民：1959年有本《李大钊选集》。

吴道弘：那个是某个专门机构编的。

赵安民：没有署作者名。

吴道弘：不太清楚哪个机构编的，这好像是他们的工作任务。

赵安民：1959年还有《列宁全集》22卷。

吴道弘代表人民出版社领奖

吴道弘： 那个都是马列著作编译局翻译了以后我们出版的。

赵安民： 这一年还出了艾思奇著的《辩证唯物主义纲要》增订本。

吴道弘： 这本书当时是马列主义水平比较高的，艾思奇当时好像在党校教书。

赵安民： 艾思奇早年还写过《大众哲学》。

吴道弘： 对，他过去以前是比较进步的。

赵安民： 艾思奇对马列主义、辩证唯物主义哲学的普及宣传起的作用蛮大。

吴道弘： 对，教书，还有培养人。

赵安民： 薛暮桥特有名，搞经济的。

吴道弘： 对。

赵安民： 他写的《中国国民经济的社会主义改造》。

吴道弘： 他既有理论又有实践经验，他当时在政府做什么事情。

赵安民： 1959年还出版了邓拓著的《论中国问题的几个问题》。

吴道弘：这是一本旧书，那时候邓拓是北京市委书记。

赵安民：1960年人民社又出了《列宁选集》1-4卷。

吴道弘：那个都是马列著作编译局他们选的。

赵安民：1959年出的是《列宁全集》22卷，1960年出的是《列宁选集》1—4卷。

吴道弘：向我普及一点吧，我看的书少。

赵安民：哈哈！吴老谦虚而又幽默。这一年还出了《毛泽东选集》第4卷，苏联的波诺马辽夫主编的《苏联共产党历史》，还有苏联娜·康·克鲁普斯卡娅写的《列宁回忆录》，她是专门研究列宁的专家？

吴道弘：她是列宁夫人。

赵安民：1960年还出了一本比较有名的《西行漫记》，埃德加·斯诺写的。

吴道弘：对。

赵安民：《西行漫记》很早就出过了吧？

吴道弘：很早就有，这次不知道是重新译的还是其他，反正也是上级安排的。

赵安民：1961年艾思奇主编的《辩证唯物主义与历史唯物主义》。

吴道弘：那时候他在党校教书。

赵安民：是集体编的，艾思奇主编。

吴道弘：对。

赵安民：金岳霖《逻辑》。

吴道弘：光是逻辑？

赵安民：对，《逻辑》这本书，后面括号写的"逻辑丛刊"，大概是"逻辑丛刊"里面的一本。

吴道弘：金岳霖那个时候好像在北大教书还是在哲学研究所，我记不起来了。

赵安民：有于光远主编的《政治经济学》。您对这一本吴玉章写的《辛亥革命》有印象吧。

吴道弘：吴玉章是党的老人了，这本书还是比较好的。

赵安民：很权威是吧？

吴道弘：比较权威，也不是那么有贬低色彩的。

赵安民：比较客观。

吴道弘：对。

赵安民：1962年冯友兰的《中国哲学史新编》第一册，郭沫若主编的《中国史稿》第一、四册，周一良等主编的《世界通史》（上古、中古、近代部分）。

吴道弘：这些都是当时大学哲学系、历史系的教材。

赵安民：郭沫若主编的《中国史稿》您还有印象吗？

吴道弘：我没有经手过，有印象的。

赵安民：1963年出了《从五四启蒙运动到马克思主义的传播》，丁守和等著。

吴道弘：作者是社科院历史研究所的，这本书应该是不错的，但是"文革"期间丁守和不得了。

赵安民：丁守和受冲击了是吗？

吴道弘：受冲击了，当然还有别的事情。

赵安民：跟这本书有关吗？

吴道弘：我们把他拉到人民出版社来批判，就以这本书为主。

赵安民：是这样的！《从五四启蒙运动到马克思主义的传播》，"文革"为何要批他这本书呢？

吴道弘：他在本单位也在挨批，后来我们知道了也来批他。

赵安民：批他的时候他本人到场吗？

吴道弘：到，他不得不到。那个时候"文革"期间，我们要批评的是书的作者。

赵安民：把社里面的人集中起来开会？

吴道弘：社里开大会，事先准备好几个发言，请他来。

赵安民：他也来到会议室里面。

吴道弘：好像在一个饭厅里面。

赵安民：没有别的人？他坐在台上？

吴道弘：都在台上。

赵安民：怎么批？有几个发言？

吴道弘：有几个发言。

赵安民：主要是针对这本书。这一年还出了《胡志明选集》第1卷。

吴道弘：这是个任务。

赵安民：比如说批丁守和。这本书是1963年出的，三年之后"文革"就开始，大概是1966、1967年批他。

吴老给参加访谈的实习研究生书写古诗词

吴道弘：大概抓住一点什么事情，另外他可能还有别的书。

赵安民：像这种时候就是叫批斗吧？

吴道弘：就是批。

赵安民：只有批，还没有斗？

吴道弘：他那个书其中好像只是有错误观点，不是反动。

赵安民：批和斗是有区分的，斗的话性质就更严重了？

吴道弘：斗可以喊口号的。比如说的哪个观点不对了，认为你是跟毛泽东思想抵触的，谁诬蔑毛泽东思想就要打倒谁，是这样的。

赵安民：1964年出版了《毛泽东选集》（第1—4卷）线装本和（第1—4卷）的合订本。

吴道弘：这个是专门供应给年纪大的领导。

赵安民：前辈领导。

吴道弘：但是印数可能也不少。

赵安民：《毛泽东选集》1964年人民社就出过线装本，还出了《毛泽东著作选读》的甲种本。

吴道弘：它有两种，内容稍微不一样，甲种的好像是内容丰富一点，乙种的是篇幅少一点。乙种本是由中国青年出版社出版的。为了适应不同程度的人学习。

赵安民：还出了一本俄国普列汉诺夫写的《论艺术》，《论艺术》后面括号写的"没有地址的信"。

吴道弘："没有地址的信"是怎么回事儿，原名叫《没有地址的信》，好像是这样。这本书我是看过的，我家里面有。

赵安民：1964年出版的。

吴道弘：那个时候普列汉诺夫等于是正确观点的。

赵安民：意思就是说它是符合这个马克思主义的艺术观的，是吧？

吴道弘：对。

赵安民：1965年出了德国梅林著的《马克思传》。

吴道弘：梅林是老作家了。

赵安民：1965年又出了刘大年著的《中国近代史诸问题》。

吴道弘：刘大年那个时候是在社科院中国近代史所当所长。他把近代史里面的一些学术上的问题抽出来专门讲，另外还有一本是讲近代史论。

赵安民：历史诸问题。

吴道弘：要研究中国近代史中遇到的那些问题。

赵安民：吴晗写的《朱元璋传》也是1965年出版的。

吴道弘：没有什么问题。后来"文化大革命"吴晗也被批得很厉害。

赵安民：跟这本书没有关系吧？

吴道弘：跟书没有关系，但是人倒了书也可以批评。

赵安民：1966年"文革"的第一年出书暂时没受影响。从数量看，这一年出了《共产党宣言》（大字本）、《家庭、私有制和国家的起源》（大字本）、《国家与革命》（大字本）、《毛泽东选集》第1—4卷合订本、《孙中山选集》上下卷、《政治经济学》（资本主义部分，于光远等主编），还有一本《宋庆龄选集》。前面已经出过宋庆龄的集子，现在又出了一本。

吴道弘：这本好像内容多一点，是不是听到一些反映，好像是宋庆龄的东西还是应该多出一些，政治上把她看得很高，实际上她有些书还可以出，所以又出了一本。可能是这样子。

赵安民：人民社 1967 年出过《马克思主义的三个来源和三个组成部分》，这是列宁的。还有《毛主席关于文学艺术的五个文件》，这是文件汇编。还有《毛泽东语录》袖珍本。

吴道弘：这个袖珍本我怎么不知道，有吗？

赵安民：那个时候的《毛泽东语录》和《毛泽东选集》全都是人民出版社出版的吗？

吴道弘：基本上都是。毛主席著作中文版都是人民出的。

赵安民：那时候解放军出版社是不是也出毛主席的书？

吴道弘：它出的是那个专题的，可能是军事类专题的书。

赵安民：1968 年出了《资本论》第 1—3 卷大字本。

吴道弘：大字本实际上我不是很清楚。

赵安民：出了不少，反正是出了一系列。

吴道弘：这个大字本将来要到出版社找总编室或者出版部的人再谈一次。有的等于是直接从那里出的。

张　云：大字本是中华书局和商务印书馆出了不少。

赵安民：哦。

吴道弘：是上面要的，所谓大字本当然不是供毛泽东一个人看，还有其他人也要看。

赵安民：专供老干部。

吴道弘：对。

赵安民：《毛泽东选集》第 1—4 卷的 64 开合订本，那应是很厚的一个本子。

吴道弘：我可能都没有见过。

赵安民：我好像见到过，现在的旧书市场还有呢，几年前我还从书摊买了一本。

吴道弘：是吗？

赵安民：1969年出版《马克思恩格斯选集》第1—4卷的布面精装本，括号注明"（未发行）"。1970年又出了《马克思恩格斯选集》第1—4卷的纸面精装本，仍注明"（未发行）"。一个布面，一个纸面。

吴道弘：这个我都没有经手。

赵安民：那几年您正好在干校。1969年到干校去的吗？

吴道弘：对，正好在干校。

赵安民：1972年这里列的书还不少。《马克思恩格斯选集》第1—4卷，《列宁选集》第1—4卷，《毛泽东的五篇哲学著作》（大字本）。

吴道弘：这几种书我都没有看到过。

赵安民：还有《回忆与思考》上下册，是内部发行，是苏联格·康·朱可夫写的。

吴道弘：我都没有看到过，大字本可能都是上面要的。

赵安民：1973年出了《关于钓鱼岛等岛屿的历史和归属问题》，括号注明"（内部发行）"，是日本井上清著的。

吴道弘：我都没看到过。

赵安民：《（赫鲁晓夫）回忆录》，内部发行。1974年有《第三帝国的兴亡》1—4卷。

吴道弘：《第三帝国的兴亡》没有那么多吧？

张　云：我看过三本。

赵安民：《第三帝国的兴亡》就是写纳粹德国史。《杜鲁门回归录》（1），是美国威廉·夏伊勒著的。

吴道弘：这个好像是公开发行的吧？

赵安民：《杜鲁门回忆录》没有标明是哪里发行的，应该是公开的吧。1975 年出过一本邓广铭著的《王安石》。

吴道弘： 对，这个本子不大。

赵安民： 小册子，而且我还买过旧书，可能十多年前。很小，一个薄册子，可能只有几万字。还有美国的海斯等著《世界史》。

吴道弘： 对。

赵安民： 1976 年出的书里面有《马列著作毛泽东著作选读》四册，分哲学部分、政治经济学部分、科学社会主义部分、党的学术部分。

吴道弘： 这个好像我都没看到过。

赵安民： 范文澜的《中国通史》发行量不少。

吴道弘： 对。一个是尚钺的，一个是范文澜的，范文澜的好像发行得比较多。

赵安民： 人民出版印成灰皮书吗？

吴道弘： 白皮书我知道，但是我没有经手过。

赵安民： 灰皮书是？

吴道弘： 白皮书就是叫老修正主义的白皮书，黄皮书是现代修正主义的。

赵安民： 什么年代出的？

吴道弘： 大概同时出的。

张　云： 内部发行的。

赵安民： 内部参考，不公开发行。

吴道弘： 我这里是不是还有几本，不知道了。

赵安民： 李达主编的《唯物辩证法大纲》，1976 年出版的。

吴道弘： 我不怎么记得，没这个印象。

赵安民： 1977 年出版的《毛泽东选集》第 5 卷，这个您应该知道。

吴道弘：这个我知道，后来《毛泽东选集》6、7、8没出。

赵安民：没出？

吴道弘：不知道什么原因，我也没有听说过。

赵安民：出到第5卷就打止了？

吴道弘：对。

赵安民：但是好像毛泽东后来出了全集版。

吴道弘：没有全集。选集第5卷我好像都没有看到了。

赵安民：1978年出版了《〈马克思恩格斯选集〉中的希腊罗马神话典故》。

吴道弘：这是个小本子，完全是学术性的，好像是戈宝权编的，我还到他家里谈这个事情。

赵安民：就谈这本书是吗？

吴道弘：从学术的角度，或者以文学典故为主的，因为这个他熟悉，他对苏联总体是比较熟悉的。

赵安民：《马克思恩格斯选集》里面涉及不少希腊、罗马神话典故？

吴道弘：这神话典故出处很重要。搞政治的不知道，戈宝权对文学都很熟悉，所以他也知道。这本书是什么时候出的？

赵安民：1978年。

吴道弘：1978年我们都从干校回来了。

赵安民：早回来了。您还就这本书到他家里边跟他谈过。

吴道弘：他已经编好了，或者正在编。还有一个人，我们两个一起去的，专门谈这本书，知道他在搞这个东西。我们还特别说了一下，这些典故，熟悉苏联文学的还能知道，别人不知道这个典故的出处是哪里。

赵安民：1979年出的《李大钊传》，《周士第回忆录》，《中国近代思想史论》（李泽厚著）。《伟大的道路：朱德的生平和时代》（美国史沫特莱著）。

吴道弘： 翻译书。对，有的，挺厚一本，比较厚的。

赵安民： 这个史沫特莱好像到中国来过不少回。

吴道弘： 是。

赵安民： 在延安的时候就来了吧。

吴道弘： 对。他采访毛泽东比较少，他对朱德采访得比较多。

赵安民： 翦伯赞主编的《中国史纲要》（第1册）。

吴道弘： 当时翦伯赞、范文澜都是共产党里面搞历史的专家。吴晗他们好像是党外的或者是什么。

赵安民： 李泽厚著的《批判哲学的批判》。

吴道弘： 李泽厚后来是不是到美国去了？不知道。

赵安民： 1980年出版了戴逸主编的《简明清史》（第1册）。

吴道弘： 这本书还是比较好的，学术方面比较好的。

赵安民： 在1984年出版了第2册，一共2册。戴逸是清史专家。

吴道弘： 对，清史专家。

赵安民： 1980年出版了黄绍湘著的《美国通史简编》。

吴道弘： 黄绍湘是党内的美国史专家，长期在美国住的。回国后就到人民出版社来，让她写美国史。

赵安民： 1980年还出版了王芸生编著的《六十年来中国与日本》。

吴道弘： 这本书我们的编辑费了一些力气的，戴文葆好像还帮助他搞了一段时间。

赵安民： 这种书一共8卷。

吴道弘： 是。

赵安民： 第8卷到1982年才出齐。金岳霖主编的《形式逻辑》。

吴道弘：这个主要是他搞，我们编辑没有搞。

赵安民：也是1980年出版。1980年还出版了《周恩来选集》上卷，《周恩来选集》可能是第一次出。

吴道弘：对，第一次出。

赵安民：1981年出了《刘少奇选集》上卷。

吴道弘：《周恩来选集》上卷，我听说过好像总理不愿意编多，总理很谨慎的。我耳朵里听到的，好像他不愿意，全部选集是很严的，怎么选呢，口径不一样，不大好弄。

赵安民：1981年5月23日国家出版局发出《关于〈刘少奇选集〉上卷出版工作的通知》，"通知"指出：《刘少奇选集》上卷由人民出版社出版，计划出版精装本、平装本、普及本三种版本，开本、装帧、版式、正文用纸均与《周恩来选集》相同。

吴道弘：这是一个待遇问题。

赵安民：刘少奇的待遇跟周总理相同。这个时候刘少奇都已经平反了。

吴道弘：平反了。

赵安民：1981年还出了《六大以前——党的历史材料》，还有一本是《六大以来——党内秘密文件》。

吴道弘：我都没有看到过。

赵安民：1981年还出版了《李达文集》第一、二卷，《艾思奇文集》第一卷，于光远著的《政治经济学社会主义部分探索》第一、二卷，胡绳著的《从鸦片战争到五四运动》，这本书好像还蛮有名的。

吴道弘：很早就有。

赵安民：胡绳搞近代史。那个时候胡绳是在任何职？

吴道弘：胡绳在中宣部。有一段时间胡绳是兼人民出版社的社长,但是他不来上班,名义上的。

赵安民:1981年还出了杨国桢著的《林则徐传》。

吴道弘:这本书是新的吧。

赵安民:应该是。1982年出版了《彭德怀自述》,这本书也蛮有名的。

吴道弘:大家都想看。其实彭德怀解放以后是军委副主席,1954年担任国防部长。1959年庐山会议后就没有军职了。"文革"中又遭迫害,1974年去世了。

赵安民:1983年出版了《朱德选集》,这一年也出版了《邓小平文选(1975—1982)》。1983年还出版了《关于建国以来党的若干历史问题的决议(注释本)》。

吴道弘:没有说内部发行?

赵安民:没说。1983年还出版了《郭沫若全集·历史篇》第一、二、四卷。共八卷,1986年出齐的。1983年还出了《闻一多全集》4卷。

吴道弘:这个是用三联名义的吧?

赵安民:没有。1983年还出了《第三次浪潮》,美国的阿尔温·托夫勒写的,当时引起的社会反响挺大。

吴道弘:对。

赵安民:1984年出版了《毛泽东书信选集》。这本书我原来买了通读过。

吴道弘:不是内部发行吧?

赵安民:不是内部发行,是公开出版书店有售。我在北京买的,我是在2000年前后买的。《陈云文选》也是1984年出版的。

吴道弘:对。

赵安民:朱德等老一辈党和国家领导人陆续都给出了文选。

吴道弘：对。

赵安民：胡乔木的《关于人道主义和异化问题》这本书是1984年出的，当时好像曾引起很大反响。

吴道弘：看看他怎么讲的。

赵安民：反映了当时的一种思潮。这一年还出版了任继愈主编的《中国哲学发展史》。还有《蔡元培传》《李四光传》。刚刚提到《刘少奇文选》下卷是1985年出版的。《周恩来选集》《刘少奇选集》都是两个下卷，都是1985年出版的。您刚刚说的这个待遇相同，他们的下卷都是同时出版，都在一年。

吴道弘：对，都是有步骤的。

赵安民：哦。1985年还出了《李大钊文集》上下卷，《瞿秋白文选》《张闻天选集》《冯玉祥选集》（上卷）都是1985年出的。

吴道弘：冯玉祥也是用人民出版社的名义出的是吧？

赵安民：对。1986年《毛泽东著作选读》上下册、《陈云文选（1956—1985）》、《郭沫若选集·历史篇》第5—8卷。1987年出了《瞿秋白文集》政治理论编第一卷、《朱德年谱》，宗白华著的《美学与意境》也是人民社出的。蔡美彪等著的《中国通史》第9册。

吴道弘：原来他们的写作班子是范文澜的班子。

赵安民：前面都是范文澜他们编的，后来是相当于蔡美彪接班了。

吴道弘：对，接班了。

赵安民：这有曾彦修、张惠卿等著的《编辑工作二十讲》，您也参加了写作吗？

吴道弘：我可能写过一个前言还是什么。这实际上就是出版社内部给编辑讲课的讲课稿汇编。

四、人民出版社（1950—1995）出版物撷谈　245

赵安民：1988年还出版了任继愈主编的《中国哲学发展史》（魏晋南北朝）、冯友兰著的《中国哲学史新编》第5卷、汪子嵩等著的《希腊哲学史》第一卷、王梦奎著《社会主义初级阶段的经济》、于光远主编的《中国社会主义现代化建设》，以及《黄文欢文选》。

吴道弘：黄文欢是越南党的领导，越南共产党的领导。

赵安民：还有《赫鲁晓夫回忆录》的续集《最后的遗言》，1988年还出版了英国作家亨利·佩林写的《丘吉尔传》。

吴道弘：这个我倒不知道，有没有写内部发行？

赵安民：没有。1990年出版的《谢觉哉文集》《廖承志文集》（上、下），1990年还出版了刘绪贻等主编的《美国通史丛书》里面的《战后美国史（1945—1986）》。

吴道弘：《美国通史丛书》是社科院的世界史所编的。

赵安民：《赖传珠日记》，沈阳军区《赖传珠日记》整理编辑领导小组编的。1991年出了《彭真文选》，还出版了陈之骅主编的《苏联史纲》。

吴道弘：这是世界史所的。

赵安民：1992年出了《陆定一文集》。

吴道弘：都是中宣部规定的几套文集，哪几个人可以出文集什么的，都统筹安排的。

赵安民：1992年还出版了杨生茂主编的《美国外交政策史》。

吴道弘：杨生茂是南开大学外语系的主任，他到大学教书以前是人民教育出版社的编辑，我跟他关系很好。"三结合"的时候请他作为一个专家来一起编稿子，我还到南开大学去找过他。（张云老师门外接到人民出版社送来的《人民出版社九十年（1921-2011）》彩印纪念册，吴道弘接书递赵安民）

四、人民出版社（1950—1995）出版物摭谈

赵安民：《人民出版社九十年（1921—2011）》。这个是彩色印刷本，装帧好精美！

吴道弘： 你给我的《大事记》不是这样封面的。我要的是《大事记》，他怎么给我这个东西？

赵安民： 没事，我们到时候都给它拍下来作书影，来得很及时。

张　云： 这是不是新版？

赵安民： 可能是新版的。这一卷全部是图片。这里有好多书影。人民出版社各部门办公室的介绍。您再找他要一本《大事记》，这个也留着吧。

吴道弘： 这本给你。这好像是出得早，我要的不是这本。

赵安民： 没事，这本您也可以看一看，翻一翻。

吴道弘： 对。

赵安民： 是不是正式出版物？有书号，是正式出版物。2012年2月第一版，第一次印刷。《人民出版社九十年》，这个是纪念册，另一种《人民出版社大事记》。

赵安民： 1993年出了白吉庵著的《胡适传》，作者是社科院近代史所的。

吴道弘： 对。

赵安民： 这本书作者白吉庵还签名赠送给了我一本。原来我在中国书店的时候，有一位山西人民出版社的蒋泽新也是搞编辑工作的，他介绍我认识白吉庵的。当时白吉庵正在编章士钊的集子。（翻《人民出版社九十年（1921-2011）》纪念册）这是习近平的贺信："人民出版社：欣闻贵社建社九十周年，谨向你们表示热烈祝贺。九十年来，人民出版社为宣传普及马克思主义，繁荣哲学社会科学，丰富广大人民群众文化生活，作出了重要的贡献，希望你们再接再厉，多出好书，当好党和人民出版事业的排头兵。为推进马克思主义中国化、时代化、大众化，发展社会主义先进文化和建设社会主义核心价值体系再立新功。习近平 2011年8月31日。"李克强贺函："祝贺人民出版社创建九十周年，并向全社员工表示诚挚问候，希望并相信你们一定能够继承优良传统，不断开拓创新，更好地发挥国家出版社的作用。"李克强 2011年9月27日。

还有温家宝的题词，这都是九十周年的纪念。等于前任领导也题词了。

赵安民：1993年人民出版社出版的季羡林著的《留德十年》，您有点印象吗？

吴道弘：有点印象。季羡林北大的，当时是不是副校长不知道了。

赵安民：好像当过副校长。

吴道弘：对。

赵安民：他在德国待了十年。1993年《宋庆龄选集》上、下卷出版了。

吴道弘：对。

赵安民：这个是徐砚华编的吗？

吴道弘：不是吧，徐砚华编的好像是《宋庆龄书信选集》，不是这个。

赵安民：这里没写编者。1993年还出版了李一氓著的《模糊的荧屏——李一氓回忆录》。

吴道弘：对。

赵安民：1994年任继愈主编《中国哲学发展史（隋唐卷）》，侯外庐著《中国近代启蒙思想史》，中央档案馆编的《毛泽东书法大字典》。

吴道弘：你有一本《毛泽东书法大字典》。

赵安民：我有一本。经常看，确实这本书编得挺好。别的出版社也不会随便出，就这么一本毛泽东书法的字典，这应该是全国唯一的一本，好像没见过别的。大16开精装的。1995年陆续又出版了《陈云文选》《彭真文选（1941—1990）》《胡乔木回忆毛泽东》。

吴道弘：《胡乔木回忆毛泽东》我还留了一本。

赵安民：《中国通史》第1—10册，范文澜、蔡美彪等著，看样子这套书是出齐了。

吴道弘：对。蔡美彪是范文澜的学生。

赵安民：1995年还出版了《彭德怀传》编写组编的《一个真正的人——彭德怀》。

吴道弘：这个我都没有看到过。

赵安民：1995年还出版了《毛泽东文选》第1—2卷，中共中央文献研究室编的。您这个里面看了的东西都可以谈一谈。

吴道弘：这是我退休以后出版的。

赵安民：没关系，都是出版史。通过您谈出来的都成了吴道弘口述出版史。（翻看《人民出版社九十年（1921-2011）》纪念册）这是纪念大会合影。

吴道弘：对。

赵安民：这是什么地方，这么漂亮。

吴道弘：人民大会堂。当时好像是部级宣传还是什么。

赵安民：对，好像是。中共中央政治局委员、中央书记处书记、中宣部部长刘云山在人民出版社创建九十周年纪念大会上讲话。新闻出版总署署长柳斌杰、人民出版社社长黄书元也讲话了。

吴道弘：温家宝还有一个题词："立足传统，开拓创新，服务人民"。

赵安民：《人民出版社大事记》这本书在纪念册里也反映了。

吴道弘：反映了一下。

赵安民：《人民出版社大事记（1921–2011）》书影下有说明：本书真实记录了1921年到2011年人民出版社的重大事件，并且全面完整反映了人民出版社创建九十周年来的辉煌历程。

吴道弘：还有习近平、李克强的九十周年贺信。

赵安民：是的。这里还有这么一个名称，叫"人民出版社创建九十周年国庆招待会"，国家庆祝。

吴道弘："国庆"这个词很容易引起误会，实际上是人民出版社九十周年的国庆招待会……

赵安民：这个不是那个国庆吧？这个名称挺有意思。国家庆祝当然也值得。习近平都写贺信了，那也是国家庆祝了。正好这个日子是2011年9月28日，以铭记历史、感恩社会、继往开来为主题的人民出版社创建九十年国庆招待会在北京举行，黄书元社长致辞。这个名称挺好。正好是9月28日，离国庆节差两天。这里有毛泽东同志为人民出版社《新华月报》创刊号题词，1949年题的。毛主席的字就是漂亮。

吴道弘：对。这个好像是会议现场写的，好像是会后胡愈之给他一个条子，写了请毛主席题写的内容。这不是"五爱"，是四爱，胡愈之漏了一爱。

赵安民："爱祖国，爱人民，

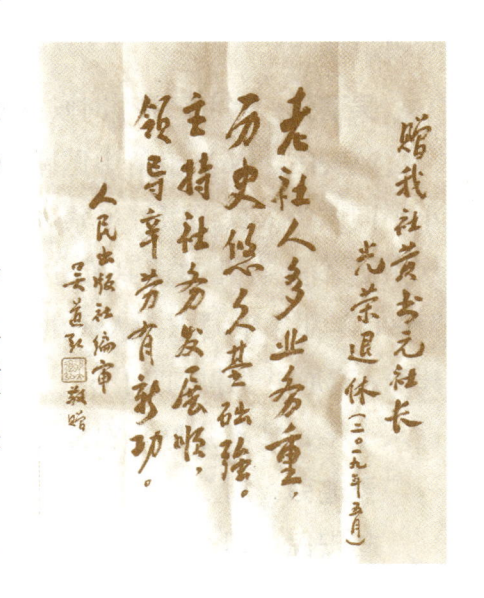

四、人民出版社（1950—1995）出版物掇谈

爱劳动，爱护公共财产，为全体国民的公德，"就是"四爱"。

吴道弘：当时开会的时候，正好毛泽东也在开会，胡愈之想起来这个事情就临时写了以后交给毛主席的秘书了，结果毛也没看。

赵安民：这个倒是也没关系。

吴道弘：没关系，但是这个故事，怎么会写呢？后来也不好再请他写了，就是"四爱"。

赵安民：他不是在当时写的吧？

吴道弘：不知道是不是当时写的，会场上当时有一个条子给他。后来照着这个条子写。

赵安民：毛主席有时候开会还带笔墨去。我记得在哪个地方看到有一次在人民大会堂开会时，有人随身给他准备着笔墨，还临时为人题词来着。

吴道弘：对。

赵安民：这个是毛泽东为编辑出版《毛泽东选集》给田家英同志的信。1950年毛泽东同志为人民出版社《瞿秋白文集》一书题词，写得很长。

吴道弘：毛主席那个时候精力好。

赵安民：1950年新中国刚刚成立一年，毛主席五十多岁。邓小平同志为人民出版社《蔡和森文集》一书题词，这是1979年。您最近不是有几次谈到邓小平为人民出版社题词的事。这里说"1990年邓小平同志为人民出版社重建四十年题词"，用的是"重建"，不是叫"建社四十年"。邓小平提的是"人民出版社四十年"这八个字，您不是好几次都提到过吗？

吴道弘：对。

赵安民：但是这里注解的是"重建四十年题词"，等于1949

年又重新恢复的。

吴道弘：这里改了一下提法，否则怎么办呢？说"四十年"那等于说是1950年才成立，是吧。

赵安民：对，1950年到1990年才是四十年。江泽民的题词："努力宣传马列主义、毛泽东思想，繁荣社会主义出版事业。"刚刚我还说要书有用，人民出版社的书马上就送过来了。感谢人民出版社同志！感谢张云老师大力支持！我们今天访谈暂时结束。

附录

吴道弘与书评

伍 杰

吴道弘（1929年生），著名编辑家，编审，中国韬奋奖获得者，曾任人民出版社副总编辑，中国图书评论学会副会长，中国编辑学会副会长，中国出版工作者协会学术委员会主任。1950年2月从上海诚明文学院中文系考入上海三联书店，一直从事编辑工作。他从20世纪50年代初就开始写书评，早期的书评文章。多已散失。80年代以后的书评。结集出版的有《书评例话》《书旅集》等。他评书约六十种，专论图书的书评文章九十多篇，近十八万字。

吴道弘的书评成就，首先表现在书评理论上。对书评的许多重要问题，他都作了许多理论性的阐述。如《读书与书评》《关于书评的一封信》《书评二十条·三十七条》《书评漫话》等。另外，有一组短文，共二十二则，叫《书评赏析》，是对书评文章的评论，这在目前是较为少见的，可谓别开生面。在《读书与书评》中，他说："书评本来就是图书评论的简称，这比较明确。在评论图书的时候。总是结合着介绍图书的内容；在介绍图书的时候，往往也离不开对它的评价。因此，'图书评论''图书评介'或'图书介绍'，这些名词在含义上是大体相同的。人们习惯上有时也把报道图书出版信息的文字（包括书讯、书介以至介绍书籍的广告文字），统统看作书评文字。"他分析说："书评是一种文体。即使这种体裁比较灵活，但仍然有书评的基本形式。我以为常见的书评形式有四种：一是介绍式的书评；二是评论式的书评；三是评介式的书评，即是评论和介绍的结合。兼有评论和介绍性的内容；四是综述式的书评，这是较新的一种书评形式。"他说："书评工作对于正确地指导读者认识新书有很大的意义，特别对于青年选择有益的书籍有很大的意义，直接起着指导读书的作用。"他在这里对什么是书评。书评的种类，书评的功能作了简要的论述。他在《关于书评的一封信》中说："写书评以前，一定要想清楚书评的目的性……书评的目的性不同，也就有不同的评论角度，因而目的性总是决定书评内容的主要因素。"还说写书评要"先从图书出发，从认识、分析图书着手。既入于书，又出于书。'入于书'是认真细致地读原书，千万不要一目十行，浮光掠影地阅读。'出于书'是要跳出书本来冷静地思考，有时是评书与论人并重，甚至用原书作者自己的话来解释他的作品"。要明确"书评创作也是一门艺术……需要思辨与比较相结合，作者要有高明的见解、洞察的能力，善于分析比较。同时需要感情与文字相统一，作者要有真诚的感情、善意的批评，这样流于笔端的文字才能感人"。20世纪30年代李健吾曾说过批评是一种艺术，但无人说过书评是艺术；这里讲了别人没有讲过的看法。他的《书评漫话》也是"漫"中有焦点，有漫有聚，就书评中的某一点进行议论，是很好的书评短文。吴道弘的《书评赏析》很有特色。它不是书评，而是书评之评，其文短小，所以多有画龙点睛之妙。多是取其一点而论。如韦君宜的书评《读《牛虻》》，吴道弘的赏析只用了二百字。要点是点出韦君宜书评的目的，"本篇的写作有很大的针对性,解答了青年读者在阅读中提出的若干疑问"。

吴道弘的书评,有其他书评家都无法比拟的地方,这就是他评本行业——出版专业类图书比较多,他的书评对催生、发展出版学理论作出了重要贡献。他评了许力以的《人类文明与出版》、袁亮主编的《出版学概论》、李海崑的《出版编辑散论》、徐柏容的《期刊编辑学概论》、方厚枢的《中国出版史话》、李瑞良的《福建出版史话》、李明山的《中国近代版权史》《书刊编辑手册》《美国出版概论》《美国出版社的组织和营销》,以及章桂征的《装帧设计》等。他评论这些书,不是一时兴起,也不仅仅是人情之作。他评,一是他爱,对出版怀着执著的追求,看到这类书,便情不自禁地想评论;二是他懂,他懂得这些书的内涵,懂得这些书的意义和分量;三是他能,因为懂,他能评得在行,讲内行话,切中要害;四是他希望这些书能更好地发挥作用,振兴推动出版事业的发展。这是他评这些书的原因,也是评这些书的目的所在。

出版、编辑,作为实践,古已有之,但是作为一门现代学科——出版学、编辑学——为学界所接受,为社会所认可,则是近些年的事情。所谓"学",就是探索出版、编辑规律的学问。出版界的人们,长期在实践中探索,走过漫长的路,终于探索出了一些眉目,自信地建立了学科,使它们登上了科学的殿堂,这是科学文化发展的必然和结果。吴道弘从四十多年的亲身体验中,客观、公正地评论了几本出版学、编辑学著作,这充分表现了他的自信、水平和学养。他评论袁亮主编的《出版学概论》是"一本比较详尽的、有理论的、具有文献价值和自成体系的出版学论著","标志着出版学研究工作的阶段性成果,是一块重要的里程碑"。同样,他对李海崑的《出版编辑散论》,也给予了极大的关注。他认为本书对出版中的若干理论问题和实际工作中的许多新的实际问题,都进行了认真的探索和思考,不仅观点鲜明,说理清楚,文字晓畅,而且内容比较充实。他在《〈美国出版概论〉序》中认为:我国编辑学、出版学理论的发展,很需要借鉴外国的理论成果和实践经验。他举出原书中重视选题策划、重视图书宣传、关心图书发行、认真经营管理等都值得我们学习。从以上可以看出,他评论出版专业著作,都是着眼于这一新学科的建立、规范和发展,都是着眼于这一新学科的建立对整个出版事业的影响。

  吴道弘用了很大的精力评论中国的出版史,还写了多篇正确认识出版史的专文。他认为方厚枢《中国出版史话》的可贵之处是"第一部下限至建国四十周年的通史性质的出版史",不仅史料积累有浓厚的功底,研究也很见功力,是首屈一指之作。李瑞良的《福建出版史话》更是丰富了中国出版史的内容,指出了"福建出版文化在福建文化中占有重要地位"。他认为"本书对于传播地方出版知识,促进出版史、印刷史和编辑史的学术研究,都是有价值的贡献。同时对充实中国文化史的研究内容和促进中外交流,也是十分有意义的"。吴道弘评了《中国近代版权史》,其实版权史也是出版史的组成部分。《中国近代版权史》在近年来诸多的版权论著中,论证更系统,更完整,"不仅充实了我国近代出版史的研究内容,为当前出版版权实践提供历史借鉴;而且在一定意义上,也为我国知识产权法学研究提供历史审视的学术成果"。在对出版史著作的评论过程中。他总结出这样的结论:出版史是文化史的组成部分,也是社会的文明史;作为一门学科,需要探索,需要研究,需要总结,从而促进当代出版事业的发展。这种认识,是十分中肯的。

吴道弘评书的范围很宽，一是和他从事的有关专业有关，二是和他读书的兴趣广泛有关，三是他各方面的学人朋友，都愿请他评自己的著作。因此，他可称为"百家"书评，泛评百家之书，表明了一个编辑人和爱书人撰写书评的特点。除了前面所讲的以外，他还评了《韬奋文集》《胡愈之文集》、蒋路的《俄国文史漫笔》、陈依范的《美国华人发展史》、陈原的《书和人和我》、戴文葆的《寻觅与审视》、叶至善的《古诗词新唱》《诗人的心》、王朝闻的《美学概论》、朱自清的《经典常谈》、侯艺兵的《院士风采》、章含之的《我与乔冠华》、胡乔木的《人比月光更美丽》、钱锺书的《石语》、杨绛的《干校六记》，等等。这些评论的特点是内容比较广，文字比较短，议论并不深，多是介绍性评论，介绍其人其著。如评胡乔木的《人比月光更美丽》，他只是说胡乔木不仅是理论家，"还是诗人"，没有详细评介诗的内容，只介绍了毛泽东、郭沫若、赵朴初帮助他修改诗的情况，点出"这本诗集的装帧极好。精装本绿色绸面上烫金色书名，书名由钱锺书题字，凝重中透出潇洒。护封是用淡淡的浅蓝底色……正文横排，版式疏朗，用仿宋字体排诗，更觉美观"。对钱锺书的《石语》，也评得简略，只简介了60年前钱和陈衍（石遗老人）的亲密关系，略谈了几件逸事，有可读性。评《胡愈之文集》，只介绍了他作品的年代，简要概括了叶圣陶、冰心等人的评论"言简意赅、很有可读性"。对《编辑出版家叶圣陶》、《报人出版家陈翰伯》、陈原的《书和人和我》的评论，都比较简略。有些书只是取其一点，或画龙点睛或蜻蜓点水。虽想求精，却失之浅。

本文摘自伍杰著《名家走书城》，人民出版社2005年12月出版。

实践·思考·提高
——我与《出版史料》杂志

"七十学吹打"

一个人的职业生涯，往往是人生青壮年的一个亮点，到了退休以后的老年生活，即使有机会还能继续发挥他的职业专长，也毕竟已是落日余晖的风景。

1950年春天，解放只有9个月的上海还沉浸在迎接新中国的欢呼喜悦的热情里，我很幸运地通过应考并参加了上海三联书店编审室的工作。我从这里起步。学做校对、编辑工作，一晃四十多年，是新中国培养成长的第一代编辑出版工作者。

我接触的第一本书稿是吴黎平翻译的《反杜林论》。这本书最早是1937年由生活书店在上海出版，1940年在延安作过校改，1949年12月由三联书店出版了北京第一版。这次在上海重排出版，校对、编辑工作由上海编审室的资深编辑朱南铣（他是清华大学学数理逻辑的，又是我考进三联时的口试官）和我共同负责（那时还没有"责任编辑"的制度，但确实是"以老带新"的做法）。这本书在当年11月就出版了。这是我学习编辑出版工作的第一步。至于我跟吴黎平这位老共产党员、革命前辈见面，那是二十多年以后的事。（吴黎平到朝内大街人民出版社找曾彦修总编辑，他穿着朴素、平易近人，我先接待了他，有过短暂的谈话，但不曾提及《反杜林论》的事。）

半年以后，我和朱南铣等一起被调到三联总管理处的编审部。一个青年从南方到北京——新中国的首都，那时的心情又高兴又复杂。首都的一切都是新鲜的。三联总处在东单附近的西总布胡同，偌大的四合院很幽静，放眼皆是绿树红门，抬头仰望是蓝天白云，处处让人感受到这里曾是文化古都的氛围。我在三联的一年时间，确实学习到了编辑出版工作的"基本功"，这使我终生受益。

就中国成立初期，出版形势发展很快，私营出版业进行了改造，实行出版、发行分工和出版专业化等重大决策。1951年底，三联正式并入人民出版社，编审部的大部分人员就到人民出版社工作。我从西总布胡同29号大院往东经过漫长笔直的胡同，到东总布胡同10号大院上班了。岁月如梭，从黑发到白发，在人民出版社的编辑出版工作，经历了44年的风雨和阳光，遗憾的是从没有接触过期刊编辑工作。

回想在三联时，有两件事算是和期刊有关。1951年3月，三联出版的《新贸易译丛》，主要翻译介绍苏联报刊发表的有关文章，分辑出版，每辑有一个主题，大致10篇左右，不到20万字。编辑组长郑效洵（文学翻译家，后任人民文学出版社副总编辑）交代我负责审读、发稿。当时还没有推行横排，限于纸张规格，开本一般采用大32开。当时流行"向苏联学习"，各行各业都要了解苏联的经验。记得50年代曾经有过"译丛"的出版热，《学习译丛》就很有名。由于《新贸易译丛》出版早，它的开本、版式，无形中起了示范作用，为此后出版的《译丛》所仿效。

1951年4月创刊的《中央合作通讯》（月刊）是由三联出版的。有一期的校样改得比较乱，由我和江秉祥（后任人民文学出版社副社长）下工厂付印。那时只有铅排，在排字车间里与工人一起工作：他们按校样搬动铅版，逐一改正后打出新校样，我们进行核对，直至全部改正，才签字付印。这是很费时间的，一下午很快就过去了。到下班时间，心里有点慌乱，突然眼前一亮，在最后一份校样上发现把"抗美援朝"四个字排错了，马上改正。应该说这次侥幸避免了一次政治性大错误，然而对我的教育是极其深刻的，至今记忆犹新。从此深刻牢记出版物的校对必须认真，千万不能草率马虎。古人称"校雠"是有道理的。

　　后来我在人民出版社内部刊物《出版周报》上读到校对科几位同志因在《新华月报》上出现过类似错误而检讨的文字。现在出版进入了电脑排版的新技术时代，但是如何消灭出版物上的错字，仍是值得重视的问题。

　　1995年6月，我在编辑岗位上退休，本来可以轻松自由地读些书，写点小文章，可是从2001年起忽然参加了《出版史料》杂志的编辑工作，正式学做期刊编辑了。20世纪80年代，三联的前辈徐雪寒说过："工作是永远也不会'退出'的，革命工作是永远不会做完的……活到老，做（工作）到老。"我是真的"七十学吹打"，也算是志有所学吧！

《出版史料》在北京复刊

　　在"文革"十年的动乱和破坏中，出版行业是个重灾区。进入思想解放、改革开放的新时期以后，出版业的复苏、发展是比较快的。1983年，中共中央、国务院发出《关于加强出版工作的决定》，成为新时期指导出版工作的纲领性文件。它是春风和阳光，不仅促进了出版的复苏与发展，同时催生了出版科学研究所的成立，还有高等学校编辑出版教育的兴起，也把出版理论研究和出版学科建设的重要使命提上了工作日程。这里要谈的是1983年在上海首先创刊的（《出版史料》杂志，可说是得风气之先。在宋原放、赵家璧等同志亲自主编下，作为季刊连续出版了10年，到1993年停刊，共出版了32期，发掘和积累了大量有价值的史料，从重要文献资料到抢救性的回忆文字等，折射出20世纪八九十年代图书期刊、编辑出版人物，以及机构组织等重要史料的整理研究情况，为编辑出版史研究提供了丰富的资料。

上海《出版史料》的停刊，一直是宋原放挥之不去的心病。他在离休后一直研究中国出版史，出版了《中国出版史》和（《出版纵横》，主编《上海出版志》等。在上海、北京的同业和朋友中，宋原放一有机会就为《出版史料》复刊奔走呼号，由于前辈王益、王仿子的支持，特别是得到中国版协老委会的支持，终于在停刊8年后，《出版史料》新刊在北京出版，也可说复刊愿望得以实现。我就是在这样的背景下参与了《出版史料》在北京的筹备和编辑工作的。

事情的发展总是有前因后果的。在宋原放主编《出版史料》时，我只是一个热心的读者。当他得知人民出版社在编辑"大事记"的消息后，写信要我提供稿件，我除了选择部分大事记外，还写了《编史工作第一步》（《出版史料》第9期刊出）的文章。这时我个人的兴趣正在从总结经验入手研究编辑学逐步转移到编辑出版史的研究上来。也许在参与边春光、宋原放等主编的《出版词典》的编辑和写作条目时，或是在中国版协、中国编辑学会举办的多次出版研讨会上，跟宋原放的接触、交谈机会多了，交谈工作、讨论学术，增进了彼此的了解。他在上海有时会写信让我替他买些有关出版史的新书。我和方厚枢、陈江、汪家熔等还协助他编辑十卷本《中国出版史料》（十卷出齐后，又继续编五卷补编）。直到碰上编辑新刊《出版史料》杂志的历史机遇，也不免自讨苦吃了。

新刊《出版史料》的继承和发展

创办任何一个专业刊物，首先要有正确的定位、办刊宗旨和明确的读者对象。对新刊《出版史料》来说，它有历史的继承性、连续性。作为目前国内唯一的出版史料性刊物，它坚持资料性与研究性的统一，坚持党的实事求是、解放思想的思路。积极、公正地反映我国出版历史的丰富实践和优良传统。同时刊物明确提出要为积累出版史料、传播出版史知识，以及为出版史研究服务。新刊的这个定位和宗旨，具体说明了它的继承性与连续性。正如出版史学者刘兰肖在2007年撰文评述《出版史料》建设时所指出："《出版史料》季刊一如既往地发挥着史料发掘与发表的平台作用。"（文章见《出版发行研究》2007年第3期）我时常想起韬奋对刊物要有个性、有特色的一段告诫："没有个性或没有特色的期刊，生存既成问题，发展就更没有希望了。"尽管如此，毕竟《出版史料》是在新时期、新形势下重新在北京出版的。因此，我们在栏目设置、作者队伍和选稿原则等方面，也有若干新的思路，比较重视知识的普及性、信息性和可读性。栏目设置有"往事寻踪""名家书信""文化自述""人物写真""书之史""旧文重刊""国外出版网络"等。其中"文化自述"栏目的目的是提倡编辑家、出版家写自述性回忆文章，每期只选登一篇，以期引起读者的重视。已发表的有王益、王仿子、丁景唐、郑效洵、曹健飞、徐柏容、白化文、方厚枢、傅璇琮、胡企林、史晓风、牛汉、赵洛、田耕、何启治、章宏伟、胡德培等编辑家、出版家的自述文章。

为了适应青年一代出版史研究者发表他们在出版史方面的探索、整理和研究成果，从2005年第2期起又增设了"青年文稿"栏目。

我们没有把每期的"卷首语"作为传达、交流编者声音的平台，而是发表有关知识性的文章。同样，"百家书话""随笔"栏目，以及彩色中心插页和"补白文字"方面，也有增强刊物知识性的目的。而"走进序跋"栏目的选稿比较慎重，既要使读者了解出版情况，又能达到提倡并重视图书序跋的作用。

至于刊物的版面形式、标题处理等，也正在摸索出一种明晰、大方的风格。有人说，每期刊物的版面格式，应该像一首诗、一曲乐章或一幅画，使读者有阅读的节奏感。我常常把每期刊物比喻为一桌筵席。主编工作要从大处着眼、小处入手，把整体与局部联系起来，使版面的安排既流畅又能体现栏目之间的互动关系。这方面《出版史料》还需要进一步改善。主编的责任是既要坚持刊物严肃纯正的风格，选用有质量的稿件；又要使刊物的形式变得高雅，适合核心读者的阅读需要。

《出版史料》的作者队伍

在上海出版的《出版史料》已经拥有一批有影响的作者，20多年来，出版界、出版史研究领域和出版史教学领域中涌现出不少新人。我们提出"不忘老作者，发现新作者"的目标，努力建立一支高素质的作者队伍，营造编辑与作者的和谐关系，达到彼此尊重、互相信任的程度。主编在这方面的作用和影响是很关键的，而编辑需要有虚心学习、追求真理的学风，朴素平实的文风，真诚待人的作风，这"三风"自然也是没有止境的。

过去几年，编辑部已经多次到上海、南京、杭州等地召开小型的作者座谈会，征求意见，介绍和交流情况。目前为《出版史料》撰稿的作者分布在北京、上海、天津、哈尔滨、南京、杭州、合肥、武汉、成都、西安、济南、重庆、扬州以及香港等地。如旅美资深出版家刘冰先生非常关心《出版史料》，多次为本刊撰稿。此外，还得到苏嘉、高信、雷群明等几位专栏作家的支持。"为有源头活水来"，有了稳定的老作者队伍，又不断有新作者的加盟，刊物的改进和提高得到了有力的保证。

谈到作者，我不免回想起在人民出版社历史编辑室做图书编辑时结识的几位作者朋友。

首先，浮现在脑际的是近代史学者、北京师范大学龚书铎教授，他的学识渊博、工作认真、待人真诚、温文尔雅。我们通过《中国近代史》等几部书稿，结下了友谊。70年代"文革"还没有结束时，一次共同参加在哈尔滨召开的近代史会议。会后两人一起上街下馆子，他能喝点酒，但酒量不大，只喝了点啤酒。早听说此地的啤酒质量好，当地人又豪饮，只见旁边桌上放的洗脸盆是盛酒用的，店堂里的服务员端着脸盆送酒，觉得十分新鲜……此情此景，至今还历历在目。

天津南开大学的美国史专家杨生茂老教授，桃李满天下，已是耄耋之年了。当年为与工人三结合写书，我在京津两地奔波，与之相识。我们至今每逢春节总有贺卡通信，还多次收到他晚年写的抒情散文的剪报。三年前我有机会去南开，特地拜访他，旧友相逢，他的精神特别好。当我谈到70年代去南开组稿住在学校的招待所里，一天早晨，杨老亲自端着一大杯热豆浆送到我房间来，连声说"天津的豆浆好喝！"时，我听了不觉大喜。

翻译家、散文家刘麟、李鸿简夫妇俩，与人民社有一段美好的关系，他们热情、认真，都精通外文，译笔优美。后来刘麟夫妇都来北京在大百科全书出版社做编辑工作。刘麟每有译著或诗集，总会寄予相赠，我们的友谊长存。现在，他还是《出版史料》的作者。

我和原杭州大学外文系冯昭玙教授也是很好的朋友。他是多卷本《国际共运史》的译者之一。学识广博，中文外文都很好，且彬彬有礼、品德高尚。我俩彼此一见如故，在北京、杭州多次见面，谈"五四"时期的文人学者、近现代的期刊，等等，至今记忆犹新。可惜他过早地离开人世，英才未尽，实在是一大损失。

上海华东师大的郭圣铭老教授，他为人民社翻译过美国著名记者约翰·里德的名著《震撼世界的十天》。"文革"后，他来北京到出版社时，我跟他见过几次面，郭教授完全是一介书生样，说话略带口吃，但语调平缓，十分真诚。我对这位早年留美的长者有很好的印象。他退休后在美国居住。一天忽然接到他寄自美国的来信，内容只是朋友间的问候。我仿佛感觉到一位远隔重洋的老人在惦记国内的朋友，也许还有点儿异国怀乡的情思。去年从报上得知郭老逝世的消息，不觉黯然，我对这位前辈学者的风范，是十分感念的。

这几位学者教授有一个共同点，他们都具有追求学术文化的品德和以学术为重的道德素质。编辑与作者都是文化人，有着共同的追求和理想，理应是学术文化战线上的朋友与合作者。遗憾的是，在我的编辑生涯中，也确实发生过跟作者合作不太愉快的事情，深感遗憾。可见，编辑和作者建立正确的、和谐的关系，是多么必要。

至于如何更好地建立《出版史料》的作者队伍，由于主客观的条件所限，特别是我的年龄之故，确实也是力不从心了。

期刊编辑的苦与乐

我是长期做图书编辑的，一旦要挑起编辑期刊的担子，自然是自讨苦吃。我也确实思考过从哪儿来的勇气和热情。首先是有经验丰富的期刊编辑家与我良好的合作，增加了我的信心。其次是我的编辑经历使我对编辑工作规律的普遍性和适用性，有一定的理解。图书编辑与期刊编辑的工作存在某些共性。近代以来的中外出版社都将图书出版与期刊出版同时并举，这是近代出版的优良传统。最后是我有学习、了解编辑出版史的兴趣爱好，这也让我对编辑出版史期刊有亲近感。以上这些个人因素都是促使我"匆忙上马"编刊的原因。我在实践中清醒地认识到，任何一个专业性期刊，编辑的文化追求和专业（学术）素养都是十分必要的。叶至善先生在《蝶恋花》中说的"乐在其中无处躲"，道出了编辑工作者的神圣感情；又说"句酌字斟还未妥，案头积稿又成垛"，形象地刻画出了编辑工作的辛苦，总之是苦乐相兼，苦中有乐。

过去我做图书编辑，往往手捧一部几十万字的稿子，在密密麻麻、连篇累牍的字里行间漫游、思考。而今做期刊编辑却总是稿件如雪片般飞来，又像凭空远眺、阅尽万紫千红的景色。在辛苦的脑力劳动中，也常常为工作的成就和思想的收获而高兴。有人把编辑的工作方法比喻为编辑的艺术，要学会驾驭和运用。

选题与组稿是刊物主编应该时刻牢记的工作，有时还必须亲自去做。这就要求敏感与勤奋。几年前，《出版史料》的编审委员会主任宋原放在上海一次座谈会上提到"上海福州路文化街"地图，还提到要发表钱君匋的装帧设计作品。这两个选题我一直放在心上，分别亲自与上海书店俞子林和有关部门多次联系组稿，算是实现了宋原放的遗愿。我曾经读过叶至善的《一个编辑读〈红楼梦〉》一文，十分精彩，对编辑看稿读书，很有启发。有次在叶先生家中提到此事，他很高兴地把原来的文章作了修改，又增加未发表的部分交给《出版史料》分批发表。

范敬宜为宋木文《亲历出版三十年》一书写了贺诗，我们将贺诗的毛笔行书手迹在封三上发表，很受读者欢迎。

期刊编辑改动作者原稿，往往是必不可少的，但又难得讨人欢喜。我自己写文章发表后，总会检查一下有没有编辑改动过，又是怎样改的？改得好，自然心存感激；如果认为编辑改得不好，甚至改错了，就会埋怨编辑水平低，做了不该做的事。

在改稿问题上，其实是对编辑学识水平、文字功底以及理解能力的考验。我的体会是要把握住两条：一是谨慎，不要"为改稿而改稿"，要改正原稿中的不妥和错误，千万不能把原稿改错了。其实有不少作者的原稿是不需要改动的（特别是大的改动）。如有位老作家写叶至善在干校放牛的故事，文字流畅、叙述清晰，编辑只是把原来的标题《至善放牛》改成《至善干校放牛》，全稿只增加了两个字。二是编辑要尊重作者的思路，文风和表达方法，力求做到帮助作者表达清楚、有逻辑性；切忌任意删改，或是按照某种模式（或风格）去改造作者的原稿，避免在机构、人地名和其他专有名词上犯错误。比如，在不同的历史时期里，有"出版总署""文化部出版局""国家出版局""新闻出版总署"等机构名称，千万不能混淆。在人名方面，将"夏丏尊"错写成"夏丐尊"、"施蛰存"错写成"施蜇存"等也是常见的。

作为刊物执行主编，我时刻记住要学习"大处着眼，小处着手"的工作方法。"大处着眼"就是在每期安排选题时，从整体出发，综合考虑，安排次序。"从小处着手"就是对每篇稿件认真通读，从观点到材料，从文句到标点，都要认真，十分用心，尽可能避免出错。

刊物的"图文并茂"是普遍的要求，更是史料性刊物的编辑准则。图片、实物（手迹、原稿、书影、社址等）也是历史的形象资料。《出版史料》规定一条：在审稿的同时就考虑配图工作，包括审读作者提供的图片稿、或从稿件文字中发现适合的配图，及时跟作者联系等。同时重视配图的大小、摆放位置和清晰度，还要写好文字说明，特别是人物照片的文字说明。

2009年9月出版的第3期杂志在封二上刊出了"1949年时的北京东总布胡同10号大门出版总署旧址"的照片，十分珍贵。原来是一位上海作者作为配文照片提供的，编辑部将它在封二的位置发表，正是纪念新中国成立60周年的。可惜我们还没有总结出一套适用的规范办法，以致出现过图片和文章重复刊出的错误。

我很看重《出版史料》杂志的稳定性，甚至包括封面设计、排版格式方面。稳定性也是刊物整体风格的表现，对于史料性、研究性的学术刊物来说，保持严肃、朴素、庄重、大方的特性，恐怕是适宜的。

不是结束的结束语

1992年，我在祝贺《出版史料》十周年时，写过一段话："出版工作应该说也是社会文化工作的一部分。出版工作直接关联着社会学术文化、科学事业的兴衰和发展。研究出版的历史是研究社会文化、思想史的重要组成部分。而史料在研究工作中的必要性是毋庸置疑的，它是任何一项研究工作的出发点和基础，《出版史料》如同一座藏量极高的矿藏。近现代出版业的发展积累了十分丰富的史料，有待发掘、整理和研究，这是出版界、史学界和学术文化界的一项艰巨而光荣的共同任务。值得高兴的是，这样重要的任务，终于在党的十一届三中全会以后被提到日程上来。……希望我们编辑出版界中会有更多的人来关心和重视出版史，并从出版史研究成果中汲取营养；还希望史学界和学术文化界的人也来开拓和发掘出版史研究领域，不断提高出版史研究水平。"（《出版史料》1992年第4期）现在重读仍觉得是有现实意义的。

在目前林林总总、五彩缤纷的期刊中，《出版史料》绝对不是名山大川，虽然也是风景雅趣，可供人欣赏；但它更像是深山幽谷里的一棵无名小草，即使它的前身曾经被人喝彩，享有荣誉。其实这个专业刊物是极富挑战性的，也有可供驰骋的广阔天地，它的出版首先要归功于民进中央领导的开明出版社，本着为提供有价值的出版史料而默默地继续工作着，这是十分感人的。

我参与编辑《出版史料》的这些前前后后，都是在实践中不断学习、思考和提高的琐事，权且当作不算结束的结束语了。

原载《出版六十年·编辑的故事》一书，中国书籍出版社2009年11月版，2010年2月收入《编辑出版家吴道弘》时略有增补。

道弘印象
——记第三届中国韬奋出版奖获奖者吴道弘

老　槐

吴道弘（1929—），浙江嘉善人。中共党员。编审。1950年上海诚明文学院中国文学系肄业。同年入生活·读书·新知三联书店上海编审室工作。历任三联书店校对，人民出版社副科长、编辑室副主任、主任、副总编辑。是中国出版工作者协会第二届理事、第三届常务理事兼副秘书长，中国版协学术工作委员会主任、中国编辑学会副会长，中国版协图书评论研究委员会副主任。

初识道弘时，是在走廊上，别人对我说：他是吴道弘。道弘走路匆忙，人影一晃而过。后来又有接触，道弘给我的印象，是像位温文儒雅的文科教授。他的谈吐平缓，没有矫言，也没有俏语，常常蕴含着一种清馨的书卷气息。如今他已年逾花甲，走起路来仍是那么匆匆而过，难怪他会刻了这样一方印章："花甲亦壮年"。

雄心敢与壮年比肩，壮志不因花甲而减。这位1993年荣获全国第三届"韬奋出版奖"的老编辑，为新中国出版事业辛勤耕耘了四十余年的知识劳动者，是因为梦萦难舍的"书缘"，是因为孜孜追求的"编辑"的未了情。

道弘走上编辑之路，很大程度上是一种机遇。上海解放初，道弘已加入新民主主义青年团，即后来的共青团。1950年2月，他在上海诚明文学院中文系攻读时，恰遇上海三联书店招考。他满怀着向往全新的革命工作的热情，这种散发着时代气息的激情大约只有过来人才会有深切的体验，同时他也为了孤苦艰辛的母亲，便去报考。道弘一试即中，从此开始了编辑生涯。

道弘有种"功夫"，他在摩挲一本新书之余，立即能判断出那本书的印制、校对、编排等方面质量优劣或平庸与否。后来我才知道，他这种"第一印象"评判功夫，乃得力于早期编辑工作经验的积累。编辑业务是循序渐进的，并且能体现人的一种作风。道弘在三联书店要做责任校对，还要做版式设计、稿件初审及通讯联络等工作。事务繁琐，但又是必须知晓的业务，是应该经过的业务训练。更重要的是三联书店具有严谨、认真及敬业的传统，对道弘陶冶品格有很大影响。道弘幸运，走对了门路。

但是，编辑业务素质与人自身的文化底色有"亲缘"关系。"三联"一部分并入人民出版社，道弘随着调入人民出版社总编室工作。总编室工作头绪繁多，纵横交错，虽然当时不再如"三联"那样实行编校合一制度，但诸如编务、通联、秘书、宣传、订计划、草拟合同、处理稿酬等工作，均关系编辑部的内外沟通、正常运转。道弘承担了相当一部分工作，还当过宣传科副科长，由于敬业、勤奋，善于学习，因文化底子好而更显出色。在总编室工作四年，道弘逐渐显露出他所具有的良好的文化与精神的素质。

即从文化功底来说，道弘自然感荷于舅辈的训导。吴道弘尚在襁褓时，即遭父丧之忧。幼时承慈母发蒙，少年时由四个舅父悉心训导。母亲出于书香门第，外祖深谙岐黄之术，舅父们执教鞭为业，闲时吟诗填词，又擅长书画。道弘童年少年时期耳濡目染，深受中国古典文化熏陶。难怪道弘不仅写一手好字，并且在编辑之余会注神于编选笺释《陈子昂诗选》《孟浩然诗选》。母舅一哺，道弘终身受益。

由于出色的工作，道弘从总编室调入编辑部。在北京三联书店时，道弘曾是著名理论家李达的《实践论解说》《矛盾论解说》，以及《学习译丛》等著译的责任编辑。但现在道弘要在中国历史编辑室当编辑，原有的文史修养不免显得绠短汲深，难以胜任。道弘唯有一法，就是刻苦地再学习。他选择唐代史作为学习中国历史的入门阶梯，进行系统的自学，由此边学边干，先后负责编辑《国史旧闻》《太平天国前后的反清运动》以及《中国历史分期问题讨论》等著作和史学问题讨论集。

尔后他调到外国历史编辑室，又遇到同样难题。由于当时客观原因，接手的苏联译著较多。道弘学过英语，不懂俄文。他从头学起，下死工夫，终于苦尽甘来，直至能读俄文原著，也为他把苏联史、国际共运史研究作为自己一个方面的学术活动开了方便之门。"文化大革命"后，道弘在翻译书籍编辑室工作，在审读苏联早期史学家波克罗夫斯基《俄国历史概要》的中译本时，曾反复比较俄文原著的新旧版本，发现新版已删去旧版有关沙俄侵略史实的文字，因而在编辑加工中译文时便增添了相应的注文，读者从其中也会获悉有关知识和信息。

编辑是要有学问的，但一个编辑不可能门门精通，相反会遇到正是自己"缺门"的难题。道弘后来深有感触地说：编辑工作要"有心"，没有窍门可言，不下工夫不行。只有边学边干、不断积累，工作方能称职，才能渐入佳境。道弘在1983年任副总编辑前，先后在中史、外史、翻译书籍和总编室等部门任编辑、副主任、主任等职务，编辑的书稿所涉及的学科广泛，有中外历史尤其是近代史、苏联史、外国史学理论译丛和理论著述，以及国际政治等门类书稿，他由此广泛研读各类理论、历史、哲学等社会科学著作，既满足编辑工作之需，也为了扩充自己的学识修养——但重要的是在其中体现出道弘的求真求实的求知态度和甘为斯民作嫁衣的编辑精神。所以，在规划图书、制订选题、审定门类众多的著述译作时，显得娴熟裕如，得心应手。

或许正是追求那种求知态度、编辑精神，并深感"编辑"是一门博大精深的学问，道弘在1979年从编辑部门"炼"了一圈又回到总编室之后，除了其他工作外，很乐意主持编辑人民出版社内部业务刊物《求精》。这份内部刊物，把编辑作为一种业务技术、一门学问和一项事业贯穿起来，正是他日后着力于编辑学社会学术活动的起点。这就是突破传统的编辑观，将编书匠提高到编辑家，将编辑行业推进成为一门学科、一个可为之献身的事业，从而开拓了"编辑"的新境界。

但是追求这样全新境界，道弘给我的印象，是从微观入手，即从小事做起。这与他为人谨慎、细致的作风或有很大关系。作为编辑，要与人（作者）打交道。作者来往甚至办事借物，道弘都是诚意接送或谋而以忠，包括及时地寄送新书和稿酬，每个环节都能为作者想到。所以道弘来往有学者、相知有鸿儒，如北京师范大学龚书铎教授，武汉大学刘麟、彭质纯教授，杭州大学冯昭玛教授，南开大学杨生茂教授等，至今都是他过从甚密的朋友。就是在本单位，道弘对人宽厚仍旧，即使批评也是婉转有致，心存不忍。如道弘曾当面批评一种不良作风：（你的做法）是一人之下，万人之上。闻者哑口，无言以对。道弘心细，观察入微，正直而言，便入木三分。

编辑行业要成为学问，首要是懂得怎样当编辑（怎样编好书）。道弘在《求精》撰文，多从自己编辑工作经验讲起，还选编了列宁关于编辑工作的论述——作为编辑应有的思想规范。他将自己认为应该告诉青年编辑或做编辑工作的人的，诸如书名问题、封面设计问题、序跋问题、图书宣传问题，甚至抄稿和错字等问题，都从实际谈起，从自己体验谈起。这是道弘《寸心集》的部分内容。看来这些仿如细枝末节，其实都是一本精美图书完整的方方面面。缺一角，婵娟即成残月。

编辑技巧不可或缺，但要有评家眼光。编辑是书稿的第一品评者，眼光优劣，往往决定书稿的质量或命运；成书之后，编辑又应成为以书评为工具的宣传者。所以，道弘又为编辑怎样撰写书评写了本《书评例话》，当然这本著作关于书评的理论阐述，构建了自家书评理论框架，有着拓荒之意，荣获中国图书奖二等奖。

道弘又主持编辑《编辑工作二十讲》一书，获全国首届编辑出版理论优秀图书奖，为编辑培训或自学提高提供参考读本；并且为编辑培训或大学编辑专业讲课，他经常奔波于各地。

道弘从做编辑工作开始、从一名普通编辑开始，作为新中国自己培育起来的第一代编辑人员，从具体的组编书稿，到致力于编辑学创研，到致力于新生代编辑培训，这是他默默地走着的一条路。我曾听他慨叹过：21世纪的出版家，正是今天培训班中的莘莘学子，如果不加以精心培植，出版编辑人才将难以为继。

他做了大量的教人当个合格的编辑的工作，但是怕惊动别人般地做，有种"桃李不言"的风度。

道弘参加多方面的学术活动，除了上述两种个人文集外，还与人合译出版了《共产国际史纲》，合编出版了《列宁的风格》，后者获全国首届优秀青年读物二等奖。他的社会学术活动，主要仍在出版界或与编辑出版有关方面。他是中国出版工作者协会第二届理事、第三届常务理事、副秘书长兼学术工作委员会主任；

1992年又任中国编辑学会副会长；从1989年起就担任中国图书评论学会副会长。这些社团性的学术活动，对于中国文化学术界来说只是微波细浪，但对于出版界却都是建设性的培土、添砖、加瓦的基础工作。一个人民出版社的老编审，始终这样忙碌着，犹如我初识他时那样，他匆匆而过；或有偶然相谈，犹如他以前那样，谈得平缓或娓娓有致，总是那样的温文儒雅。

原载《书评例话新编》（为书后"代跋"），首都师范大学出版社2010年12月版。

吴道弘口述出版史

访谈整理后记

坐拥书城，访谈口述，往事追溯从头。书坛耆宿，年少展鸿猷。上海三联就业，都旋入，"作嫁"春秋。生花笔，耕耘不辍，园艺乐淹留。　金秋，忙录像，键盘速记，日月回流。忆畴昔书缘，乐以忘忧。穿越芸编岁月，出版史，上下勤求。重开卷，对书中字，似旧友欣眸。

这首词《满庭芳·吴道弘口述出版史访谈》，是 2017 年 10 月 13 日，我和中国新闻出版研究院所属中国出版网记者尚烨、基础理论研究所实习研究生曾卓、外请速记员单宇月四人，同赴吴老

家启动首次访谈后，填写的一首记事词作。（见 2017 年 11 月 8 日《中国新闻出版广电报》）

该课题访谈工作于 2017 年 10 月正式启动，至 2018 年 7 月结束，一共完成了 7 次采访，根据采访录音整理的电子文档字数为 13 万多字。最终于 2018 年 11 月完成课题结项。7 次访谈的具体情况列出如下。

第一次访谈

时间：2017 年 10 月 13 日下午

地点：北京朝阳区 吴道弘家中

内容：主持《出版史料》北京复刊

采访主持：赵安民

摄像录音：尚烨

协助：实习研究生曾卓

速记：某公司速记员一位

第二次访谈

时间：2017 年 10 月 31 日下午

地点：北京朝阳区 吴道弘家中

内容：主编《出版史料》，谈栏目、文章和作者

采访主持：赵安民

摄像录音：尚烨

协助：实习研究生曾卓

速记：某公司速记员一位

第三次访谈

时间：2017 年 11 月 10 日下午

地点：北京朝阳区 吴道弘家中

内容：主编《出版史料》，再谈栏目、文章与作者

采访主持：赵安民

摄像录音：尚烨

协助：实习研究生曾卓

速记：某公司速记员一位

第四次访谈

时间：2018 年 6 月 7 日下午

地点：北京朝阳区 吴道弘家中

内容：从考入上海三联书店、开启编辑出版生涯谈起

采访主持：赵安民

摄像录音：尚烨

协助：实习研究生曾卓

速记：某公司速记员一位

第五次访谈

时间：2018 年 6 月 14 日下午

地点：北京朝阳区 吴道弘家中

内容：人民出版社工作回忆

采访主持：赵安民

摄像录音：尚烨

协助：实习研究生曾卓

速记：某公司速记员一位

第六次访谈

时间：2018年7月5日下午

地点：北京朝阳区　吴道弘家中

内容：书评研究与诗文创作

采访主持：赵安民

摄像录音：尚烨

协助：实习研究生徐静华

速记：某公司速记员一位

第七次访谈

时间：2018年7月13日下午

地点：北京朝阳区　吴道弘家中

内容：人民出版社出版物撷谈

采访主持：赵安民

摄像录音：尚烨

协助：实习研究生徐静华

速记：某公司速记员一位

吴道弘先生作为中华人民共和国的第一代编辑，对自己的编辑出版生涯进行了全面的回顾，从中既可以看到一个编辑家的成长历程，也可以了解20世纪50年代以来三联书店和人民出版社编辑出版工作的情况，《出版史料》在北京复刊后的前十多年的编辑出版情况，可为出版人物和中华人民共和国成立以来出版史的研究提供资料与线索。口述者对于自己期刊编辑和书评工作实践的回顾与思考，对当前的期刊编辑和书评工作、出版史研究等具有重要的参考价值。

访谈主要步骤为先搜集受访者的生平经历，并在此基础上通过梳理其主观感受把握"记忆中的出版史"。我作为访谈主持者，与受访者吴道弘先生有20多年的交往，相当了解其晚年生活经历，特别是他退休后主编《出版史料》工作经历，和编辑出版教材编写经历、书评写作经历和成绩以及出版史研究成绩。因此每次访谈前与受访者商定访谈内容，并拟写好详细的访谈提纲，访谈时双方各执一份访谈提纲和相关资料，访谈还是相当顺利的。

这里插入一段当时记录以见我和吴老交往中的一斑，这是2011年3月6日记在吴老签赠我的《书痴范用》书后空白页上的文字：

今天上午9:30，我如约来到琉璃厂荣宝斋二层大厅赴会编辑前辈吴道弘先生。吴老很喜欢来逛琉璃厂。今年春节给吴老打电话拜年时，他主动提出等天气暖和些邀我同到荣宝斋看字画，逛琉璃厂。之前他还提出要再次邀约《百年琉璃厂》作者胡金兆先生来逛厂。2008年我约胡先生、吴老于10月24日曾逛遍东西琉璃厂街道，曾有记游诗为证（见后）。前天晚上我给吴老电话说天气已经转暖，吴老欣然同意今天约见琉璃厂。我离得近早到几分钟，吴老晚几分钟到。我们一同看正在举办的《蔡祥麟诗书合璧展》，有大电视屏幕正在播放蔡的诗歌朗诵会。我和吴老在屏幕前椅子上坐下，他从手提袋里取出带给我的已签好赠言的这本《书痴范用》（见插图），还有几年前《出版史料》刊用拙文《古旧书装修专家：中国书店业务顾问王志鹏》时，我寄给当时任职《出版史料》编辑张巍的王志鹏先生照片一张，是20世纪30年代初王志鹏先生在琉璃厂老字号邃雅斋摆满线装古籍的书架前端坐抄书的照片复制件，是大约2006年王志鹏先生自己从几张照

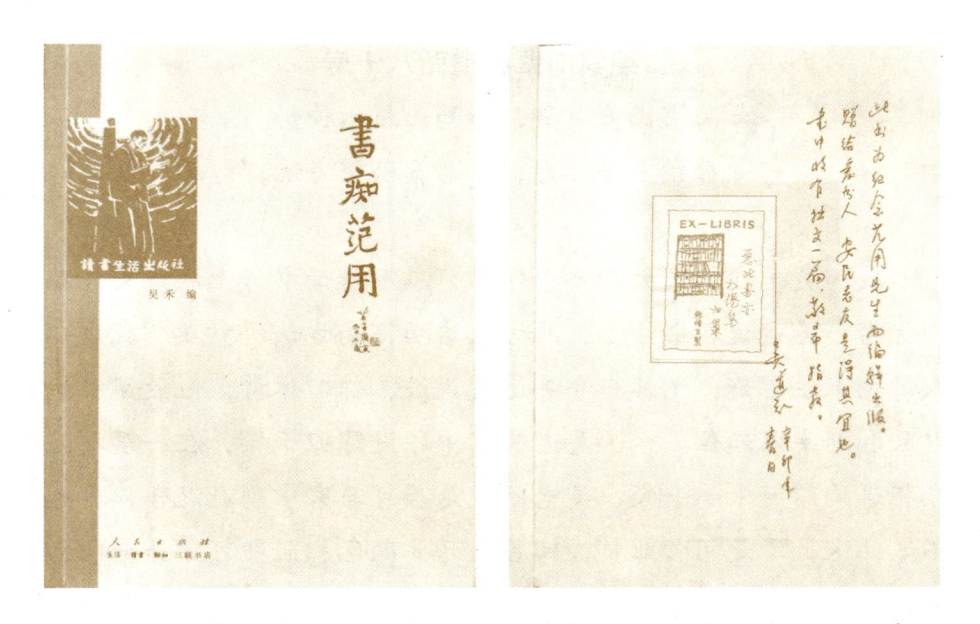

片中遴选出来给我的。另外吴老还带来了两年前线装书局同事初仁先生写的那篇《古籍藏书印上的性情文字》打印件，吴老对其做了编辑加工，尤其对文中引用的那段"性情文字"予以核对原文，增补了好几处脱字，要我带给初仁并赠他一本《出版史料》样刊（2010年第四期），让他参考其中彩插以便遴选印蜕图片以配此文刊用。我也从包里取出带给吴老的东西，一张2008年10月逛琉璃厂时我给吴老和胡金兆先生拍摄的二人合影照片，在海王村中国书店门前大槐树下照的；另有两张我昨天晚上赶写的书法作品，一幅写的2008年秋"戊子秋旧作厂甸记游诗"，另一幅是给吴老祝贺八十大寿的诗，两首诗都是七言绝句，均为四尺四裁的小条幅。

陪《出版史料》主编吴道弘
与《百年琉璃厂》著者胡金兆逛琉璃厂

厂甸秋阳爽气舒，欣陪前辈逛文衢。

平常职事芸编艺，旧肆今寻无字书。

贺编辑前辈吴道弘八十寿

学海书山岁月稠，新知出版佑神州。

兼馨德艺当仁寿，不老青松望海流。

我和吴老在二层大厅看了字画，二人辨读书作上的诗文，品评优劣。吴老说在书法上，北方认启功，南方认沈尹默。我说二人诗词书法都好，尤其当年鲁迅曾说过，作旧体诗，他最佩服沈尹默和刘半农二位。……吴老言家中印泥陈旧干燥，在一层印泥专柜选购"丽朱"一袋，吴老问我是否可与家中剩泥混合，我也不熟此道，于是问营业员，回答是只要颜色相同即可。并一同细看柜台上立着的一张如何使用、保养印泥的告示，学到不少知识。买好印泥，吴老问我买毛笔除了荣宝斋还有哪家，我告他东街戴月轩是老字号，当年毛主席周总理用毛笔都找戴月轩；另外西街众多小店有一家江西人开的安邦笔庄，我近几年用其兼毫"静心"系列，价廉而好用，也能凑合。于是带吴老出荣宝斋往西就近去安邦笔庄，吴老选购了两支毛笔。我也取小号狼毫在水写纸上试了几下，但是没买，家里还有可用，以后再买吧。与吴老出得安邦笔庄往回走，来到西街57号中国书店画廊门前，我告诉吴老，1995年中国书店出版社从西街18号来薰阁迁到此店内一层办公，2001年又搬到东街海王村二层。我曾经在琉璃厂上班十五年有余。看到门楣电子屏幕滚动字幕显示，一层108号有军旅书家展览，于是进店寻找，先在进门右手专卖扇面的店里看了看扇面。找到108号进去逛一圈正欲出去，我走在后面，看到中间大案子上摆着些旧书刊，有好几种诗词读物，于是驻足翻看，有一种中华书局出版的32开书画配诗词的书，我招呼吴老说这本书还是中华书局出的，那位正清理名片的老板搭话："是我主编的。"吴老回头，我翻到扉页说："迟乃义主编。"吴老听我读到姓名，认出熟人："原来是你！"迟老回答："差点没认出来，都变老了！"吴老向我介绍迟先生，原来是出版总署图书司副司长，后来担任过连环画出版社和人民美术出版社领导，退休后经营此店已有几年了，说是勉强能维持。吴老向迟先生介绍我，并提醒我是否带名片，我于是掏出一张名片给迟先生。迟让座，要取杯倒水，吴老和我谢绝，小坐片刻即起身告辞，迟指着乱摊在桌上名片，说正低头清理名片没看见吴老，我接话说，我又给您一张，给添乱了！我和吴老继续向东走，我邀吴老去吃饭，吴老说吃面条，我提出去晋阳饭庄吃山西人做的面食，于是在路口打的去虎坊桥东，掉头在晋阳饭庄前停车进得大门，已有好几位在排队等号，吴老提出去邻近他店，即去东侧南来顺吃手擀面。坐下后吴老取出巴金弟弟李济生先生2003年给上海出版局宋原放先生谈《出版史料》的一封毛笔书信，说让我帮着辨认几个草书字，吴老已将信文抄写到稿纸上，但有几处辨认存疑的字，我给一一辨认予以补写上。

赵安民记在《书痴范用》书后空白页的记事文字

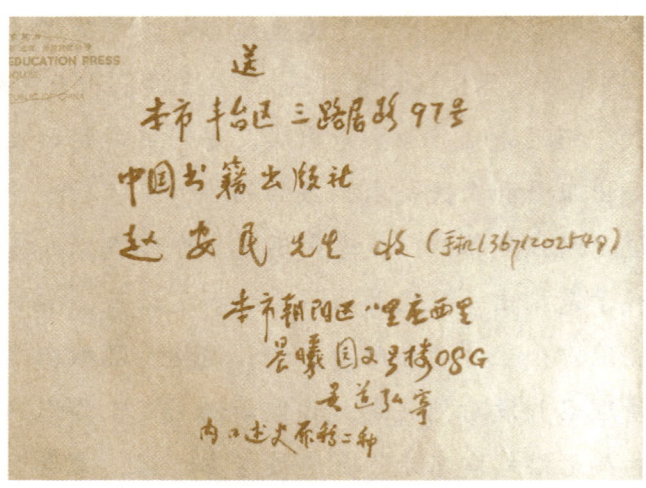

吴道弘给赵安民寄送访谈记录稿的信封

吴老言《出版史料》编辑部的年轻编辑认不出来这些字，他只好自己写出来让编辑再录入。饭后同行至虎坊桥路口分手，各乘公交回家。回家不久接吴老电话谈《出版史料》2010年第四期上赵洛写的《编辑看稿偶记》，文中谈到韵文、诗词发展脉络云云……

我和吴老二十多年的交往，对本课题的顺利开展无疑有极大的帮助。我很快决定从我和吴老二人都最熟悉的吴老主编《出版史料》这一段最先访谈，有点像是写作上的倒叙的方法。然后再"回到从前"，谈他从事出版工作经历，第三块谈他的图书评论与出版史研究和其他方面写作，最后谈一谈人民出版社那几十年的出版物。方案很顺利地得到吴老认可，我于是分阶段拟出访谈提纲呈吴老过目。在访谈中不时生发新的插曲，得到新的收获，也是自然的。

在访谈过程中，在聘请速记专门人员现场记录访问内容的同时，还对受访者的肢体语言、语音语调以及周围的环境做一些简单的记录。访谈记录报告中用括号加注方式记录必要的动作行为。在访谈结束后的第一时间整理访谈速记，每次访谈结束后，先由速记员根据访谈提纲和现场速记、录音等进行整理，将整理好的内容用电子文件传送给参与访谈的实习研究生助手进行初步校核后打印出纸稿初步核校，再由我通读修改一次，然后打印出纸稿呈送给吴老进行审改，最后确定初稿。整个访谈完成后，我反复阅读这些访谈记录，努力回忆当时的情境，以期尽力还原受访者的叙述，寻找重要的陈述，通过归纳、分类、筛拣这些重要陈述，形成各项类别并提炼主题，分两到三个层次加上标题，形成整理稿打印交吴老再做修改，定稿。

※　※　※　※

中国当代出版史的研究多着眼于社会历史发展，视野较为宏观，话语甚为宏大，而从实际社会生活中活生生的"现实的个人"角度来解读历史，研究出版史的比较少，多重视"书上的字"，而忽略了"人说的话"，史料不够丰富，方法过于单一。这些方面的不足势必影响到中国当代出版史研究的进一步深入。

开展口述史课题研究的目

的是深入研究有助于拓宽出版史研究方法，打破出版史叙述一元性和单一性，促进出版史研究领域呈现出纵深立体的发展面貌。具体对吴道弘先生的访谈课题来说，就是通过访谈，抢救保存其作为新中国第一代编辑工作者代表的书刊出版经历和经验，留下对于三联书店、人民出版社等出版机构及其出版人出版物、《出版史料》杂志编纂和出版史研究、图书评论工作的经历见闻资料，存史资鉴，积累文化，对当前和未来我国出版业发展提供借鉴。

口述史课题的开展具有史料抢救性质。出版口述史课题立项，对于挖掘一些由于种种原因尚未披露的史料，还原重大出版政策的出台过程，记录重大历史事件，反映重要出版人物的生平事迹和思想感情等都具有重要意义，是中国当代出版史研究的重要组成部分。本课题所针对的访谈对象吴道弘先生，曾是新中国成长起来的第一代出版界的老前辈、老专家，曾是新中国出版的初期四五十年的在场者，尤其是新中国成立以来直至改革开放初期新闻出版业发展的亲历者，他的回忆或访谈录，可以为当代出版史增添某些不为人知的珍贵史料，他掌握不少珍贵的出版旧事，有助于人们从另外一个侧面了解走过的那段历史；如今，吴老已经年届九旬，从他身上留下的文字，将会是绝难再求或已成绝笔的宝贵历史遗产，因此，这次通过开展口述史项目，对这些行将湮灭的史料起到抢救作用。

一、本课题研究成果的主要内容、观点及主要依据。

（一）研究成果的主要内容

本项目的研究成果在于搜集受访者的生平经历，并在此基础上通过梳理其主观感受把握"记忆中的出版史"。《吴道弘口述出版史》的内容包括四个方面：

1. 主编《出版史料》杂志（2001—2012）
2. 从事图书出版工作（1950—1995）
3. 进行编辑出版研究与创作
4. 人民出版社（1950—1995）出版物摭谈

以《人民出版社大事记（1921—2011）》所列各年重要出版物为线索，列举谈及吴道弘先生工作期间（四十多年）人民出版社的重要出版物两百种。其中谈到一部分图书的作者背景、出版情况，有一定的史料价值。

（二）研究成果的观点

作为中华人民共和国的第一代编辑出版工作者，口述者对自己的编辑出版生涯进行回顾，从中既可以看到一个编辑家的成长历程，也可以了解20世纪50年代以来三联书店和人民出版社编辑出版工作的情况，包括编辑出版制度建设，出版与发行分开的制度变化，出版人和出版物的回顾，《出版史料》杂志的编辑出版情况，以及编辑出版学、书评学、中国出版史研究的情况，等等。可为出版人物和新中国成立以来六七十年特别是前四十多年出版史的研究提供资料与线索。口述者对于自己期刊编辑和编辑出版史研究、书评工作实践的回顾与思考，对当前的期刊编辑和编辑出版工作、出版史研

究、书评工作仍有一定的参考价值。

（三）研究整理的主要依据

本课题主要参考文献，包括受访者吴道弘的系列著作成果、《出版史料》杂志、人民出版社历史图书三种。

1.《书评例话》，中国书籍出版社1991年出版，获1992年第六届"中国图书奖"。

2.《寸心集》，生活·读书·新知三联书店1993年出版。

3.《书旅集》，河北教育出版社2002年出版。

4.《编辑实践与编辑学思考》，东北师范大学出版社2004年出版。

5.《浪花集》，人民出版社2008年出版。

6.《书评例话新编》，首都师范大学出版社2010年出版。

7.《星空集（中国近代出版史札记）》，人民出版社2015年出版。

8.《编辑出版家吴道弘》，浙江嘉善县政协文教卫体与文史委员会 编，浙江人民出版社2012年出版。

人民出版社历史图书三种——《人民出版社九十年（1921—2011）》《人民出版社大事记（1921—2011）》《人民出版社社史（1921—1950）》，

《出版史料》2001年至2012年用稿目录（电子文件）以及2001年至2012年出版的所有《出版史料》杂志。

二、根据研究成果对相关新闻出版工作提出的对策性建议。

出版机构制度建设，人才培养和配备，十分重要，但都是在出版实践中逐步发展的。在访谈中虽然没有专门谈到这个方面，但是在访谈中涉及到相关内容。如我国出版界多年来实行的编辑书稿"齐、清、定"发稿标准，后来形成制度，就是在编辑工作实践中总结出来的。本访谈所记录的第二部分"从事图书出版工作"中的"（十二）王益主持调研报告，'齐清定'标准由此出台"，就谈了当时1978年人民出版社党委书记王益主持调研，写了《关于编辑出版周期问题的调查报告》，报告中提出编辑部发稿做到"齐清定"的标准要求。可见当时为了加快出版周期，提高工作效率，建立编辑工作相关制度。这个制度就是在实践中应运而生的，后来对于我国出版界编辑工作发挥的重大作用是十分明显的。也说明在工作中要善于总结经验，提炼而形成制度。

加强出版史料的整理搜集，存史资鉴，积累文化，延展文脉，延续文明，利在当代，泽被后世。

各出版机构应当编大事记，有内部刊物记载重要出版政策的制定、出版物的出版过程等。

加强书评工作，吴老谈到当时虽然成立了中国图书评论学会，重要成员注重自己书评写作与交流，但是在出版界的推广、组织等工作还有待加强。

从吴老个人专业成长的个案来看，编辑人员不但要提高马克思主义出版理论修养，还要加强传统文化修养，吴老在编辑工作中利用书法、诗词等特长，有助于提高编辑工作的审美能力与提高图书审美效果。

三、本课题成果的应用价值、学术价值及预期效益和影响。

该访谈成果，先期形成记录文稿、声像资料，这些抢救积累的宝贵资料，对于出版史料的数据库建设，对于当代出版史的研究，具有重要价值。

该成果还由中国书籍出版社申报获得国家出版基金项目资助，整理出版成书，作为纸质图书成果，通过图书馆和书店的传播，给予出版科研人员提供研究参考的文献资料。

本课题访谈记录和整理的内容，涉及面很广，但是对于涉及到的人事、书刊等，往往只是广为涉猎，浅尝辄止，没有对各项人事、书刊、诗文等进行系统性的讲述。访谈具备整体的广泛性，是其优长；缺乏具体的系统性，是其不足。当然这与课题访谈进行的时间有限有关，也和受访者年龄大记忆力减退有关。

※　※　※　※

中国新闻出版研究院基础理论研究所2011年开始设立"中国出版人口述史"课题研究项目，后来相继得到国家社科基金和国家出版基金的立项资助。感谢课题组组长、中国新闻出版研究院魏玉山院长的大力支持。感谢中国新闻出版研究院基础理论研究所李晓晔所长的直接指导。感谢课题执行负责人庞沁文编审的悉心指导，并和我于采访前一同拜访吴道弘先生，为开启访谈工作助力。

这里要特别感谢中国新闻出版研究院科研处前处长丘淙老师，丘老师退休前主持参与口述出版史课题，获得宝贵经验，并对吴道弘口述出版史课题予以立项并与吴老联系草拟前期访谈提纲（后来没有采用而重新设计），虽然因故没有开始进行访谈，但是对开启本课题有筚路蓝缕之功，我后来是在丘老师提议下接手该课题，她还给我留下《人民出版社大事记》等图书资料。在课题进行期间，我多次通过电话找丘老师咨询、商量有关访谈事项，得到丘老师的悉心详细谈话所给予的经验启发与有益建议，在研究院课题结项报告中我将丘老师列为课题组成员。

感谢中国出版网记者尚烨，她负责历次访谈录音录像和拍照，她参与研究院口述出版史课题多年，富有经验，对于我的访谈具体细节，提供指导帮助。还要特别感谢的是《出版史料》副主编卓玥女士，她曾和吴老一起编辑刊物多年，吴老离职后她还经常来看吴老，这次进行吴老主编《出版史料》这一段的访谈，得到卓玥同志的支持，她征得单位领导同意，将吴老当时主编刊物的用稿目录电子文件予以提供，给我们的访谈掌握完整的线索提供了极大便利。在访谈前、访谈中以及访谈后的稿件整理等整个过程中，基础所庞沁文编审一直不断予以关心支持和帮助，及时安排在基础所实习的研究生协助课题实施，多次询问敦促我的工作进展，让我尤为感动。也要感谢几所大学来中国新闻出版研究院实习的研究生曾卓、徐静华、黄丽等学生，她们先后参与协助该项课题的访谈拍照、稿件整理等各项工作。

中国青年出版社原副总编辑郑一奇郑老是吴道弘同志的老朋友，他曾由吴老推荐到版协工作，也是《出版史料》的约稿作者，访谈内容经过整理进入编辑出版流程，我特别邀请郑老对稿件进行审稿修改，郑老欣然同意，改正了不少差错，并补充了谈话中个别留有缺失的内容。还要感谢中国书籍出版社王平社长、刘向鸿总编对本书编辑出版的大力支持，感谢本书责编、出版文化编辑部庞元主任承担本书编辑审稿、办理各项出版手续的烦琐工作，感谢校对质检部吴化强同志对本书校对工作付出的劳动。谨此对我的编辑同行同事表示由衷感谢！

因为我初次做口述出版史课题，缺乏经验，加之单位编辑工作繁冗，对于访谈以及整理，时间多有延误，定会留有不少缺憾，盼望专家不吝给予指正。

赵安民

2020 年 12 月